차별의 일본근현대사

SABETSU NO NIHONKINGENDAISHI: HOSETSU TO HAIJO NO HAZAMA DE
by Midori Kurokawa and Yutaka Fujino
© 2015 by Midori Kurokawa and Yutaka Fujino
Originally published in 2015 by Iwanami Shoten, Publishers, Tokyo.
This Korean edition published 2022
by J&C Publishing Company, Seoul
by arrangement with Iwanami Shoten, Publishers, Tokyo
through Shinwon Agency Co., Seoul.

한국외국어대학교 일본연구소
일본사회의 서벌턴연구 번역총서 **01**

# 차별의 일본근현대사

## 포섭과 배제의 사이에서

구로카와 미도리(黒川みどり)・후지노 유타카(藤野豊) 저

김영주・문명재・양익모・이경화 **옮김**

**제이앤씨**
*Publishing Company*

**일러두기**

1. 이 책의 일본어표기는 국립국어원의 외래어 표기법에 따랐다.

2. 원문의 주석은 각 장 끝부분에 미주로 처리했다.

3. 본문의 ( )는 원저자의 설명이다.

3. 독자의 이해를 돕기 위한 역자의 설명은 페이지 하단에 *, **, ***로 표시했다.

4. 한자는 각 장별로 초출의 경우만 병기했으며, 인명·지명 등 일본어 고유명사는 일본어 한자(약자체)로 표기했다.

# 들어가며


피차별 부락, 여성, 한센병 환자, 장애인, 아이누민족*, 재일코리안, 오키나와沖縄 …… 현대 일본에는 아직도 다양한 차별이 존재한다. 이러한 차별이 존재하는 이유는 무엇인지, 이 책은 일본의 근현대 역사 속에서 그 이유를 찾고 있다.

근대 일본의 마이너리티 연구사에 대해서는 이미 글을 쓴 적이 있어[1] 이 책에서는 자세히 다루지 않지만, 냉전의 종언 이후 1990년대부터 역사학에서도 차별의 역사와 함께 '타자인식'과 '정체성'을 연구주제로 삼기 시작하였다. 탈식민주의 사상 역시 마이너리티 연구에 큰 영향을 미쳤다. 지금도 식민지주의는 경제뿐 아니라 정치와 문화 등에 영향을 끼치고 있으며 인종과 계급, 종교, 젠더 등의 다양한 요인을 주시하며 사회를 변혁해야 한다고 주장하고 있다.

이러한 연구 동향 속에서 부락차별은 전근대적 유산처럼 여겨지고, 부락차별이 현존하는 상황은 민주주의가 성숙하지 못했기 때문이라 설명되었다. 일본의 부락해방-인권연구소가 편찬한 『부락문제 인권사전』[2]에는 하라다 도모히코原田伴彦와 무라코시 스에오村越末男

---

* 일본의 홋카이도와 혼슈 북부, 사할린, 쿠릴 열도, 캄차카반도 등지에 분포하던 소수민족. 현재는 대부분 홋카이도에서 살고 있다.

가 집필한 '부락문제' 항목이 실려있다. 여기서도 부락문제의 근본
은 "근대 이후에도 봉건적 신분차별인 부락차별이 사라지지 않아
서 오늘날까지 부락에 대한 차별의식과 차별구조가 개인의 의식과
다양한 사회구조 속에서 불식되지 않았기 때문이다"라고 설명한
다. 그러나 요즘은 여성차별의 원인도 단순한 봉건적 '이에家'제
도*가 아닌 '근대가족'의 시점에서 설명한다. 부락문제 연구는 이
러한 연구사의 큰 흐름에 동참하지 않고 홀로 봉건유제론적封建遺制論的
논의에서 벗어나지 못하고 있었다. 이러한 상황 속에서 이 책의
저자 후지노 유타카藤野豊는 부락차별을 우생사상으로 설명하고[3],
구로카와 미도리黒川みどり는 부락차별을 인종주의racism로 정의하고
있다[4].

근세에서 근대로 시대가 바뀌고 150년 가까운 시간이 흘렀지만
지금도 신원조사는 사라지지 않았다. 취직과 결혼에 대한 차별 역
시 과거와 비교하면 줄어들었지만 여전히 존재하며, 인터넷에는
부락차별을 부추기는 기사가 난무한다. 헤이트 스피치의 대상은
재일코리안만이 아니다. 헤이트 스피치를 반복하는 사람은 피차별
부락에 대해서도 차별적 언동을 반복한다.

이러한 현실에 비추어 보아도 단순히 옛 제도가 남아있다는 이
유만으로 이렇게 오랫동안 부락차별이 이어져 왔다고는 생각하기
어렵다. 무엇보다 근대사회에서 피차별부락의 낮은 사회적 지위를
당연한 사실로 방치한 이유를 밝힐 필요가 있다.

---

* 가산의 계승과 유지를 위하여 가독(家督) 상속과 호주제를 축으로 성립한 가족
  집단. 직계가족 또는 대가족의 형태로 세대를 초월해 이어진다.

히로타 마사키ひろたまさき는 근대 부락차별의 원인을 빈곤과 불결함(전염병의 발생원), 부덕함(범죄의 온상), 혈통의 '이류시異類視' 등에서 찾고, 근대 천황제 국가의 통치원리인 '일군만민一君萬民'론[*]이 "항상 혈통적 차별질서를 향한 충동을 낳았다"고 지적하였다. 그는 또한 '문명'과 '야만'의 구분이 차별을 낳는다고 설명하였다[5]. 이러한 주장에서 받은 자극은 이 책을 집필하게 된 원인이기도 하다. 히로타는 지금까지 '차별'의 역사를 피차별부락민, 여성, 아이누 등 각각의 '개별적 역사'로 묘사하고 '차별 전체에 대한 역사' 연구로 확대하지 않은 문제점을 지적한다. 그는 아이누, 피차별부락민, 창부, 병자와 장애인, 빈민, 광부, 죄수에 관한 사료를 종합하여 '일본근대사회의 차별구조'라는 제목으로 자세한 해설을 달았다. 또한 이러한 차별의 연결고리를 고려하여 '전체적인 구조와 모순'을 규명하고자 하였다. 그의 주장은 지금까지 개별적으로만 논의하던 각각의 차별을 근대사회 안에 배치했다는 점에서 충격적이었다. 히로타는 "개별적 역사에 관한 연구가 '특수성'을 강조하면 할수록 '천시의 근원'을 전근대 역사에서 찾는 경향이 있으며, 그것은 전체적 역사에 대한 조망을 어렵게 만든다"고 말한다. 피차별부락의 기원이 근세 이전으로 거슬러 올라가는 것처럼, 각각의 차별에는 분명 나름의 개별적 기원이 존재한다. 앞에서도 언급했듯이 부락문제에도 기원 그리고 근대 이전과의 연관성을 중요하게 생각하여 현존하는 차별을 봉건시대의 잔재로 설명하는 견해가 있

---

[*] 한 명의 군주에게만 권위가 존재하고, 군주를 제외한 사람들은 모두 평등하다는 주의, 주장.

다. 연속성을 시야에 넣는 것은 중요하다. 그러나 연속성에만 집착하면 근대의 차별이 갖는 의미, 다른 차별과의 관련과 공통점 등을 파악할 수 없다. 히로타는 이에 대한 문제 제기와 함께 그러한 차별을 내포한 근대 사회구조 자체를 해명하려는 문제의식을 명확하게 표명하였다.

이 책의 저자들은 피차별부락사 연구에서 출발하고 있다. 그중에서도 후지노는 한센병과 매매춘 등의 문제로 영역을 넓히면서 히로타의 문제제기를 이어받아 태평양전쟁 이후까지를 대상으로 차별을 내포한 근대국가와 사회를 규명하기 위해 노력하고 있다[6]. 근대국가는 자신의 가치관과 어긋나는 사람들을 배제하면서 '국민'을 만들어냈다. 이러한 '국민'에 대한 포섭과 배제의 구조를 해명하는 것이 바로 이 책의 첫 번째 과제이다.

또한 일본은 '개국開國'에 의해 '만국공법萬國公法*' 세계로 내몰려 하나의 국가·민족을 초월한 자본주의 세계, 다시 말해 이매뉴얼 월러스틴Immanuel Wallerstein이 말하는 세계 자본주의 체제에 편입됨으로써 식민지와 점령지를 손에 넣었다. 그러한 국제관계 속에서 형성된 차별에 주목하는 것이 두 번째 과제이다. 당시 상황은 단순히 식민지를 비롯한 아시아인에 대한 차별을 낳았을 뿐 아니라 국민국가 일본제국의 형태를 규정하고 그에 부합하는 차별 양상을 만들어냈다. 그러한 차별은 일본이 패전으로 식민지를 잃은 뒤에도 극복되지 않았다. 탈식민주의 연구가 제기하고 있듯이 지금도 뿌

---

* 19세기 후반부터 20세기 초반까지 사용된 국제공법, 국제법의 옛 호칭.

리를 끊어내지 못하고 모습을 바꿔 여전히 존재하고 있다.

　이러한 관점에서 일본의 근현대사를 조감해보면 히로타가 지적한 것처럼 각각의 차별에는 각기 다른 독자적 역사가 존재하는 한편 근현대의 특정 시기에 다양한 차별이 강화되었다는 사실을 발견할 수 있다. 지금까지 부락차별, 여성차별, 한센병 환자와 완치자 차별, 장애인차별, 아이누민족 차별, 재일코리안 차별, 오키나와 차별과 같은 각각의 차별에 대한 근현대사에 관한 책은 많았다. 이러한 성과를 참고하며 지금까지 축적해온 저자의 피차별부락의 현대사연구에서 출발하여, 다양한 차별에 관해 역사적으로 연구해온 성과를 기반으로 근현대사회의 차별구조를 해명하고자 한다. 각각의 차별 양상에 주목하여 근현대를 시기적으로 구분하고 각 시대 상황과의 관련성에서 특징을 찾을 것이다. 그러나 성급하고 선험적으로 차별의 원인을 설명하지 않고 각각의 차별 양상을 구체적으로 묘사하기 위해 노력하였다. 다시 한 번 문제를 하나하나 확인함으로써 나아가 사회구조를 재발견하고자 했기 때문이다.

　독자 여러분도 이 책의 페이지를 넘기면서 일본의 근현대사회가 배제와 포섭으로 인하여 다양한 차별을 내포하게 되었다는 사실을 생각해보길 바란다.

구로카와 미도리

후지노 유타카

1  黒川みどり「序章 近代日本の「他者」と向き合う」黒川編著『近代日本の「他者」と向き合う』解放出版社、2010.
2  部落解放・人権研究所編『部落問題・人権事典』解放出版社、2001.
3  藤野豊「被差別部落」『岩波講座日本通史18』岩波書店、1994.
4  黒川みどり『異化と同化の間――被差別部落認識の軌跡』青木書店、1999;「人種主義と部落差別」竹沢泰子編『人種概念の普遍性を問う――西洋的パラダイムを超えて』人文書院、2005 등.
5  ひろたまさき「解説日本近代社会の差別構造」『日本近代思想大系22 差別の諸相』岩波書店、1990.
6  藤野豊『日本ファシズムと医療―ハンセン病をめぐる実証的研究』岩波書店、1993;藤野豊『性の国家管理―買売春の近現代史』不二出版、2001 등.

# 목차

11

제1장

# 국민국가의 성립과 차별의 재편

1868년 성립한 메이지 신정부는 입헌국가 체제를 갖추며 국민국가를 만들어나간다. 서양을 본떠 에도시대의 구습을 버리고 개화정책을 진행하면서 천민과 유곽의 예창기藝娼妓를 '해방'시켰다. 그러나 '국민'의 일체성을 형성하는 과정에서 배제의 대상이 만들어지면서, 그들은 마쓰카타松方 디플레이션*과 산업혁명을 거치며 형성된 빈민가 사람들과 함께 또다시 '국민'의 경계선 또는 그 외부로 밀려났다. 가시자시키貸座敷** 로 이름을 바꾼 유곽에서는 예전과 마찬가지로 가난한 여성이 창기로 일하면서 여전히 성폭력에 노출되어 있었다. 또한 천황제를 지키기 위해서 황족과 함께 화족華族***이라는 특권신분을 만드는 한편 여성은 '이에家'제도의 질서에 얽매였다. 새롭게 일본영토에 포함된 오키나와沖繩 주민과 홋카이도北海道 아이누민족에 대해서도 정치적 사회적 차별이 만들어졌다. 이처럼 근대 국민국가는 과거의 차별을 계승하고 재편하면서 생물학적 차별을 포함한 인종주의를 바탕으로 새로운 차별을 만들어냈다.

---

* 세이난(西南)전쟁으로 인해 발생한 인플레이션을 해소하기 위하여 마쓰카타 마사요시가 1881년부터 실시한 디플레이션을 유도하는 재정 정책.
** 공간(방)을 대여해준다는 의미.
*** 기존의 구교(公卿)와 다이묘(大名)에게 새롭게 부여된 신분.

## 1. 개화와 복고
— 신분제의 해체와 재편

### '평민과 동일하다'는 '해방령'의 진실

1867년, 약 260년 동안 이어진 에도막부의 지배도 마침내 명맥이 다하고 대정봉환大政奉還*이 이루어졌다. 이듬해인 1868년 막부가 조정군에게 멸망하자 원호도 메이지로 바뀌고 천황 중심의 중앙집권국가 체제를 만들기 시작했다. 개국을 통해 '만민공법萬民公法'이라 불리던 서양 중심의 국제질서에 편입되어 근대국가 건설을 시작한 메이지정부는 사민四民평등의 구호 아래 봉건적 신분제도를 폐지하고 '일군만민一君萬民' 사상을 침투시켰다. 음력 1871년 8월 28일 메이지정부는 "에타穢多** 히닌非人*** 등 호칭 폐지의 조條 지금부터 신분 직업 모두 평민과 동일하다"는 법령을 태정관포고太政官布告로 공포하고 앞으로 신분과 직업 모두 평민과 동일하게 대우한다고 결정하였다. 이 법령을 '해방령' 또는 '천민폐지령' '천칭폐지령'이라 부른다.

천민신분의 해방을 둘러싼 논의는 이미 에도막부 말기부터 여러 방

* 1867년 에도막부가 천황에게 국가 통치권을 반납한 사건.
** 일본 중세와 근세시대 존재한 천민신분. 주로 피혁업에 종사했으며, 범죄자 체포와 죄인 처벌 등의 일을 맡았다.
*** 일본 중세시대까지 천민신분에 대한 총칭으로 사용되었다. 근세 에도시대에는 떠돌이 예능과 구걸에 종사하며 감옥과 처형장의 잡무를 담당하는 천민신분으로 에타와 함께 차별적 대우를 받았다.

면에서 이루어지고 있었다. 메이지 신정부 체제에서도 공의소公議所(의안 제출권을 갖는 의사기관)를 중심으로 천민제도 폐지에 대한 논의 가 시작되었다. 그러던 중 전국적으로 통일된 근대적 제도를 만드 는 과정에서 에타 신분을 별도로 취급하는 것에 대한 문제가 다방 면에서 드러났다. 그리고 현재 나가노 현長野県에 해당하는 마쓰모 토 번松本藩 의원인 우치야마 소스케内山総助, 계몽학술단체 메이로쿠 샤明六社 구성원으로 활동한 가토 히로유키加藤弘之 등이 인간은 태어 날 때부터 평등하며 어떤 권력도 이를 제한하거나 속박할 수 없다 는 천부인권론을 표명하였다[1].

공의소가 폐지되고 논의가 일단 종식된 뒤에 정부는 사민평등 사상에 입각한 호적 편제안과 천민신분 폐지 포고의 초안을 작성 하였다. 이때 중심이 되었던 인물이 시부사와 에이이치渋沢栄一이다. 시부사와는 메이지유신 이후 수년간 민부성民部省과 대장성大蔵省 간 부를 역임하고 이후 실업계에서 활약하였다. 그러나 실제로 성립한 1871년의 호적법은 천민을 개인별로 호적에 싣지 않고 에타 몇 명 으로 명수만 기재하도록 되어있었다(그 직후 공포된 '해방령'으로 천민신분이 폐지되었기 때문에 실제로 이렇게 기재되지는 않았다).

천민신분의 폐지를 직접 추진한 것은 대장성이었다. 8월 22일 원 안을 완성하고 극단적으로 짧은 기간에 '해방령' 배포까지 진행되 었다. 천민신분의 거주지는 '요케치除地'로 세금이 면제되어 전매 대상이 될 수 없었다. 때문에 1873년 실시되는 지조개정地租改正(세 수입을 안정시키고 정부의 재정적 기반을 다지기 위하여 농민이 보유한 토지의 소유권을 인정하고 땅값을 정해서 일률적 비율로

지조를 금납시키는 개혁)을 앞두고 예외를 없애 통일된 세금 제도를 확립할 필요가 있었다. 신분제도를 남겨두면 이처럼 근대적 개혁 추진의 걸림돌이 될 수 있었기 때문이다.

참고로 1872년 편제된 근대 최초의 진신호적壬申戶籍은 '해방령' 이전의 천칭을 일부 기재하고 있어서 현재 열람이 금지되어 있다. 그러나 이는 해당 호적 작성자의 착오로 인한 결과이며, 정부의 의도는 어디까지나 신분 구분을 폐지하고 '평민'으로 동등하게 파악해 기재하는 것이었다.

'해방령'은 점차 여러 마을로 전해졌다. 이때 에타신분이었던 사람들에게 '평민과 동일'해지는 전제로 강에서 몸을 정화하거나, 신사의 불을 집에 가져가 부뚜막 불을 바꾸도록 요구하기도 했다. 여기서 간과해서 안 되는 점은 이러한 사례에서 부정ケガレ은 제거할 수 있다는 인식을 확인할 수 있으며, 부정에 뿌리를 둔 차별은 근거가 빈약하다는 사실이다. 때문에 뒤에서 설명하는 것처럼, 차별을 유지하기 위해서는 신분 그리고 신분과 관련된 부정을 대신할 새로운 차별의 징표가 필요해졌다.

봉건제도가 동요하는 가운데 '해방령' 반포 전후부터 이미 에타와 평민 마을 사람들의 불화 그리고 에타의 경제적 빈곤을 보여주는 기록이 다수 발견된다. '해방령' 이후 신분과 표리일체였던 직업까지 잃어버린 피차별부락 사람들의 혼란과 빈곤이 더욱 심각해졌음을 쉽게 짐작할 수 있다.

현재 효고 현兵庫県에 위치한 피차별부락에서는 '해방령' 이후 농사를 지으라는 지시를 받았지만 농사만으로는 생계유지가 어려워,

차별이 사라졌지만 이제는 '거지와 동일'한 사람도 있다고 보고되었다[2]. 또한 피차별부락 주민 전원이 앞으로 부락민의 징표가 될 만한 신발 제조, 죽은 가축의 처리, 피혁업 등에 종사하지 않기로 결정한 곳도 있다. 그러나 현실적으로는 먹을 양식을 얻기 위해서 그런 일을 계속한 피차별부락이 많았다. 중단을 결정한 부락은 그런 일에 종사하는 사람이 소수이거나 다른 생업이 있어서 그런 일에 대한 경제 의존도가 낮았던 것으로 생각된다.

'동일하다'고 인정받기 위한 피차별부락 사람들의 비통하기까지 한 노력에도 불구하고 민중의 차별과 배제는 계속되었다. 부락 외부의 마을이 피차별부락민과 교제하지 않는다는 규칙을 만들기도 하고, 대중목욕탕에서는 피차별부락민이 목욕하러 오면 다른 손님이 오지 않기 때문에 목욕탕 주인이 부락민의 입욕을 거절했다. 부락 외부의 아이들과 같은 학교에 다니는 것을 거부당해 부락 아이들만 다니는 학교(일반적으로 '부락학교'라고 불렸다)에 가야만 하거나, 신사의 우지코氏子*에서 배제되는 등의 차별은 일본 각지에서 일상적으로 이루어졌다.

그런데도 간과할 수 없는 사실은 '해방령' 반포와 거의 같은 시기인 1871년 이와쿠라岩倉 사절단**의 출발을 시작으로 1873년부터 1875년에 걸쳐 절정에 달한 문명개화의 움직임 속에서 부락차별은 시대에 뒤처진 낡은 관습이라는 뜻의 '구습'이라는 단어로 표현되

---

* 해당 신을 모시는 지역에 거주하는 주민으로 제의 등 신사의 종교활동에 참여한다.
** 1871년 서양으로 파견된 사절단. 정사 이와쿠라 토모미(岩倉具視)를 비롯한 107명이 2년 동안 서양 각국을 방문했다.

었다는 점이다. 차별이라는 행위는 '개화'에 반하는 것으로 간주하여 부정적 가치가 부여되었다. 그것은 문명개화 세상에서 차별이 나쁘다는 인식이 사회적으로 공유되었다는 의미이기도 하다.

'해방령'은 단지 하나의 포고에 지나지 않았다는 부정적 평가도 있다. 천민이 신분과 함께 먹을 양식까지 상실했음에도 메이지정부가 아무 조치를 취하지 않았다는 것이다. 그러나 '해방령'은 신분 구분을 완전히 없애버리기 위한 것이었기에 그들에게 특별한 조치를 취한다면 취지에 어긋날 수도 있었다. '해방령'의 가장 중요한 핵심은 신분의 '구분'을 철저하게 없애는 것이었다.

그러나 메이지 초기에도 이미 차별을 둘러싸고 피차별부락과 부락 외부인들 사이에서 많은 '분규'가 일어났다. 그러한 '분규'에 권력이 개입하면 피차별부락에게 '해방령'이 반포되었다고 자만하지 말라고 경고하는 경우가 대부분이었다. 일본 정부는 '일군만민' 이념을 고취하고 정부가 '개명적開明的'이라는 사실을 국내외에 과시하기 위한 일환으로 '해방령' 반포를 단행하였다. 그러나 막상 피차별부락과 부락 외부인들의 대립에 직면하자 지배질서를 안정시키기 위해서 압도적 다수파인 부락 외부인들의 의견을 추인하였다. 권력 유지에는 사회질서의 유지가 '해방령'의 원칙 관철보다 필요했기 때문이다. 이러한 권력의 뒷받침은 이후에도 차별이 유지된 하나의 요인이라 할 수 있다.

민중은 세대교체에 기대를 걸었지만 위정자가 바뀌어도 생활은 결코 호전되지 않았다. 그런 상황에서 지금까지 신분제도로 인해 자신들과 동떨어진 존재였던 피차별부락민만 지위가 상승해 자신들과 어깨를 나란히 하는 존재가 된 것처럼 보이자 기존의 부정관에 이러한 불안과 공포가 더해져 노골적인 배제 움직임이 시작되었다.

이러한 의식은 때때로 '해방령' 반대를 주장하며 무기를 들고 일어나는 행위로 분출되었다. 오늘날 '해방령' 반대 봉기로 알려진 움직임이다. 학제學制*, 징병령, 지조地租개정 등의 메이지정부 정책에 반대하면서 '해방령'의 취소를 요구하기도 하였다. 이러한 일련의 봉기를 통틀어 신정반대봉기新政反対一揆라 부른다. 신정반대봉기는 민중에게 새로운 부담을 강요한 메이지정부의 정책에 대한 저항이 틀림없다. 그러나 '구습'으로의 복귀에 대한 바람은 한편으로 차별 유지라는 요구를 내포하고 있었다. 여기에 긍정적으로만 볼 수 없는 민중 의식의 복잡함이 존재한다.

'해방령' 반대 봉기는 '해방령'이 발령된 이후 1877년까지 현재 확인된 것만 서일본 일대에서 24건이 발생하였다[3]. 오카야마 현岡山県의 봉기는 피차별부락 사람들이 부락 외부 주민과 동등하게 행동하지말고 '해방령' 이전 상태로 돌아가라는 요구를 거부하자 일어난 습격이었다. 이 봉기로 피차별부락의 가옥 263채가 불타고 51채가 파괴되었을 뿐 아니라 사망자 18명과 부상자 13명이 발생하였다.

그러나 이 단계에서는 근세의 신분을 대신해 피차별부락민을 배제하는 새로운 징표는 아직 완성되지 않고 오로지 과거 에타 신분

---

* 1872년 제정된 일본 최초의 근대학교교육제도에 관한 기본법령.

이었다는 점과 근세에서 이어진 부정의식을 근거로 차별이 이루어
졌다. '해방령'으로 피차별부락 집단을 가리키는 정식 호칭이 사라
지자 차별을 유지하고자 하는 사회는 '구舊에타' '원元에타' '신新평
민' 등의 호칭을 만들어냈고 '해방령' 이후 한동안 이런 호칭이 남
용되었다. 이 호칭은 모두 '에타'에서 '평민'으로 바뀐 신분이 기준
이며, 아직 옛 신분 다시 말해 과거 '에타'였다는 사실 말고 다른 차
별의 이유는 찾을 수 없다. 이 점은 뒤에서 설명하는 '특종(수)부락
特種(殊)部落' 호칭이 만들어지는 단계와 비교할 때도 중요하다.

한편 과거 에타 신분이었던 사람들이 '해방령' 이후에도 이러한
차별을 받는 동안, 형집행, 파수꾼, 청소 등의 직업에 종사하던 히
닌 신분은 근대적 경찰제도가 성립되면서 일자리를 잃은 데다 원
래 가구 수가 적은 공동체도 많아서 대부분 해체되었다.

## 유곽에서 가시자시키로 — 예창기 해방령

메이지정부는 서양 국가를 의식하여 개명성을 보여주기 위해서
기존 천민 신분에 대한 '해방령'뿐 아니라 1872년 10월 2일 다음과
같은 태정관포고를 공포한다. "인신을 매매하여 종신 또는 기한을
그 주인의 의견에 맡겨 혹사하는 것은 인륜에 반하는 있을 수 없는
일이다. 이에 예로부터 금지된 것을 연기봉공年期奉公* 등의 갖가지
명목으로 고용살이를 시키니 그 실상은 결국 매매와 같은 소행으

---

* 사역기한을 미리 정한 주종적 고용 노동 관계. 연계(年季)봉공이라고도 한다.

로 언어도단이 아닐 수 없다. 이에 지금부터 엄금한다." 또한 농업과 상공업의 기술 숙달이 목적인 연기봉공에 대해서는 7년을 초과할 수 없다고 규정하고, 이에 따라 "창기 예기 등 연계봉공인 일체 해방"이 이루어지며 대차금을 둘러싼 소송은 인정하지 않는다고 통고하였다. 이것이 이른바 '예창기 해방령'이다. 근세시대 막부와 번藩의 허가를 받아 영업하던 유곽의 존재는 사실상 부정되었다.

나아가 사법성司法省은 태정관포고 이후 10월 9일 "창기 예기에게 빌려준 금은 및 외상거래 등은 일절 재촉해서는 안 된다" "다른 사람의 여식을 돈으로 사서 양녀로 삼아 창기 예기로 만드는 자는 사실상 인신매매로서 종전 향후 가급적 엄중 처벌한다"고 공포하였다.

'예창기 해방령' 포고의 배경에는 인신매매가 인민의 자유를 빼앗는다는 사법성의 인식이 자리 잡고 있었다. 같은 해 6월 23일 사법성은 인신매매를 자유를 속박하는 '폐습'으로 간주하고 이를 금지함과 동시에 "창기 가쿠베지시角兵衛獅子* 등의 신규고용"을 1년 이내로 하는 '봉공인연기정어포고안奉公人年期定御布告案'을 작성하여 태정관에게 제출했는데, 이것은 10월 2일 태정관포고의 원안이 되었다. 마침 그때 요코하마横浜 항에서 페루의 마리아 루즈호가 중국인 노예를 실어 나르다 발각되었다. 외무경外務卿 소에지마 다네오미副島種臣는 가나가와 현神奈川県 권령権令이었던 오에 다쿠大江卓에게 명령해 배를 구속하고 노예를 구출했는데, 페루 측은 이에 불복하

---

* 어린이가 사자탈을 쓰고 가무와 곡예를 선보이는 공연 또는 그 공연자.

고 국제재판소에 제소하여 일본의 창기도 사실상 노예제가 아니냐고 비판하였다. 이 사건은 사법성의 제안에 힘을 실었고, 대장성은 사법성의 안을 한층 발전시켜 '예창기 해방'을 명기하도록 강력히 요구하였다. 그렇게 태정관은 '예창기 해방'이 포함된 법령을 포고하게 되었다[4].

그러나 '예창기 해방령'에는 또 다른 배경이 있다. 그것은 매매춘행위로 인한 성병의 만연에 대한 두려움이다. 일본은 개국 이후 창기의 성병 검진이 이루어지지 않는다고 서양 국가로부터 비판을 받았다. 이에 1871년 4월 30일 태정관은 "근래 각지방에 매춘을 생업으로 하는 자가 점차 증가하여 그 폐해가 적지 않다. 특히 매독 전염이 인신의 건강을 해친다"라는 이유로 매춘 단속을 각 지방관에게 요구하였다. 이어서 5월 민부성民部省도 "유녀 매춘부 종류의 신점개업"을 금지하는 동시에 기존 영업점도 증원을 금지하도록 지방관에게 요구하였다. 그러나 이때 민부성은 매매춘의 폐해로 성병 만연과 함께 "게으름과 사치로 흘러 결국 산업을 망치고 일가 파산"하는 것과 "문란한 풍조가 성행하게 된다"는 것을 들었다. 문명국을 지향하는 데 있어서 인신매매를 동반한 매매춘의 존재는 위생과 식산흥업은 물론 풍기의 측면에서도 용인할 수 없었다. 따라서 매매춘에 대해서는 일정한 규제가 요구되었다.

이처럼 '예창기 해방령'은 개명성을 보여주기 위한 이유와 성병 예방, 식산흥업, 풍기개선이라는 현실적 이유에서 공포되었다. 그러나 본문에는 매매춘을 금지한다고 명기되지 않았으며, '예창기 해방령'의 취지는 인신매매 금지이며 예창기 금지는 아니라고 해석되었다. 여기에 매매춘이 살아남을 여지가 존재하였다.

홋카이도를 관할하는 개척사開拓使는 1872년 11월 다음과 같은 내용을 고시하였다. '예창기 해방령'을 "성대聖代의 미전美典"이라 칭송하면서 "자유권을 얻고자 하면 진심으로 성의를 받들어야 한다"고 서술한 뒤에 "해당 지방은 원격의 변경"으로 "일단 해방이 오히려 어려운 무리도 있다"는 이유를 들어 "실제 사정의 참작"을 요구하였다. 그리고 해방되고 친척이나 연고자가 없는 사람이 임시로 과거 포주와 지내는 것, 허가를 받으면 앞으로도 예창기를 계속하는 것을 인정하였다. 이듬해인 1873년 1월 9일에는 개척사가 "홋카이도는 다른 지역과 비교하기 어렵다"는 이유로 예창기 해방령의 관내포달을 보류하였다. 또한 태정관이 이러한 조치를 비난하자, 2월 5일에는 '예창기 해방령'으로 인해 "민간에서 만일 창기 등 추방이라 착각하여 당장 유랑하는 자가 있다면 이는 중대한 문제"라며 가시자시키 제도를 실시한다고 공포하였다[5].

가시자시키 제도는 이미 일본의 전국 각지에서 실시하고 있던 매매춘의 편법영업이었다. 유곽이 이름을 가시자시키로 바꾸고, 경찰의 감찰을 받은 가시자시키 업자 밑에서 감찰을 받은 창기의 매춘행위를 공인하는 제도로 창기는 성병검진을 받을 의무가 있었다. 창기가 방을 빌려 본인의 의지로 매춘을 한다는 명목 아래 이후 일본 전국에 가시자시키 제도가 도입되면서 '예창기 해방령'은 유명무실해졌다. 그리고 인신매매는 '전차금前借金' 대여와 변제라는 형식 아래 사실상 묵인되었다. 이렇게 국가가 매매춘을 공인하는 공창제도가 성립되었다.

26

그러나 공창제도는 근대국가 특유의 제도가 아니다. 근세 유곽은 공창제도 그 자체였다. 근세와 근대 공창제도의 일관성을 이유로 근대 공창제도의 특징을 무시하는 견해도 있지만, 이는 공권력에 의한 허가라는 매매춘의 외형적 공통점만을 중시한 견해이다.

그렇다면 근대 공창제도와 근세 공창제도의 결정적 차이점은 무엇일까. 그것은 다음의 세 가지이다. 즉 가시자시키 업자가 내는 세금인 부금賦金이 지방재정 재원으로 편입되어 있었다는 점, 공창은 장병의 성욕처리 대상으로 연대와 군항 소재지 주변에 설치되어 근대 군제도와 불가분의 관계였다는 점, 공창은 성병검진을 의무화했으며 성병예방이라는 위생정책상 필요하다고 여겨졌다는 점이다. 열거한 세 가지는 모두 근대 특유의 요소로서 근대국가의 국책 전체와 깊게 관련되어 있었다. 근대국가가 부국강병정책의 일환으로 공창제도를 요구한 것이지 결코 단순한 근세 공창제도의 존속이 아니었다. 이 점을 간과해서는 안 된다. 더욱이 근대는 매매춘에 대한 성병예방이 중시되어 창기를 성병 만연의 원흉이라 생각하는 사고방식이 강해졌으며 이것이 창기에 대한 차별 의식을 조장하기도 하였다.

## 문명개화와 차별

'해방령'이 내려진 시기는 마침 문명개화를 추진하던 때이기도 하였다. 1871년 11월 이와쿠라 사절단이 일본을 출발한 무렵에 시작되어 1873년부터 1875년에 걸쳐 절정에 달한 문명개화는 당시에도 의미와 내용에 여러 차이가 있었다. 서구 문명을 본보기로 삼아 단순한 생활양식의 근대화에 그치지 않고 새로운 정치사상과 윤리의식에 따라 봉건시대의 권위와 질서, 인습을 타파하는 역할을 했다고 평가할 수 있다. 게다가 "어쨌든 기괴한 일을 듣고 놀라는 사람은 (중략) 문명개화된 사람이라 할 수 없다. 무슨 일이든 본인 생각에 납득이 가지 않는 것은 철저하게 이치를 추구하여, 과연 그러한 이치였다고 스스로 변별한 뒤에 믿을만한 것은 믿고, 믿지 못할 것은 믿지 않는 것이 좋다"[6]처럼 내적인 이성을 판단 기준으로 삼으며, 이에 철저한 일관성을 가지고 있었다는 점도 중요하다.

'예창기 해방령'과 '해방령'을 '개화'와 연관 지어 설명했다고 앞에서도 언급했지만, 문명개화를 민중에게 설파한 이른바 개화서 중에 신분차별 문제를 언급한 책도 적지 않다. 1873년 발표된 니시무라 가네후미西村兼文의 『개화의 책開化の本』은 "같은 천지간에서 마음이 맞는 인민이라면, 귀족이라도 신뢰할 수 없고, 비천한 사람도 때로 현달하고, 새로운 것이 옛것을 대신하고, 인간 세상의 성쇠는 무상하고, 서양 각국에는 백정이 입신한 예가 많고, 문명개화의 제1등은 가난하고 천한 자를 부유하게 만들고 천함을 귀하게 만드는 것에 있다"[7]고 적고 있다.

1873년 출간된 요코카와 슈토橫河秋濤의 『개화의 입구開化の入口』도 마찬가지이다. 이 책은 피차별부락 사람들이 서복徐福*이 스스로 하타秦씨라 칭하며 '귀화'했을 때의 후손, 스진 천황崇神天皇 때 무뢰

---

* 진시황의 명으로 불로불사의 약을 구하기 위해 배를 타고 떠났으나 돌아오지 않았다고 알려진 인물. 일본에 정착했다는 전승이 존재한다.

한 백성으로 처벌받은 자의 후손 또는 진구 황후神功皇后*의 삼한정
벌에 동행하여 가죽세공을 배운 자의 후손이라는 주장은 틀렸다고
부정하면서 다음과 같이 말한다. "사실 황국의 옛 역사에 신라인
수백 명을 어디에 살게 하고, 에미시蝦夷** 수백 명을 어떤 지방에 살
게 한다는 내용이 왕왕 적혀있다. 지금의 에타는 모두 이들의 후손
이라 생각된다. 어느 쪽이든 인류임에는 다름이 없고, 오늘날 인간
의 도리를 분별하여 일말의 충효를 그럭저럭 실천하면 딱히 그렇
게 차이를 둘 이유는 결코 없다. (중략) 무리하게 그들을 차별해 나
를 높이는 것이야말로 천리인도天理人道에 어긋나므로 오히려 에타
라 불려도 어쩔 수 없다"[8]. 요코카와는 신라후손설을 취하고 있는
데, 중요한 것은 이 사실이 결코 후대처럼 피차별부락을 열등하다
고 간주하거나 배제하는 이유가 되지 않는다는 점이다. 그러한 '차
이'도 "인류임에는 다름이 없다"는 보편주의에 따라 지워지고, 차
별하는 사람이야말로 "천리인도에 어긋나므로 오히려 에타라 불
려도 어쩔 수 없다"고 잘라 말한다.

　메이지정부는 개명적 정책을 내놓아 서양 열강에 대항할 기초를
만드는 데 힘썼다. 그러나 한편으로는 민중의 요구와 의식을 완전
히 무시하고는 통치가 이루어질 수 없었기 때문에 때때로 그에 영
합하는 정책을 채택하였다. 그러한 메이지정부의 정책은 '조령모
개朝令暮改'라는 비난을 받았고, 비록 도중에 좌절되었지만 천황의

---

　* 　주아이 천황(仲哀天皇)의 부인이자 오진 천황(応神天皇)의 어머니. 4세기 바다
　　　를 건너 신라를 정복하고 백제 고구려까지 속국으로 삼았다는 전설적 인물.
　** 　고대 일본 중앙정부의 지배밖에 있던 이민족에 대한 총칭.

신권적 권위로 통합하려는 신도국교화 정책을 채택한 양면성도 지니고 있었다.

더불어 문명개화는 문명과 야만의 분할을 가져왔다[9]. 1872년 도쿄 부東京府의 행정명령, 이듬해 1873년에는 일본 전국에 위식괘위 違式詿違 조례가 포고되어 민중 전체를 대상으로 풍속개량이 강행되기 시작하였다. 그 결과 빈민을 향한 차별적 시선도 형성되었지만, 1886년까지 메이지정부의 주도 아래 일관된 유럽화주의 이념이 관철되면서 평등규범을 보급했다는 긍정적 영향은 반드시 평가되어야 할 것이다.

## 2. '국민'의 경계

### 류큐 처분

'만국공법' 질서에 편입된 일본은 그 질서를 바탕으로 근대국가 체재를 갖추기 위해 국경 확정에 착수하였다. 류큐琉球왕국*은 사쓰마 번薩摩藩**의 관할 아래 있으면서 청나라에도 조공하고 있었다. 메이지정부의 목표는 류큐왕국을 청나라와 분리하여 일본국의 일부로 만드는 것이었으며, 그것은 다시 말해 동아시아의 중국 중심

---

*  1429년부터 1879년까지 존재한 독립 왕국. 현재 일본 오키나와 현에 해당.
** 일본 근세 규슈(九州) 남부에 위치한 행정구역. 현재의 가고시마 현(鹿児島県)에 해당.

의 책봉체제를 무너뜨리는 일이었다. 1872년 제1단계로 류큐왕국을 폐하고 류큐 번琉球藩으로 삼았다[10].

류큐 번 설치에 이어 실시된 1879년 류큐 처분에서는 처분관 마쓰다 미치유키松田道之가 군대와 경찰을 등에 업고 류큐에 상륙하였다. 마쓰다는 '부모의 나라'인 일본과 청나라에 대한 '양속兩屬' 상태를 존속시켜 달라는 류큐 왕부王府의 요구를 무시한 채 슈리성首里城 양도를 명령하고 왕부를 폐지하였다. 그렇게 류큐왕국은 약 450년 역사의 막을 내리고 오키나와 현沖繩県이 되었다. 그리고 정부의 명령으로 거주지를 도쿄로 옮긴 번왕藩王 쇼타이尚泰 대신 옛 사가 가시마佐賀鹿島의 번주 나베시마 나오요시鍋島直彬가 초대 현령으로 임명되었다.

그렇게 강제로 중국과 관계를 끊고 일본에 편입된 오키나와 현은 오키나와 민중의 '시대 변화ユーガワイ'에 대한 기대와 달랐다. 청일전쟁 기간까지도 '구관온존舊慣温存'의 이름 아래 사족士族*을 우대하고 회유했으며 토지, 조세, 지방제도에서 구태의연한 민중통치가 이루어졌다. 농민은 토지에 얽매여 현물납부를 강요당하며 여전히 봉건적 압정에 시달렸다. 일본 본토와 동일한 현시정촌県市町村 등 지방제도도 1921년 이후에나 실시되었다.

한편 오키나와 사람들을 '일본 국민'으로 만들기 위해서 교육보급에 힘을 쏟았다. 1880년에는 초등학교 교원을 양성하는 사범학교가 설치되고 초등학교 14교, 중학교 1교가 개설되었다. 1894년

---

* 메이지유신 이후 기존의 무사계급에게 부여된 계급.

내무성 서기관 이치키 기토쿠로一木喜德郎가 오키나와 지방제도에 대한 조사를 정리한 '이치키 서기관 취조서'는 "오키나와인의 완미頑迷사상을 타파하고 일본 본토의 문명에 동화시키는 것은 교육을 통해서만 가능하다"[11]고 적고 있다. 이처럼 오키나와 통치는 제도적 차별을 내포하면서 '일본 국민'으로 육성하는 정책을 취했다. '동화와 이화異化의 사이'[12]에서 농락당하는 오키나와의 역사는 이렇게 시작되었다.

## '사라져가는 민족'— 아이누를 바라보는 시선

홋카이도는 오키나와와 함께 메이지유신에 의해 일본영토로 편입되었다. 메이지정부는 가라후토樺太*와 쿠릴제도에 대해서도 러시아와 영토를 확정할 필요가 있었다. 이에 1875년 5월 7일, 일본은 러시아와 이른바 가라후토-쿠릴제도 교환조약을 맺어 쿠릴제도 전체를 일본령, 가라후토 전체를 러시아령으로 확정하며 러시아와의 국경문제를 매듭지었다. 에도막부 말기에 체결한 러일화친조약에 따라 쿠릴제도 우루프섬 북쪽은 러시아령, 이투루프섬 남쪽은 일본령이었으나, 이 조약으로 쿠릴제도 최북단의 슘슈섬까지 일본령에 편입되었다.

그러나 이러한 국가 간 합의로 그곳에서 생활하던 아이누민족의 운명은 농락당했다. 슘슈섬의 아이누는 러시아 통치 시대의 교화

* 일본에서 사할린을 부르는 호칭. 러일전쟁 이후 1945년까지 일본의 통치 아래 있었다.

를 통해 러시아인화 되어 있었기 때문에 메이지정부는 관리를 강화하기 위해서 1844년 97명 전원을 시코탄 섬色丹島으로 강제 이주시켰다. 이들 97명의 아이누는 반년 뒤 84명으로 줄어들었고, 이후 6년 동안 49명이 사망하였다[13]. 이러한 현실에 대해서 쿠릴제도를 조사한 인류학자 도리이 류조鳥居龍藏는 "적자생존과 우승열패의 원칙은 그대의 손에서 행복을 빼앗아간다. 이제 과거의 용기는 이미 소멸해 그 인구와 같다. 계속 줄어들고 줄어들어 안타깝게 겨우 60여 명이 남았을 뿐이다. 이렇게 나아간다면 그대의 운명은 분명하다"라고 애석한 마음을 나타냈다[14]. 도리이의 글에는 '열등'한 쿠릴제도의 아이누가 우수한 일본인과 접촉한 결과 생존경쟁에서 패배해 멸망해간다는 사회 다위니즘 인식이 명료하게 나타나 있다. 이러한 인식은 아이누민족 전체를 대상으로 널리 퍼져나갔다.

1873년 메이지정부는 이미 홋카이도의 개척과 방위를 담당하는 둔전병屯田兵을 설치하기로 결정하고, 1875년부터 둔전병을 홋카이도에 파견하였다. 이렇게 아이누와 일본인의 접촉이 증가하고 있었다. 1893년 아이누민족에게 기독교를 포교하던 영국인 존 뱃첼러John Batchelor는 아이누민족에 대해서 "대개 몇 년 안에 소멸하거나, 그렇지 않다면 이주민과 혼교하여 결국 현재 일본인과 구별할 수 없게 될 것은 논할 여지도 없다"고 단언하고 있다[15].

아이누는 '사라져가는 민족'으로 여겨졌다. 1898년 12월 제2차 야마가타 아리토모山縣有朋 내각은 제13회 제국의회에 홋카이도 구토인舊土人보호법을 제출해 성립시킨다. 이 법률은 아이누민족에 대한 농업 장려, 궁핍자 구조, 교육 장려를 규정하고 일본인으로의

'동화'를 강요하는 내용이었다. 12월 6일 중의원에서 법안에 대해 설명한 내무차관 마쓰다이라 마사나오松平正直는 아이누민족의 상황에 대해서 "우승열패의 결과로 점차 인종도 감소하고, 생계 수단과 재산을 보호할 방법도 없어 그 삶을 보전하기 대단히 어려운 처지에 처해 있다"고 분명히 밝혔다[16]. 아이누민족은 법률상 '홋카이도 구토인'의 호칭으로 불리며, 보호하지 않으면 멸망하는 약한 민족으로 정의되었다.

한편 제국대학 의과대학 교수이자 해부학 전문가 고가네이 요시키요小金井良精는 1888년부터 1889년까지 홋카이도를 여행하면서 각지에서 아이누민족의 무덤을 파헤쳐 두개골을 가져갔다. '도굴'을 통해 고가네이가 가져간 두개골의 수는 164개에 달한다. 고가네이는 두개골을 측정하여 일본인과 비교해서 아이누민족의 특징을 수치로 나타내려고 하였다[17]. 고가네이가 이런 행위를 저지른 이유도 아이누를 '열등'한 민족으로 간주하는 차별의식을 가지고 있었기 때문이다. 이러한 행위는 1920년대에는 교토京都제국대학의 기요노 겐지清野謙次, 1930년대에는 홋카이도제국대학의 고다마 사쿠자에몬児玉作左衛門 등에 의해 계속되었다.

## '이종異種'이라는 경계 ― 피차별부락

근대국민국가 성립기, 일본과 일본인의 경계에 관한 관심이 높아지면서 1884년 12월 일본인류학회(1886년 도쿄인류학회로 개칭)가 성립되어 아이누와 류큐인을 고찰 대상으로 삼았다. 앞에서 살펴본 '사라져가는 민족'이라는 주장도 이러한 상황에서 형성되었다. 한편 지리적으로 '일본' 내부에 존재하면서 쉽게 내부화되지 않는 피차별부락에도 인류학자의 관심이 쏠리기 시작하였다.

인류학회 기관지 『도쿄 인류학회 보고』에는 미쓰쿠리 겐파치箕作元八의 「에타의 풍속」[18]을 시작으로 후지이 간스케藤井乾助 「에타는 타국민이다」[19], 가네코 아쓰무金子徹 「에타는 에쓰도越人로 원래 군의 노예가 된 자들이다 및 그 밖의 사항들」[20] 등이 게재되었다. 인류학회에서 피차별부락 기원론은 중요한 관심사 가운데 하나였다. 인류학자가 기원을 논하면서 의거한 자료는 신화와 역사서에 기록된 근세 이전부터 전해지는 불확실한 '학설'과 용모 같은 외관상 '특징'이었고, 의도적으로 '보통 일본인'과의 차이를 찾으려는 태도를 확인할 수 있다. 그들에게 피차별부락민은 지금까지 시야에 들어오지 않았던 '타자'였고, 기존의 조선인 기원설을 계승하면서 '타자'성이 강조되었다. '타자'성은 대개 서양의 '인종'개념에서 유래한 것이 아니라 에도시대의 귀천에 따른 종성種姓관념이나 에도막부 말기 높아진 양이의식 등과 결합하면서 형성된 모호한 개념이다. 그러나 후지이가 '에타'를 '타국인'이라 하고, 가네코가 자신을 '보통 일본인'이라 부르는 것처럼 막연한 기준이라도 '일본인'과의 경계를 찾아냈다는 점은 중요하다.

이들보다 조금 늦게 인류학 지식을 바탕으로 생체계측이라는 '과학적' 치장을 하고 피차별부락 기원론에 접근한 사람이 앞에서 언급한 도리이 류조이다. 도리이는 1897년과 1898년 도쿠시마 현德島県과 효고 현에서 최소 2건의 피차별부락 조사를 시행하였다.

이는 피차별부락에 대한 첫 번째 '인류학적 조사'로 주목받았다. 이를 보도한 신문에 따르면 도리이는 조사를 통해 뼈 모양과 수염 이 나는 방식, 눈 모양 등으로 볼 때 피차별부락민은 말레이제도와 폴리네시아제도의 원주민 말레이-폴리네시안 종족과 유사하며 '몽골 인종'이 아니라고 결론지었다. 도리이의 주관적 의도는 '에 타'도 '보통 일본인'임을 보여주는 것이었다. 그러나 『히노데신문 日出新聞』1988년 2월 기사는 그런 의도를 언급하지 않고 효고 현 조 사에 대해서 "말레이제도와 폴리네시아제도의 원주민 '말레이-폴 리네시안' 종족과 비교할 때 가장 유사하며 절대 몽골 인종의 형식 이 아니라고 한다"고 보도하였다. 기사를 읽은 대부분의 독자는 피 차별부락민은 '보통 일본인'이 아니라고 받아들였을 것이다.

나아가 도리이의 학설은 피차별부락민을 '보통 일본인'으로 인 정한다 해도, 어째서 피차별부락은 '몽골 인종'과 혼혈이 이루어지 지 않았다고 주장하는지, 당시 인종의 서열단계에서 '몽골 인종'보 다 하위로 여겨진 '말레이 계통'으로 분류하는 의미는 무엇인지 등 의 근본적 문제를 내포하고 있다.

이러한 '인종'을 통한 기원의 재정의는 후쿠자와 유키치福沢諭吉의 제자로 유명한 다카하시 요시오高橋義雄의 『일본인종개량론』[21]에 나타난 "유전과 습양習養은 서로 인과를 이루는 것이다"라는 견해, 야나세 게이스케柳瀬勁介가 저서 『사회 외부의 사회 에타 히닌』[22]에 서 차별하는 측과 당하는 측 쌍방에 대해 지적한 '습관은 제2의 천 성' 같은 주장이 등장하면서 새롭게 '수양'과 '습관'이라는 변경 가능한 요소가 발견되며 수정이 이루어졌다. 그러나 다른 한편으로 유전과 구별되는 '습관' 자체도 변경하기 어려운 것으로서 '인종'의 경계에 준하는 기능을 수행하게 되었다. 이렇게 사회는 피차별부락을 배제하여 나머지 사람들이 평안을 얻기 위한, 봉건적 신분제도를 충분히 대체할 수 있는 '인종'이라는 표식을 획득하였다. 1898년에는 메이지 민법이 공포되어 '이에' 제도가 점차 민중에게도 정착되기 시작하였다. 그렇게 '이종'이며 부정한 존재로 간주되는 피차별부락민은 결혼을 통해서 더욱 '가계家系'에서 배제되었다.

## '문명'의 외부

피차별부락을 '이종異種'으로 바라보는 시선이 강해지던 1880년대, 대장성 장관에 임명된 마쓰카타 마사요시松方正義가 디플레이션 정책을 진행하자 농촌을 중심으로 빈민이 급속히 증가하였다. 몰락한 빈농층은 꾸준히 팽창하는 도시로 유입되어 빈민가를 형성하였다. 또한 피차별부락에 빈민이 유입되어 빈민가를 형성하는 예도 나타났다. 고베 시神戸市에서는 1910년대 전후 빈민가를 의미하는 단어 '빈민부락'이 피차별부락을 중심으로 형성된 빈민가를 가리키는 단어로 바뀌었다[23]. 교토 시에서는 1900년대부터 1910년대 사이 빈민이 시내에서 주변의 피차별부락으로 이동해 모여 살면서 이러한 지역을 '빈민부락'으로 인식하게 되었다[24]. 도시 지역에서는 피차별부락과 빈민가의 경계가 모호해지고 빈민가 주민 전체를 피차별부락과 동일한 차별 대상으로 간주하기 시작하였다.

도시 빈민가에는 항만 노동자와 넝마주이 등의 잡업계층이 모여 들었고, 콜레라와 페스트 등 전염병 확산의 근원지로 여겨지며 두려움의 대상이 되었다. 요코하마 시는 에도막부 말기부터 항구도시로 빠르게 발전했는데, 항구 서쪽에 형성된 '고지키야토乞食谷戸*'라는 멸칭으로 불리던 빈민가는 페스트가 유행할 때 '불결'한 장소로서 공포의 대상이 되었다[25].

1909년 페스트 대유행 당시, 가나가와 현 경찰부는 "전체 환자의 7명 중 3명은 같은 장소에서 발생한 사람"으로 파악하고 "하수는 집의 앞뒤로 범람하고 토지의 지대가 낮고 습하며 일종의 악취가 코를 찌른다. 실내가 좁고 불결함이 말로 표현할 수 없으며 먼지가 쌓여도 절대 개의치 않는다"고 불결함을 강조하는 인식을 표명했다[26].

이러한 공포심은 피차별부락으로 향하기 시작하였다. 예를 들어 교토 시 부근의 야나기하라 초柳原町의 피차별부락은 콜레라 유행의 '근원지'로 여겨졌다[27]. 오사카 부 당국도 "구舊에타 등이 거주하는 마을"은 콜레라 예방 차원에서 "가장 청결하게 만드는 방법을 찾아야 한다"는 판단을 제시하였다[28]. 이후 빈곤하고 비위생적인 생활환경이라는 점에서 피차별부락과 빈민가는 동일시된다. 이 부분은 뒤에서 다시 설명하겠다.

---

* 걸인이 사는 저지대라는 뜻.

## 3. 근대천황제와 '이에'의 질곡

### 자유민권과 평등권

1874년 1월, 조선에 대한 정책을 둘러싼 대립 등을 이유로 일어난 1873년 정변으로 정부를 떠났던 이타가키 다이스케板垣退助, 고토 쇼지로後藤象二郎, 에토 신페이江藤新平, 소에지마 다네오미 등이 태정관 좌원左院에 '민찬의원설립건백서民撰議院設立建白書'를 제출하였다. 이를 계기로 국회 개설을 요구하는 자유민권운동이 시작되고, 1880년 3월 국회기성동맹國會期成同盟이 설립되면서 운동이 더욱 고양되었다. 정부를 주도하던 이토 히로부미伊藤博文는 1881년 10월 민권파에 가까운 주장을 펼친 오쿠마 시게노부大隈重信 등을 정부에서 추방하면서 10년 뒤에 국회를 개설하겠다고 발표하였다[29]. 이토는 1884년 화족령華族令을 공포하여 기존의 구舊번주와 구舊구교公卿* 에 더해 유신 공로자도 화족에 포함시키고, 화족을 공후백자남公后伯子男의 5작으로 나누었다. 그 결과 관료와 군인도 유신 유공자로서 화족에 편입되었다. 이토는 국회가 개설되면 화족이 국민선거로 뽑지 않는 상원(귀족원) 의원으로서 정부를 지지해줄 것을 기대하였다. 화족은 이러한 정치적 특권을 보장받았고 게다가 지위가 세습되었기 때문에 사실상 새로운 특권 신분이 되었다.

한편 국회 개설이 구체화하면서 헌법 제정도 정치 일정에 올라 다

---

* 옛날 조정에서 정삼품·종삼품 이상의 벼슬을 한 귀족.

양한 사의헌법안私擬憲法案이 작성되었다. 이로카와 다이키치色川大吉는 당시 가나가와 현 니시타마 군西多摩郡 이카이치 초五日市町(현재 도쿄도)의 지바 다쿠사부로千葉卓三郎 등 자유민권운동에 참가한 농촌청년들이 작성한 '일본제국헌법'을 '민중헌법'이라 극찬하였다. 이들이 만든 헌법에서는 "무릇 일본국민은 족적위계族籍位階의 차이를 불문하고 법률 앞에서는 평등한 권리를 가져야 한다" "무릇 일본국민은 일본 전국에서 동일한 법전을 준용하여 동일한 보호를 받아야 한다. 지방 및 문별 또는 일인일족一人一族에 부여하는 특권이 있어서는 안 된다"고 화족과 번벌藩閥*관료의 특권 부정까지 파고들면서 법 앞의 평등을 요구하였다.

또한 자유민권운동 이론가 우에키 에모리植木枝盛가 작성한 초고 '일본국헌법'에서는 '일본 인민의 자유 권리'를 "일본 인민은 법률상 평등하다" "일본 인민은 제정관諸政官에 임명될 수 있는 권리가 있다"고 간결하게 기술하고 있다. 이 초고의 수정판에 해당하는 '일본국국헌안日本國國憲案'에서도 "일본 인민은 법률상 평등하다" "일본 인민은 제정관에 임명될 권리가 있다"고 적고 있다. 우에키는 법 앞의 평등과 이에 근거한 관리 임용의 평등을 '인민의 권리'로 인정하였다.

헌법으로 법 앞의 평등을 인정하는 사고방식은 민권운동가뿐 아니라 관료에게도 존재하였다. 입법기관 원로원元老院이 작성한 헌법 초안 역시 "국민은 법률안에서 균평한 자이다" "국민은 모두 문무

---

* 메이지유신에 공이 있는 번(藩)의 출신자가 만든 파벌.

관직에 임명될 수 있다"고 법 앞의 평등 및 관리와 군인의 임용에 관한 평등을 명기하였다. 외무성 아오키 슈조青木周藏의 '대일본정규大日本政規'도 '국민 천부의 권리'로서 다음과 같이 법 앞의 평등과 이에 근거한 관리 임용에서의 평등을 명기하고 있다. "널리 나라의 인민 제반의 전칙典則에 대항할 때는 더욱 문벌의 특격 없이 모두 동등해야 한다" "제반 관무官務 또한 세습의 구습을 없애 각자의 역량에 따라 인민 모두가 이에 봉직할 수 있다" 그 밖에도 참의參議 야마다 아키요시山田顕義의 '헌법초안' 역시 "대일본 국민인 자는 법률에 있어 동권同權이다"라고 기술하고 있다. 이토 히로부미를 보좌해 일본제국헌법을 작성한 이노우에 고와시井上毅의 '헌법초안'은 "무릇 국민 된 자는 법률이 정한 바에 따라 평등하게 공권 및 사권을 가지며 동일한 보호를 받아야 한다"며 "법률이 정한 바"라는 조건을 붙여 법 앞의 평등을 인정하는 자세를 취하였다[30].

이처럼 민권파는 물론 정부 관료 사이에서도 헌법에 법 앞의 평등을 명기한다는 인식이 공유되었다. 따라서 제1차 이토 히로부미 내각에서 1887년 10월 작성한 헌법 초안의 제19조에는 "일본국 신민은 법률에 대해 평등하다"고 명기되었고, 이 조항은 1888년 12월 초안에서도 그대로 기재되었다. 그러나 추밀원樞密院에 제출한 성안成案 제19조는 법 앞의 평등 조문이 삭제되고 문무관 임용의 평등만 기재되었다.

어째서 법 앞의 평등을 삭제했을까. 이미 1884년 화족령이 공포되어 화족이라는 사실상의 정치적 특권신분이 존재하고 있었다는 점도 이유의 하나이다. 화족에게 법률상 특권을 인정하는 이상, 헌

41

법에 법 앞의 평등은 기재할 수 없다. 게다가 일본제국헌법과 함께 공포한 중의원 의원선거법에서 여성의 참정권은 인정되지 않았고, 남성의 참정권에도 직접국세* 15엔 이상이라는 재산 조건이 붙었다. 대일본제국헌법에는 법 앞의 평등은 명기되지 않았고, 제19조는 "일본 신민은 법률명령이 정한 자격에 따라 균등하게 문무관에 임명되거나 그 밖의 공무를 맡을 수 있다"고만 기록하였다.

## 입헌국가와 평등권

1889년 2월 일본제국헌법이 공포되고 이듬해 제국의회가 개설되면서 일본은 겉으로는 서양에 버금가는 입헌국가가 되었다. 그러나 국민에게 법 앞의 평등은 존재하지 않고, 천황에게는 천황대권天皇大權이라는 막강한 권력이 주어졌다. 육해군은 천황 직속으로 편입되어 독립된 통수권 아래 의회와 내각으로부터 독립된 지위를 확보하였다. 그 결과 관료와 군부는 천황대권을 배경으로 국민의 의사와 의회의 동향을 무시하고 정치를 조작할 수 있게 되었다. 헌법과 동시에 공포한 황실전범皇室典範**에 따라 황위 계승은 부계의 남성으로 한정되고, 황족의 혼인 상대는 같은 황족이나 백작 이상의 화족으로 제한되었다. 정치적으로 여성과 25세 미만의 남성, 직접국세 15엔 미만의 남성 납세자는 참정권도 인정받지 못했지만,

---

  * 지조(地租)와 소득세
  ** 일본의 황위 계승과 황족의 범위 등 황실과 관계된 사항을 정한 법률.

황족과 화족 남성은 귀족원 의원으로 국정에 참여하는 특권을 부여받았다. 근대천황제는 이렇게 천황을 정점으로 황족과 화족의 특권적 신분을 인정한 차별 위에 성립한 통치체계이다.

게다가 이러한 차별적 통치체계는 민법에도 반영되었다. 1898년 민법전民法典 논쟁을 거쳐 비로소 민법이 공포되었다. 그러나 그 조문은 "자식은 아버지의 이에家에 들어간다" "아내는 혼인에 의해 남편의 이에로 들어간다"고 '이에'에 대한 귀속을 의무화하고, 남편에 의한 아내의 재산관리, 이혼조건으로 '간통'한 아내만을 지정해 명기하였다.

이미 1871년 공포된 호적법에 따라 '이에'를 통한 국민통제가 이루어지고 있었다. '이에'는 부계로 계승되고 아내는 '이에'의 계승자를 낳도록 요구당했다. 민법에 의해서 "모든 국민은 '이에'를 통해 관리된다"는 상태가 되었다[31].

'이에'에 귀속된다는 의식은 가문과 혈통에 대한 가치관을 유지시켰다. 이는 황족과 화족에 대한 경외감을 높이고 동시에 피차별부락에 대한 차별의식을 강화하였다. '이에'와 '이에'의 결혼이 당연했던 당시는 이러한 '이에' 의식이 피차별부락과의 혼인을 기피하는 요인이 되었다.

'이에'를 계승하는 사람이 부계라는 전제 때문에 이혼조건 '간통'이 아내에게만 존재한 것처럼, '이에'를 지키기 위해서 남편이 아닌 남성과의 성관계를 가진 아내는 엄하게 처벌되었다. 그러나 남편은 처벌을 받지 않았다. '간통'은 도의적 비판을 받을 뿐 아니라 형법에 '간통죄'가 명시된 범죄이기도 하였다.

남편에게 아내가 아닌 여성과의 성관계를 허락한 이유는 단순히 '이에' 제도를 지키기 위해서만은 아니다. 앞에서 설명한 것처럼 가시자시키 제도가 존재하고 매매춘을 공인했기 때문이기도 하다. 만약 남편에게 아내와 동일한 성의 규제를 부과한다면 가시자시키는 존재할 수 없다. 그리고 매매춘을 공인하는 이상, 정부는 매매춘과 불가분의 관계에 있는 인신매매에도 관용적이었다.

메이지유신 초기 '가假형률' '신율강령' '개정율례' 등의 형법전이 연이어 공포되었다. 이들 법령은 모두 인신매매를 중대한 범죄로 간주하여 사형을 포함한 엄벌을 규정하였다. 이러한 형법에는 앞에서 언급한 '예창기 해방령'과도 관련이 있는 신정부의 개명적 인식이 나타나 있었다. 그러나 가시자시키라는 형식으로 매매춘이 공인되자 인신매매의 처벌에도 변화가 생겼다. 프랑스의 법학자 부아소나드Boissonade의 지도하에 편찬되어 1880년 7월 공포된 형법에서는 20세 미만에 대한 '약취 유괴'에 의한 인신매매는 처벌하지만, 20세 이상의 인신매매를 벌하는 조문은 보이지 않는다. 또한 1908년부터 시행된 새 형법에도 국외 대상의 인신매매는 처벌하지만, 일본 국내의 인신매매를 처벌하는 조문은 기재하지 않았다. 이로써 매매춘의 공인과 함께 매매춘과 불가분의 관계에 있는 인신매매도 사실상 묵인하게 되었다. 2005년 형법에 인신매매죄가 명기될 때까지 일본에는 인신매매를 직접 단속하는 법률은 존재하지 않았다.

1 黒川みどり『近代部落史——明治から現代まで』平凡社新書、2011、pp.19-22.

2 原田伴彦 외 감수『近代部落史資料集成1』三一書房、1984、p.357.

3 上杉聰『明治維新と賤民廃止令』解放出版社、1990、pp.277-305.

4 大日方純夫『日本近代国家の成立と警察』校倉書房、1992、pp.280-285.

5 『開拓使事業報告附録布令類聚 下編』大蔵省、1885(国立公文書館所蔵); 今西一 『遊女の社会史——島原・吉原の歴史から植民地「公娼」制まで』有志舎、2007、 pp.225-230.

6 加藤祐一『文明開化』柳原喜兵衛、1873(明治文化研究会編『明治文化全集 24』 日本評論社、1967、p.17.).

7 明治文化研究会編、위의 책、p.430.

8 明治文化研究会編、위의 책、p.58.

9 ひろたまさき「解説日本近代社会の差別構造」『日本近代思想大系22 差別の諸相』 岩波書店、1990.

10 이를 시작으로 1880년 미야코(宮古)와 야에야마(八重山) ‘분도(分島)’문제(미 야코와 야에야마를 청나라에 할양하고 오키나와 섬 이북을 일본령으로 하는 안. 청나라의 반대로 폐안되었다)가 수습될 때까지의 일련의 과정을 류큐 처분 으로 정의하기도 한다. 그러나 좁은 의미로는 1879년 일본정부가 단행한 오키 나와에서의 폐번치현(廃藩置県)을 말한다.

11 宮平真弥「一木喜徳郎の自治観と沖縄調査」『沖縄文化研究』26号、2000、p.366.

12 大城立裕『同化と異化のはざまで』潮出版社、1972.

13 海保洋子『近代北方史——アイヌ民族と女性と』三一書房、1992、pp.107-109.

14 鳥居龍蔵『千島アイヌ』吉川弘文館、1903.

15 ジョン・バチェラー(長岡照止訳)『日本北海案内記』1893.

16 『第13回帝国議会衆議院議事速記録』3号.

17 植木哲也『学問の暴力——アイヌ墓地はなぜあばかれたか』春風社、2008、pp.46-69.

18 「穢多の風俗」『東京人類学会報告』6号、1886.

19 「穢多は他国人なる可し」『東京人類学会報告』10号、1886.

20 「エッタハ越人ニシテ元兵ノ奴隷トナリタルモノナル事及ビ其他ノ事ドモ」『東京人類学 会報告』130号、1887.

21 高橋義雄『日本人種改良論』石川半次郎、1884.

22 権藤震二補『社会外の社会穢多非人』大学館、1901.

23 安保則夫『近代日本の社会的差別形成史の研究』明石書店、2007、p.169.

24 小林丈広『近代日本と公衆衛生——都市社会史の試み』雄山閣出版、2001、p.110.

25 阿部安成「都市の縁へ——20世紀初頭の横浜というフィールド」小林丈広編著『都 市下層の社会史』解放出版社、2003、pp.228-233.

26 神奈川県警察部衛生課編『神奈川県「ペスト」流行誌』1915.

27 『日出新聞』1890年8月28日.

28 『朝野新聞』1886年10月3日.

29 메이지14년 정변.

30 家永三郎 외『明治前期の憲法構想増訂版』福村出版、1985.

31 鹿野政直『戦前・「家」の思想』創文社、1983、p.59.

### 제2장

# 일본제국 내부의 차별과 '평등'

19세기 말부터 20세기 초까지 청일전쟁, 러일전쟁, 제1차 세계대전에서 승리한 일본은 대만, 사할린 남부, 조선을 식민지로 손에 넣고 서양 열강과 어깨를 나란히 하는 '제국'이 되었다. '제국'의 발전은 식민지와 아시아인에 대한 차별의식을 강화하였다. 일본 국내에서도 그에 걸맞지 않은 국민, 예를 들어 정신장애자와 한센병 환자는 배제당해 차별의 대상이 되었다. '제국'을 뒷받침하기 위한 국민통합정책 아래 피차별부락과 식민지 사람들에게 '동화'를 강요하는 과정에서 두드러진 '차이'로 인해 배제는 한층 강해졌다. 한편 제1차 세계대전 이후 '인종 평등'에 대한 인식이 고조되며 식민지 민중이 봉기했고, 식민지와 오키나와沖繩도 '제국'에 포섭되었다. 농촌 여성과의 격차를 안고 재편된 '현모양처' 이데올로기에 일부 여성이 반발했으며, 1922년 창립한 전국수평사全國水平社*가 하나의 기폭제가 되어 아이누와 오키나와 사람들도 저마다 '해방'의 길을 모색하기 시작하였다.

* 피차별부락민들이 피차별부락 해방을 목표로 자주적으로 결성한 전국조직.

# 1. 식민지 영유

## '인종'의 서열계급 — 인류관 사건

입헌 체제를 수립한 일본은 이를 계기로 동아시아의 지도자를 자부하며 청나라와 조선에 대한 압력을 강화하였다. 조선 지배권을 둘러싸고 벌어진 청일전쟁에서 승리한 일본은 1895년 4월 시모노세키下関 조약에 조인하고 청나라로부터 대만 평후제도澎湖諸島와 랴오둥반도遼東半島를 할양받았다. 랴오둥반도는 러시아·프랑스·독일의 삼국간섭으로 인하여 어쩔 수 없이 청나라에 반환했다. 그러나 일본 할양에 반대하며 대만민주국을 건국한 대만 민중의 저항을 무력으로 진압하고 일본은 최초의 식민지 대만을 손에 넣었다. 통치기관으로 대만총독부가 설치되고 경찰과 군을 통한 지배가 이루어졌다. 대만 산악지대에 거주하던 선주민은 '번족蕃族'이라 불리며 '미개민족'으로 멸시를 받았다. 일본은 아시아에서 유일한 식민지 보유국으로서 '미개민족'을 지배하는 '문명국'의 지위를 획득하였다.

4년 뒤 1899년에는 메이지유신 이래의 숙원이었던 서양 제국과의 신新조약이 발효되었다. 일본은 서양과 거의 대등한 외교관계를 수립하고 '내지잡거內地雜居*'도 실현하였다. 에도막부 말기부터 이어진 거류지 제도가 폐지되고, 서양인은 자유롭게 거주와 이동을

---

* 외국인 거주 지역을 제한하지 않고 자유롭게 거주할 수 있게 하는 일.

할 수 있게 되었다. 일본 정부는 서양인에게 보이고 싶지 않은 '문명국의 수치'를 감출 필요가 있었다. 1장에서 소개한 홋카이도 구토인 보호법, 2장에서 설명하는 정신병자 감호법과 법률 '나병 예방에 관한 건' 등은 이러한 필요에서 만들어졌다.

'문명국'이라는 의식의 고양은 주변 아시아 민족에 대한 차별의식을 조장하였다. 인류관 사건은 이를 보여주는 상징적 사건이었다. 1903년 오사카大阪에서 개최된 제5회 내국권업박람회에는 여흥(민간 파빌리온)으로 학술인류관이 개설되어 아이누민족, 대만 선주민, 오키나와 현민, 말레이인, 인도인, 자바인, 터키인, 아프리카 잔지바르 섬 주민을 구경거리로 전시하였다. 처음에는 한국인(1897년 조선은 국호를 대한제국으로 고쳤다)과 청국인도 전시할 예정이었지만 양국 정부와 유학생의 항의로 사전에 중지되었다. 같은 시기 서양에서도 박람회의 여흥으로 선주민, 아시아와 아프리카 민족들을 전시하였다[1]. 인류관은 그러한 사례를 모방한 흥행이었다. 일본 국가와 국민이 '문명국'이라 자부하고, 서양과의 대등한 입장을 자각하면서, '미개민족'이라 여긴 주변국 사람들을 인류학적 관심에서 구경하려고 하였다.

오키나와에서도 오키나와 현민을 '미개민족'으로 전시한 것에 대한 분노의 목소리가 높아졌고 전시는 도중에 중단되었다. 그러나 『류큐신보琉球新報』 1903년 4월 11일자 기사 "대만의 생번生蕃*, 홋카이도의 아이누 등과 함께 본 현 사람을 고른 것은 우리를 생번

---

* 한족(漢族)에 동화되지 않은 대만 선주민족. 번(蕃)은 미개한 이민족을 뜻한다.

과 아이누처럼 취급한 것이다. 우리에 대한 모욕이 어찌 이보다 더 클 수 있으랴"에서 알 수 있듯이, 분노의 취지는 독자적 류큐왕국의 역사를 가진 오키나와의 현민을 아이누민족과 대만 선주민 같은 '미개민족'으로 취급한 데 대한 반발이었다. '귀부인'으로 선전하며 전시된 현민 여성이 사실은 나하那夏 쓰지辻유곽*의 창기였다는 점도 현민의 분노를 부추겼다. 『류큐신보』의 같은 날 기사는 "전시된 본 현 부인 2명은 사실 쓰지 유곽의 창기로 [중략] 이 부인을 가리켜 류큐의 귀부인이라함은 아무리 선의로 해석하고자 하여도 학술이라는 미명을 빙자해 이익을 탐하는 행위일 뿐이다."[2]라고 적고 있다. 오키나와에서는 『류큐신보』가 인류관 비판을 주도하였다. 그러나 『류큐신보』의 편집 방침은 일본이라는 국가에 대한 '국민적 동화'였으며, 인류관에 대한 비판도 같은 목적을 위해서 이루어졌다[3]. 인류관 사건은 만들어진 '인종'의 서열계급을 여실히 보여준 사건이었다.

### 한일강제병합과 '일선동조론'

인류관 사건 이듬해 1904년, 일본은 청나라 영토 '만주'와 한국의 지배권을 둘러싸고 러시아와 전쟁을 시작한다. 러일전쟁이 끝나고 1905년 포츠머스 조약이 체결되었다. 일본은 러시아로부터 북위 50도 이남의 사할린을 할양받고, 러시아가 '만주'에서 가지고

---

\* 오키나와 현의 현청 소재지 나하에 위치한 환락가. 태평양전쟁 공습으로 소실되기 전까지 유곽으로 번성하였다.

있던 권익(뤼순旅順과 다롄大連의 조차권, 철도 경영권)도 양도받았다. 일본은 러일전쟁과 동시에 대한제국의 식민지화를 진행하고 있었다. 1904년 한일의정서와 제1차 한일협약, 1905년 제2차 한일협약, 1907년 제3차 한일협약을 거쳐 1910년 한일강제병합으로 이어진다. 미국은 가쓰라-태프트 협정, 러시아는 러일전쟁 강화조약인 포츠머스 조약, 영국은 제2차 영일동맹조약에서 각각 일본이 대한제국을 식민지로 삼는 것을 인정하였다. 일본은 열강의 승인 아래 대한제국을 식민지로 만들었다. 대한제국은 지도에서 지워지고, 서울에는 조선총독부가 설치되어 육군 데라우치 마사타케寺内正毅가 초대 총독으로 취임하였다.

한일강제병합을 앞두고 병합을 정당화하는 논리 '일선동조론日鮮同祖論*'이 형성되었다. 이미 역사학자 구메 구니타케久米邦武가 『고사기古事記』와 『일본서기日本書紀**』 연구를 통해 진무 천황神武天皇***의 형제가 중국과 조선을 지배했다고 주장하였다[4]. 이러한 주장이 한일강제병합에 이용되었다. 이때 '일선동조론'을 바탕으로 적극적으로 한일강제병합 정당화 논리를 구축한 인물이 바로 문부성 교과서 편수관이었던 기타 사다키치喜田貞吉였다[5].

기타는 한일강제병합에 즈음하여 『한국병합과 국사』[6], 「한국병합과 국사 교육」[7], 「한국병합과 교육가의 각오」[8] 등의 논고를 연이어 발표하였다. 그는 전설과 역사적 문헌 기록, 인류학, 언어학 연

---

* 한국인(조선인)과 일본인의 조상이 같다는 이론.
** 8세기 편찬한 일본의 국찬 역사서. 『고사기』 712년. 『일본서기』 720년.
*** 일본 제1대 천황으로 전설적 인물.

구를 근거로 '한일동조'를 설명하면서 한국은 '일본제국의 분가分家'
라고 주장하였다. 다음은 소학교* 학생을 대상으로 한일강제병합
의 정당성을 알기 쉽게 해설한 「한국병합의 의의 진구 황후神功皇后의
삼한三韓정벌 이전부터 조선은 우리 영토이다」[9]의 내용 일부이다.

지로次郎는 정말 불행한 아이였다. 다로太郎의 동생으로 부족함 없
는 가정에서 태어났지만, 어릴 때부터 장난을 쳐서 부모님께 자주 폐
를 끼쳤다. 결국 나쁜 남자에게 속아 집을 나가버렸다. 가난해도 집
한 채는 있었다. 누군가에게 협박을 받아 그 사람을 데리고 다로의 집
에 행패를 부리러 온 적도 있었다. 그 뒤로도 이곳저곳을 전전하며 이
런저런 고생을 거듭했고, 친가는 물론 주변 이웃에도 적지 않은 폐를
끼쳤다. 이래서는 안 되겠다고 생각한 다로의 부모는 먼저 지로를 다
른 사람들과 떼어놓고 누구도 건드릴 수 없는 독립된 개인으로 만들
었다. 그러나 지로 본인이 정신을 차리지 못했기에 언제까지나 소란
이 끊이지 않았다. 이번에는 사람을 붙여서 돌봐주기로 했는데 다른
집에 살고 있으니 아무래도 뜻대로 되지 않았다. 결국 지로 자신도 돌
아오길 바라고, 다로의 부모도 그것이 좋겠다 싶어서 이름뿐인 지로
의 집을 버리고 원래의 집으로 병합하였다. 가여운 지로는 이제 즐거
운 가정의 일원이 되어 지금까지의 고생과는 전혀 다른 행복한 생활
을 하게 되었다. [중략] 독자 여러분은 지로가 무엇이라 생각하는가?
설명할 필요도 없이 지로는 곧 여러분들이 잘 알고 있는 조선인이다.

---

* 초등학교에 해당하는 일본의 교육기관.

이번에 이루어진 한국병합은 오래도록 타향을 떠돌며 불행을 겪은 지로가 고향집으로 돌아간 것 같은 일이다. 조선인은 본래 일본인과 같은 인종이며, 조선의 토지도 원래 일본제국의 일부분이었다.

한국은 일본의 동생에 해당하며 자립할 수 없는 약한 나라이기에 일본이 합병해서 도와준다는 설명이다. 이 글에는 한국 국민에 대한 뚜렷한 차별의식이 담겨 있다. 1910년 11월 7일 조선총독 데라우치 마사타케가 수상 가쓰라 다로桂太郎에게 제출한 문서 「한국병합시말韓國倂合始末」에도 같은 맥락의 내용이 보인다. 문서에 따르면, 병합에 즈음하여 데라우치는 대한제국 총리 이완용에게 "한일 양국은 서로 국경을 접하고 인문상동人文相同하다. 예로부터 길흉이해를 함께하여 결코 분리할 수 없는 관계이다. 이것이 바로 일본제국이 전후前後 두 차례의 큰 전쟁을 감수하면서 수만의 생령生靈과 수억의 재물을 희생하여 한국을 보호한 까닭"이며 그렇기에 한일 강제병합은 "화기애애한 관계에서 협정을 달성해야 한다"고 강요하였다[10].

기타 사다키치는 피차별부락의 이민족 기원설을 부정하면서 일본 국민에게 차별의식을 버리고 융화해야 한다고 주장하였다. 수평사운동에 대해서도 어느 정도 이해를 보인 역사가로 알려져 있다. 역사학자로서 부락차별의 극복 방안을 제시한 기타의 부락문제 인식과 '일선동조론'은 어떻게 정합하는 것일까. 가노 마사나오鹿野政直는 "이異분자로 주목하는 존재의 '동화 융합'을 지향한다는 점에서 정합한다"고 지적한다[11]. 기타는 한국인에게는 제국의 새로운 구성원으로서 일본인으로의 '동화'를 요구하고, 일본인에게는 제국의 오래된 구성원으로서 피차별부락민과의 '융화'를 요구하였다. 기타에게 피차별부락의 이민족 기원설에 대한 부정과 '일선동조론'은 표리일체의 관계였다.

'일선동조론'은 한일강제병합 이후에도 계속해서 일본의 식민지 지배를 정당화하는 논리로 기능하였다. 1923년 『조선총독부 시정연보』는 한일강제병합의 취지에 대하여 "순치보거脣齒輔車* 동문동종同文同種의 관계에 있는 일한 양국민을 통합하여 일시동인一視同仁**의 취지에 근거해 일가의 연을 맺으며, 조선의 질서공안을 확립해 두 민족 공통의 이익을 증진하고, 양창공영兩昌共榮을 통해 동양의 평화를 영원히 유지하고 제국의 장래 안전을 보장함에 있다"고 적고 있다. 총독부가 1935년 발간한 『시정 25년사施政 25年史』에도 "일본과 조선이 수천 년간 밀접하고 뗄 수 없는 관계였음은 쌍방의 역사를 한번 살피면 분명히 알 수 있다. 둘 사이는 일찍부터 평화적 교통이 이루어졌을 뿐 아니라 먼 옛날 일본과 반도 국가들은 종속宗屬 관계였다. 또한 혈족적 혼화混和가 생겼고, 한쪽의 정치적 혼란이 다른 한쪽에 영향을 주는 일도 적지 않았다"고 기록되어 있다.

그러나 조선 민중은 일제의 식민지 지배에 저항했고, 1919년에는 3·1 독립운동이 일어났다. '동조同祖'의 나라이기에 병합해 도와주었는데, 조선 민중은 감사하지 않고 독립을 요구한다는 반감

---

\* 입술과 이 또는 수레의 덧방나무와 바퀴. 서로 없어서는 안 되는 밀접한 관계에 대한 비유.

\*\* 멀고 가까운 사람을 친한 정도에 관계없이 똑같이 대하여 준다는 뜻.

이 일본인의 의식을 뒤덮어 '불령선인不逞鮮人*'이란 호칭을 낳았다. 이 표현은 조선 민중에 대한 차별과 공포와 증오를 증폭시켰다.

　일본은 1914년 시작된 제1차 세계대전에 참전하여 적도 북쪽에 있는 독일령 미크로네시아의 섬들을 점령하고 '남양군도南洋群島'라 부르며 지배하였다. 제1차 세계대전이 끝나자 국제연맹의 위임통치라는 형식으로 사실상 '남양군도'를 식민지화하였고, 팔라우 제도의 코로르 섬에 남양청南洋廳을 개설하였다. 미크로네시아 사람들까지 '번족' '토인'으로 취급하면서 일본인의 '문명국' 의식은 한층 높아졌다. 시마다 게이조島田啓三의 「모험 단키치冒險ダン吉」는 1933년부터 1939년까지 월간지 『소년구락부少年俱樂部』에 연재한 그림동화이다. 남쪽 섬에 표착한 일본 소년 단키치가 섬의 왕이 되어 섬 주민을 지휘해 섬을 문명화한다는 내용이다. 단키치는 문명의 상징인 신발을 신고 손목시계를 찬 모습으로 등장한다. 반면에 섬의 주민들은 '만공蠻公**'이라 부르며 모두 같은 얼굴로 묘사하고, 이름도 없이 가슴에 흰색으로 '1호' '2호' 번호를 적어 구별하였다[12]. 남양군도의 섬이라 특정하지는 않았지만, 단키치와 섬주민에 대한 대조적 묘사는 '남양군도' 사람들을 향한 민족적 차별관을 여실히 보여준다.

---

＊　불령은 원한이나 불평불만을 품고 국가의 구속에서 벗어나 제 마음대로 행동한다는 의미. 강제합병 이후 일본 정부를 따르지 않는 조선인을 이르던 말.

＊＊　만(蠻)은 남쪽 이민족이라는 뜻.

## '구관온존'에서 '동화'로

청일전쟁 이후, 류큐 귀속 문제를 해결하고 대만과 조선이라는
두 식민지까지 손에 넣은 일본은 기반을 정비하여 '제국의 일체화'
를 추진할 필요가 생겼다. 청일전쟁의 승리로 오키나와도 명실상
부한 일본의 일부가 되었기에 '구관온존舊慣溫存' 정책도 재검토가
이루어졌다.

류큐처분 이후, 류큐왕국 시대의 학교를 개편하였다. 소학교 설치
에 주력하면서 중학교와 학교 교원 양성을 위한 회화전습소會話傳習所
(훗날의 사범학교)도 함께 설치하였다. 그러나 사범학교와 중학교
의 교사는 본토 출신이 대부분이었다. 사범학교에서 졸업생이 배
출되면서 점차 오키나와 현 출신 소학교 교사가 늘어났지만, 이들
은 표준어를 제대로 구사하지 못하고 학식이 낮다는 편견이 지배
적이었다. 취학률도 일본의 전국 평균과 차이가 현저하였다. 1896년
전국 평균 64.2%에 비해서 오키나와는 31.2%에 불과하였다[13].

오키나와는 지방 제도에서도 '내지內地 안의 이법역異法域'[14]이었
다. 일본 본토와 동일한 '자치'가 불가능한 단계라는 인식 아래 '마
기리間切*' 등의 구습을 답습한 특별제도가 시행되었다. 러일전쟁
이 끝나고 '전후경영戰後経營**' 뒷받침이라는 지방행정의 필요성까
지 더해지자, 오키나와와 '도서 지역'을 위한 특별제도가 재검토되

---

\* 중세부터 근세까지 존속한 류큐의 행정구획. 현재 행정구역과 거의 동일하다.
\*\* 막대한 전쟁 재정지출을 동반하는 정부 사업.

었다. 한일강제병합 또한 큰 영향을 미쳤다. 식민지(조선, 대만)와 구별하기 위해서 1909년 오키나와에서 현제県制가 실시되었다. 한일강제병합 2년 뒤인 1912년에는 중의원 의원 선거법이 시행되어 '내지'와의 일체화를 추진하였다. 그러나 미야코宮古와 야에야마 군八重山郡은 대상에서 제외되었다. 이들 지역을 포함해 '내지'와의 일체화가 이루어진 것은 1919년이었다.

한편 홋카이도에서는 1902년 삿포로札幌·하코다테函館·오타루小樽의 3구区에서 참정권을 행사했으며, 1904년에는 홋카이도 전체로 확산되었다. 오키나와 지식인도 이러한 서열화에 편입되었다. 한일강제병합 직후 오키나와 역사 연구자로 알려진 히가 슌초比嘉春潮가 자신의 일기大洋子の日録에 "만감이 교차하여 글로 적을 수 없다. 알고자 하는 것은 류큐 역사의 진상이다. 사람들은 류큐는 장남, 대만은 차남, 조선은 삼남이라 말한다"고 적은 일화는 유명하다[15].

일본은 '내지연장주의'를 내세우며 3·1 독립운동 이후 1920년부터 조선, 대만, 가라후토樺太*, 관동 주関東州**에도 '내지'의 법제도를 적용하기 시작하였다. 1920년 오키나와에는 일반 정촌제町村制가*** 적용되었고, 1921년에는 특별구 제도를 시행하던 슈리首里와 나하那覇도 시市가 되었다.

1882년부터 실시한 현비県費 유학제도를 통해 도쿄에서 공부한

---

* 일본에서 사할린을 부르는 호칭. 러일전쟁 이후 1945년까지 일본의 통치 아래 있었다.
** 중국 랴오둥반도에 있던 일본의 조차지. 러일전쟁 강화조약에서 러시아로부터 권리를 넘겨받았다.
*** 정촌(町村)은 우리나라의 읍면과 비슷한 일본의 행정구역.

사람들 그리고 도쿄 유학생 출신을 포함한 오키나와 언론계는 오키나와의 이런 상황에 대하여 점차 비판의 목소리를 높이기 시작하였다. 자하나 노보루謝花昇는 그중에서도 가장 과감한 투쟁을 펼친 인물이었다. 그는 고친다 무라東風平村 제1회 현비유학생으로 선발된 유일한 평민 출신이며, 내각 발령 고등관에 해당하는 오키나와 현 기사技師로 현청에 취직하였다. 일부 특권층의 이익에 편중된 소마야마杣山 산지 개간 정책에 대한 비판을 시작으로, 자하나는 자치권과 참정권을 요구하며 제8대 오키나와 현지사 나라하라 시게루奈良原繁의 현정県政과 충돌했고 결국 패배하였다. 1901년 일자리를 찾아 야마구치 현山口県에 부임하던 도중 정신병으로 쓰러져 1908년 세상을 떠났다. 자하나의 투쟁은 류큐왕국의 지배계급 출신 개화파가 모인 공동회公同會, 오타 조후太田朝敷를 비롯한 『류큐신보』와 성격을 달리하며 이들과도 대립하였다. 공동회와 『류큐신보』는 류큐왕족 쇼가문尙家을 중심으로 사업경영에 종사하는 자본가적 성격을 띠고 있었다. 때문에 세력 확대를 저해하는 관계官界와 '내지'인에 의한 차별은 비판했지만 현정과 결정적으로 대립하지 않았다. 평민과 농민의 지지를 바탕으로 오키나와 '토착 현민'의 자치권을 획득하기 위해서 나라하라 현정과의 철저한 항전에 도전했던 자하나와는 성격이 달랐다[16].

## '난촌' 피차별부락의 발견

러일전쟁 이후 식민지 영유가 추진되면서 피차별부락 또한 새롭게 '발견'되었다. 부락문제가 점차 사회문제로 떠올랐지만, 기껏해야 부락 차원에서 생활개선을 위한 자주적 규약을 만드는 정도로 아무런 대책이 마련되지 않고 방치되고 있었다. 그러나 1908년 러일전쟁으로 인한 증세로 피폐해진 농촌을 재건하기 위해서 일본 정부가 지방개량운동이라는 이름의 국민통합정책을 시행하면서 피차별부락에도 관심이 쏠리기 시작하였다. 내무성은 각 마을이 납세 성적, 취학률 향상, 풍기 개선 등을 경쟁하게 만들어 '모범촌'을 만들어냈는데, 그 과정에서 피차별부락이 목표 달성의 걸림돌 '난촌難村'으로 떠오른 것이다.

그런 이유에서 내무성은 과제 완수를 위해서 부락개선정책을 함께 시행하게 되었다.

미에 현三重県은 내무성보다 한발 앞서 1905년부터 부락개선정책을 실시하였고, 내무성 정책의 모범 사례로도 채택되었다. 미에 현은 1907년『특종부락개선의 경개特種部落改善の梗概』를 간행하였다. 이 책의 첫머리에는 ① 경찰관에 의한 지도, ② 이를 효과적으로 침투시키기 위한 보조기관으로 부락개선단체를 설치한다는 기본방침이 적혀 있다. 이를 바탕으로 생활의 세부적 부분까지 간섭하여 생활습관과 풍속의 개량을 촉구하면서, 밀고를 장려하고 벌칙 규정을 마련하며 개선을 촉구하였다. 그러나 이 시기의 부락개선정책은 예산도 거의 없는 정신주의적 운동에 지나지 않았다. 피차별부락의 경제적 빈곤 문제에 손을 대지 않는 한 '문제'가 근본적으로 개선될 전망은 없었다. 미에 현처럼 엄격한 감시와 강제 속에서 일시적으로 효과를 거둔 것처럼 보여서 성공을 칭송받은 지역도 있었지만, 효과는 오래 가지 않았다. 한계에 부딪히자 정작 정책은 돌아보지 않고, 나태함과 도덕심 결여 등 피차별부락 사람들의 '본성'에서 원인을 찾았다. 피차별부락민은 '인종'이 다르다는 주장은 이런 설명에 안성맞춤이었다. '인종'이 다르다는 인식은 정책 자체의 모순을 보완하기 위해서 부락개선정책과 함께 사회로 침투해나갔다.

미에 현이 사용한 '특종부락'이라는 호칭은 기저에 깔린 '이종' 인식을 함께 정착시켰다. 『특종부락개선의 경개』는 조상, 인정과 도덕, 풍속과 직업, 의식주, 어조와 태도, 종교, 교육, 위생, 전과자, 개선규약의 항목으로 구성된다. '조상' 항목은 피차별부락의 기원을 한반도에서 건너온 도래인, 에미시蝦夷(중앙의 야마토大和 정권에 복속되지 않은 동북지방 주민), 기타바타케 씨北畠氏(남북조시대 이세지방伊勢国의 수령으로 남조의 군사력을 뒷받침한 가문)*의 신하, 라쿠하쿠모노落剝者(몰락한 자) 집단이라고 설명한다. '인정과 도덕'을 비롯해 이어지는 항목도 같은 관점에서 피차별부락민을 '특종'으로 간주하는 내용을 담고 있다. '보통 사람'과 대립하는 개념으로 피차별부락 집단을 '종족'이라 부르고, 일반적으로 인간 이외의 대상에게 사용하는 '번식'이라는 표현도 사용한다. 침략자가 '문명'의 잣대로 선주민을 '미개' 또는 '야만' '종족'으로 간주하는 인식을 확인할 수 있다.

『특종부락개선의 경개』는 부락문제의 해결책으로 피차별부락민의 대만 이주를 주장한 야나세 게이스케柳瀬勁介의 저서 『사회 외부

---

* 두 개의 조정이 대립하던 남북조시대(1336~1396)는 북조의 승리로 막을 내렸다.

의 사회 에타 히닌』[17]과 구성 및 내용이 놀랄 만큼 닮아있다. 1868년 지쿠젠筑前(현재의 후쿠오카 현)의 우에키植木에서 태어난 야나세는 도쿄법학원과 일본법률학교에서 공부하면서 부락문제에 큰 관심을 가지게 되었다. 대만에서 해결책을 찾기 위해 대만총독부 관리가 되어 직접 현지로 향한 야나세는 1896년 10월 이질의 일종인 적리赤痢에 걸려 세상을 떠났다.『사회 외부의 사회 에타 히닌』은 야나세의 친구 곤도 신지権藤震二가 그의 사후에 간행하였다. 114쪽의 『사회 외부의 사회 에타 히닌』에 비해서 30페이지에 불과하고, 쓰인 의도 또한 전혀 다르지만『특종부락개선의 경개』는 야나세의 서술을 빌려 적고 있다.

야나세는 육식 금기, 이종류異種類 혐오 등이 모두 제거되었기 때문에 더이상 "배척당할 이유는 없다"고 잘라 말한다. 지금 이루어지는 배척의 원인은 피차별부락민이 오랫동안 배척당하면서 결과적으로 도덕과 지식과 품격이 떨어졌고, 오랜 습관으로 인해서 사회가 배척을 '포만暴慢'하다 여기지 않으며, 당하는 측도 배척에 익숙해졌기 때문이라고 설명하였다. 배척하는 사회의 책임을 묻는 것도 잊지 않았다. 사람들이 사회적으로 배척을 당하지 않기 위해서 피차별부락민을 열등한 존재로 취급한다는 점을 지적하고 개선방안을 제시하였다. 그러나 미에 현 당국은 이러한 부분에 대한 이해 없이 오로지 피차별부락민의 교정만을 목적으로 삼았다. 지방개량운동을 전개하면서 피차별부락이 '최악의 난촌'으로 떠오르자 그러한 인식은 더욱 강해졌다. 부락문제 해결을 위해 헌신적으로 노력한 야나세와 미에 현을 비롯한 권력기관의 의도에는 큰 차이가 있다. 그러나 권력기관이 인종주의를 확산시키는 과정에서 야나세의 저서가 중요한 역할을 했음을 간과해서는 안 된다.

미에 현의 부락개선정책은 모범 사례가 되었고, 일본의 다른 지역에서도 이를 따라 거의 같은 정책을 시행하였다. 그렇게 피차별부락에 대한 호칭도 '인종'의 차이를 떠올리는 '특종'이나 '특수'로 바뀌었고, 이것이 일반적으로 사용되게 되었다.

원래 마을 일부를 구성하는 공동체 촌락을 뜻하는 단어 '부락'에 '특종(수)'을 붙여 오늘날처럼 피차별부락을 가리키는 단어로 사용하였다. 무엇보다 이러한 호칭 변화는 그때까지 개인 단위로 여겨지던 차별이 촌락 단위로 변한 것을 의미한다. 이러한 관점의 단서는 이미 마쓰카타 디플레이션松方デフレ 이후 부상한 빈민문제 그리고 정촌 합병에서 피차별부락을 배제한 사례에서도 찾을 수 있다.

도메오카 고스케留岡幸助는 미에 현을 모범 사례로 삼아 내무성 촉탁으로 부락개선정책을 주도하였다. 그는 촉탁 취임을 앞두고 미에 현의 피차별부락을 방문했을 때 받은 인상을 다음과 같이 기록하였다.

"왜 사람들이 싫어하는지 물었다. 예전부터 이 부락 사람들은 죄악이라는 죄악은 전부 저지르고, 인근 마을은 말할 것도 없이 근처 현 사람들까지 괴롭힌다. 게다가 성질이 흉악하여 일의 선악을 돌아보지 않고, 자기 의지에 어긋나는 것이 있으면 즉시 무리를 결성하여 양민을 습격한다. 경관이 수습하려 하면 반항을 멈추지 않았다 [중략] 그들의 생활은 마치 대만의 생번과 매우 닮아있었다. [중략] 어떤 이유에서 신新평민은 쌍생아를 보통민보다 많이 낳는지 물었지만 답은 대단히

어려웠다. 신평민은 보통민과 비교해 생리기관이 다르거나, 무엇보
다 오랜 세월 보통민과 생활상태가 달랐기에 자연히 생리기관에 이
상異狀이 생겨 보통민보다 쌍생아를 많이 낳게 되지 않았을까? 연구
가 필요한 문제이다."[18]

도메오카가 피차별부락 사람들을 청일전쟁 이후의 대만 정복 전쟁
에서 정복의 대상이었던 대만 선주민과 동급으로 평가하고 있다는
점에 유의해야 한다. 생물학적 차이 또한 분명하게 언급하고 있다.

부락에 대한 이러한 인식은 '혈통'을 중심으로 풍속, 위생, 습관
등의 실태가 더해져 형성되었다. 실태의 열악함은 대부분 '인종'적
특수성으로 설명하였다. 일본은 예로부터 '인종 개량'에서 유전뿐
아니라 '수양修養'이라는 환경적 요인을 찾으려는 경향이 강하다는
지적이 있다[19]. 그런 배경 때문에 부락개선정책이 시행되자 피차별
부락민에게도 '수양'을 요구하였을 것이다. 그러나 피차별부락의
문제가 '인종'적 특수성에서 비롯한다고 생각하는 이상, 부락개선
정책이 벽에 부딪히자 '개량' 가능성은 점점 절망적으로 변하였다.
그렇게 피차별부락은 마을이 경쟁적으로 '개량'의 성과를 올리는
데 걸림돌이 되면서, 통합과 배제의 딜레마적 대상이 되었다.

## 인종주의의 침투

1906년 시마자키 도손島崎藤村의 소설 『파계破戒』가 출판되었다.
부락개선정책이 시작된 시기에 발표된 부락문제를 주제로 한 작품

으로, 이후 꾸준히 많은 사람에게 읽힌 책이다. 주인공 세가와 우시마쓰瀬川丑松는 신슈信州 지방의 피차별부락에서 태어나 사범학교를 졸업하고 심상소학교尋常小学校 교사가 된 인물이다. 작품에 나타난 부락문제에 대한 도손의 사고방식은 오늘날의 기준에서 보면 논란의 여지가 될만한 문제점을 가지고 있다. 그러나 그렇기 때문에 '신평민'이라는 차별용어의 정착을 비롯한 당시의 부락차별 양상을 여실히 보여준다. 예를 들어 다음 장면에서는 부락민은 다른 '인종'이라는 인식이 이미 어느 정도 일본 사회에 정착되었음을 알 수 있다.

우시마쓰는 피차별부락 출신을 숨기고 초등학교 교사가 되었지만, 동료들 사이에 우시마쓰가 부락 출신이라는 소문이 돌기 시작한다. 쓰치야 긴노스케土屋銀之助는 사범학교 시절부터 우시마쓰의 친구였지만 우시마쓰가 피차별부락 출신이라는 사실은 알지 못했다. 그는 우시마쓰에게 그런 '좋지 않은' 혐의가 쏠리는 것을 막기 위해서 다음과 같이 말한다.

> "나도 신평민을 충분히 보았소. 그 피부색으로 보아 보통 사람과는 다르지. 그러니 신평민인지, 신평민이 아닌지는 용모로 알 수 있소. 게다가 여보게 사회로부터 짐승 취급을 받고 있어서 성격이 매우 비뚤어져 있다네. 신평민 중에서 남자답고 견실한 청년은 절대 나올 수 없지. 어떻게 그런 패거리가 학문 방면에서 얼굴을 들 수 있겠소. 그런 점으로만 짐작해봐도 세가와군의 출신은 알 수 있지 않은가."

대화에 참여한 다른 교사도 "에타에게는 일종의 특별한 냄새가 난다고 하지 않소. 맡아 보면 알 것이오"라고 말하면서 "배를 잡고 웃었다"[20]. 대화는 피차별부락민에게는 얼핏 보아도 알 수 있는 신체적 특징이 있다는 전제를 바탕으로 이루어지고 있으며, 이는 "배를 잡고 웃으며" 넘길 수 있을 정도로 자명한 사실이었다.

후지무라 본인은 모든 피차별부락 주민에게 그러한 신체적 특색이 있다고는 생각하지 않았다. 그는 신평민에 대한 글에서 피차별부락민은 상층계급high class과 하층계급low class으로 나뉘며, 전자는 용모나 성벽性癖과 말투 등이 부락 외부인과 아무 차이가 없는데 비해서 후자는 얼굴 생김새나 피부색이 다르고 다른 '종족'과는 결혼하지 않는다고 서술하였다[21]. 『파계』의 등장인물 이노코 렌타로猪子蓮太郎와 우시마쓰는 전자에 해당하고, 긴노스케가 묘사한 '신평민'의 특징은 하층계급에 그대로 적용된다. 신체적 특색이 있는 하층계급 '신평민'도 문명화하면 그러한 특징이 제거되는지 의문을 품지 않을 수 없다. 그러나 현실에서는 겉모습이 같은 상층계급이라도 집요하게 캐물어 '핏줄'을 문제 삼고, '핏줄'에 의해 배제하였다. 그렇기에 우시마쓰는 피차별부락 출신을 고백하며 담임을 맡은 반 아이들 앞에서 무릎을 꿇고 교단을 떠날 수밖에 없었다.

### '민족 융화'

부락개선정책은 부락이라는 '난촌' 문제에 대해서 국민통합의 관점으로만 접근한 부락책임론에 지나지 않았고, 피차별부락의

'개선'이 유일한 관심사였다. 이러한 접근법에 대하여 야마토동지회大和同志會가 가장 먼저 피차별부락의 입장에서 불만을 제기하였다. 야마토동지회는 1912년 8월 20일 나라 시奈良市 니시자카 초西阪町 피차별부락의 정육점 주인 마쓰이 쇼고로松井庄五郎를 회장으로, 나라 현지사와 나라 시장 등의 후원을 받아 결성된 단체이다. 마쓰이는 개인재산을 털어 기관지『메이지의 빛明治之光』을 발행하여 긴키近畿 지방*을 중심으로 일본 전국에서 독자를 늘려나갔다.

야마토동지회가 만들어진 계기는 '특수부락'의 호칭 문제를 비롯하여, 차별의 원인을 피차별부락 측에서 찾는 부락개선정책 전반에 대한 비판이었다. 마쓰이는 자산가의 아들로 태어나 도쿄제국대학을 졸업한, 피차별부락에서 몇 안 되는 '엘리트'였다. 야마토동지회는 그런 마쓰이를 필두로 소학교 교원 등 피차별부락 내부의 지식층을 중심으로 활동하였다. 식산흥업, 교육의 기회균등, 혼간지本願寺 개혁, 차별철폐, 신민의식의 철저, 모멸적 호칭 '특수부락' 폐지를 주장하였다. 피차별부락의 경제적 자립, 마쓰이와 동지의 표현을 빌리면 '실업의 육성'을 목표로 하였으며, 방해 요소를 개혁한다는 목적 합리주의적 의식에 뿌리를 두고 있었다.

차별로부터의 해방이 목적이었던 야마토동지회와는 대조적으로, 부락문제의 해결을 '대일본을 형성'하기 위한, 다시 말해 일류제국주의 국가를 만들기 위한 수단으로 파악한 단체가 제국공도회帝國公道會이다. 1914년 창립한 제국공도회는 회장 이타가키 다이스

---

* 일본 혼슈(本州) 중서부에 위치한 지역. 오사카 부, 교토 부, 효고 현, 나라 현, 미에현, 사가 현, 와카야마 현이 해당한다.

케板垣退助를 비롯해 작위를 가진 쟁쟁한 명사들이 다수 소속되어 있었고, 내무성의 뜻을 대변하였다. 실질적으로 활동을 주도한 사람은 간사장 오오에 다쿠大江卓였다. 오오에의 표현을 빌리면 "특수부락의 개량"을 실시하여 "나아가 사회에 융화하는" 역할을 자임하면서, 일본 각지에 설립한 단체를 통괄하기 위하여 기관지『공도公道』를 발행하였다. 제국공도회는 식민지 지배까지 시야에 넣어 일본제국의 일체화를 도모해야 하며, "부락민 구제"는 "세계 일등 국가 일본제국에게 가장 큰 급선무"로서 그들을 "포용 융화"하지 못하면 제국은 "파열"될 우려가 있다고 경종을 울렸다.

피차별부락 내부에서 만들어진 야마토동지회는 어디까지나 피차별부락 사람들의 권리를 지키는 것이 우선이었고, 국가에 대한 봉사는 목적을 위한 수단이었다. 그러나 피차별부락 외부에서 '동정융화同情融和'를 내걸고 탄생한 제국공도회는 일본제국의 유지가 목적이었다. 야마토동지회와는 목적과 수단의 관계가 정반대였다. 그러다 보니 1917년 이후 노동문제가 극에 달하자 오오에의 관심이 온통 노동문제로 쏠리면서 부락문제를 밀어내고 노동문제가『공도』의 지면을 차지하기 시작했다. 일본제국에 대한 지지가 목적이었기에 노동문제 해결이 급선무로 보이자 당연히 그쪽으로 관심이 옮겨간 것이다. 오오에가 다시 부락문제에 관심을 가진 것은 쌀소동*의 충격을 겪은 뒤였다.

---

* 1918년 갑작스러운 쌀값 폭등으로 일어난 민중 폭동.

## 2. 새로운 여성 / 농촌의 여성

### 가부장제와 자본주의의 멍에

청일전쟁을 계기로 일본의 자본주의가 급성장하는 가운데 여성 노동자는 제사·방적업을 뒷받침하는 중심 존재였다. 그러나 일본 철도교정회, 활판공조합, 철공조합을 산하에 두고 있는 노동조합 기성회(1897년 결성)의 기관지 『노동세계』를 읽다 보면 여성 노동자를 멸시하고 배격하는 기사가 심심찮게 눈에 띈다. 예를 들어 다음과 같은 기사이다.

> 남공과 여공의 경쟁은 기계 발달에 수반하는 나쁜 폐단이다. 남공은 여공 때문에 임금이 깎이고, 마침내 직업까지 빼앗긴다. 남공은 집에서 아이를 보고 아내가 공장에서 돈을 벌게되는 불미스러운 모습을 영미에서 볼 수 있다. 그런데도 일본 자본가는 얼씨구나 하고 점점 여공을 고용한다고 한다. [중략] 여공과 남공을 함께 쓰는 것은 도덕적 추태가 나타나는 원인이다. 또한 남공은 직업을 빼앗겨 결국 큰 곤란을 겪는다. 주의해야 한다.[22]

스즈키 유코鈴木裕子는 『노동세계』 분석을 통해서 노동운동이 초창기부터 가지고 있던 차별성을 밝혔다. 스즈키는 여성들이 '이에' 제도라는 멍에에 묶여 집안을 위해 일하는 것이 '순풍미속'으로 칭송받았고, 이런 상황은 "가부장제와 자본주의가 손잡은" 상태라고 설명한다[23].

　반세기 전 나고야 여성사 연구회는 『어머니의 시대―아이치愛知의 여성사』[24]를 출간하였다. "이 토지에서 살아온 우리 어머니와 할머니가 같은 시기에 어떤 생각을 하고 어떤 행동을 했는가"를 분명히 하지 않으면 "우리의 주체적 생활 의식과 행동은 찾을 수 없다"는 동기에서 엮은 책이다. '여자 노동자'의 장은 먼저 아이치 현의 중요 산업인 직물업이 젊은 여성 노동자들의 희생을 바탕으로 이루어졌다는 사실을 적고 있다. 책에 따르면 미에三重방적의 아이치 분공장은 기혼자가 10%에 지나지 않았고 "대부분의 여공은 시집가기 전까지 부모와 집안을 위해서 일해야만 했다." 미에, 기후岐阜, 시즈오카静岡, 도야마富山, 니가타新潟 등에서 모집공고를 보고 찾아와, 가혹한 노동을 견디지 못하고 병가를 얻어 귀향하거나 사망 또는 도망가는 사람이 전체의 70%를 차지했다. 1910년생 가토 시즈코加藤静子는 도망쳐서 간신히 부모 곁으로 돌아갔지만, 이틀 뒤에 다시 아버지가 공장으로 돌려보냈다. 이 시절의 한이 담긴 '연계봉공으로 보내는 부모는 부모 아닌 자식의 원수'라는 노래도 남아 있다.

## 재편되는 '현모양처' 이데올로기

　최근 일본근대사 분야에서도 국가의 기초단위를 '근대가족'으로 파악하는 연구가 활발하다. 도시와 농촌 및 계층에 따른 차이를 동반하면서 제1차 세계대전 기간 무렵부터 도시지역의 신중산층을 중심으로 점차 '근대가족'이 규범력을 갖게 되었다. 핵가족 샐

러리맨의 아내는 '현모양처'라는 가치규범 아래 가사와 육아에 전념하는 이른바 전업주부로서 가정을 지키며, 태평양전쟁 이후로 이어지는 성별 역할분업이 진행되었다[25]. 극소수에 불과했지만 교사, 타자수, 간호사, 전화교환원 등의 전문직업에 종사하는 '직업부인'이라 불리는 여성도 증가하였다[26]. 그러나 단기간에 '이에'에서 '근대가족'으로 옮겨간 것은 아니다. 도시지역에서도 근대 일본을 뒷받침한 것은 '이에와 근대가족의 복합형'이었다.

1911년 히라쓰카 라이초平塚らいでう 등이 여성들로만 구성된 문예 동호회 세이토샤青鞜社를 설립하였다. 1911년 8월 『세이토』 창간호에서 히라쓰카는 "시초에 여성은 실로 태양이었다. 진정한 사람이었다. 지금 여성은 달이다"라고 적었다. 요사노 아키코与謝野晶子는 "산이 움직이는 날이 온다"고 하였다. 이는 시대 상황보다 몇 걸음 앞선 움직임이었다. 그런 이유에서 이후 히라쓰카도 사용했던 '새로운 여성'이라는 호칭에는 여성 자아의 발로를 기존 규범으로부터의 일탈로 보고 탐탁지 않게 여기는 세상의 냉랭한 시선이 담겨 있었다[27].

제1차 세계대전 이후, 직업부인이 증가하고 직종이 확대되면서 지배층과 이를 대변하는 논객들은 새로운 주장을 내놓았다. 가정의 유지에 지장이 없는 범위 안에서 '여성의 천분天分'을 사회에 활용하자는 논의와 '주부'가 주도하는 '민본적 가정'론 등이 등장하고, '현모양처' 사상도 어느 정도 '수정'이 이루어졌다[28].

『세이토』의 여성들도 한 걸음 나아가 여성의 지위 향상을 염두에 둔 '개조'의 필요성을 이야기하기 시작하였다. 1918년부터 시

작하여 1919년을 정점으로 히라쓰카와 요사노 그리고 야마다 와카山田わか와 야마카와 기쿠에山川菊栄는 모성보호논쟁을 펼쳤다[29]. 히라쓰카는 "원래 어머니는 생명의 원천이다. 부인은 어머니이기 때문에 개인적 존재의 영역을 벗어나 사회적이고 국가적인 존재자가 된다"라는 이유를 들어 "국가는 개인의 자유를 방임하지 말고 스스로 나아가 그들을 보호하며, 그들 심신의 건전한 발달을 도모하는 것은 국가로서 마땅히 해야 할 의무가 아닌가"[30]라고 주장하였다. 이에 대하여 요사노는 "히라쓰카씨가 말하는 '국가'는 현 상태 그대로의 국가가 아니라 물론 이상적으로 개조된 국가의 의미일 것입니다. 그렇다면 개인의 개조가 가장 시급합니다. 개조된 개인의 힘을 모으지 않으면 개조된 국가는 실현될 수 없습니다"[31]라고 반박한다. 요사노의 주장은 후쿠자와 유키치福沢諭吉*를 방불케 하는 자주독립 정신으로 가득하다. 경제적 자립을 모색하는 여성들 사이에서 '국가 개조'와 '개인 개조' 중 무엇이 우선인지에 대한 뜨거운 논의가 펼쳐졌다. 그러나 엘렌 케이Ellen Karolina Sofia Key가 주창한 '모성'은 당시 급속히 확산하면서 유전학과도 결부되어 '모'의 중요성을 재인식시켰고, 결국 여성을 내면에서 속박하는 역할을 하게 되었다. 히라쓰카의 모성주의 역시 이러한 성격이 현저해지는 태평양전쟁 기간이 되기 전에도 이미 같은 측면을 내포하고 있었다.

고야마 시즈코小山静子가 지적한 것처럼 남성은 생산활동과 군역을 통해 직접 국민국가를 이끌어 가지만 "여성은 남성의 활동을 가

---

* 일본 근대화에 큰 역할을 한 계몽사상가. 1835-1901.

정에서 뒷받침하고 다음 세대를 육성함으로써 간접적인 국민으로
여겨지면서 국민통합이 이루어졌다." 이 과정의 사상적 기반은 '현
모양처' 이데올로기였다. '남성은 일, 여성은 가정'이라는 성별 역
할분업을 그대로 따른 현모양처 이데올로기는 제1차 세계대전 이
후의 상황변화 속에서 재편되었다. "한편으로는 잠재적 능력을 개
발하여 활동력과 적극성을 갖춘 여성을 육성하는 것을 목표로 삼
고, 다른 한편으로는 기존의 성별 역할분업을 온존하면서 여성의
'남성화'를 피하는 과제를 추구하였다."[32] 모성보호논쟁은 바로 그
러한 틈새에 놓여 있던 여성들의 갈등을 집중적으로 보여준다.

## '일본 농촌부인 문제'

도시지역 여성의 문제에 관심이 쏠리는 반면, 농촌 여성은 여전
히 큰 변화 없이 심각한 상황 속에 있었다. 쇼와昭和공황*을 거치면
서 사태가 더욱 심각해지는 가운데, 당시 산업조합중앙회 직원이
었던 마루오카 히데코丸岡秀子는 『일본 농촌부인 문제』라는 제목의
책을 발표하였다. 마루오카는 "특히 농촌부인이 많은 고난을 겪는
'여성'의 사회적 지위를 집중적으로 표현하고 있다는 점을 강조하
고 싶다" "그러한 전통은 뿌리 깊고 강력하다. 모성 생활, 성적 차
별대우, 봉건적 예속 등 한층 가혹한 짐을 짊어진 모든 여성을 대표
하는 것은 주부와 어머니로서의 농촌부인이다"라고 생각하였다

---

* 1930년부터 1931년까지 일본에서 발생한 공황.

그러나 "지금까지 부인문제 영역에서 가장 큰 관심을 받으며 연구 성과를 축적한 대다수는 도시의 근로부인에 관한 것"이었고, "농촌부인 문제는 농촌문제 속의 아주 작은 일부분으로 취급되며, 그 안에 담긴 중요성과 반비례하게 관심 받지 못한 채 방치"되어 있었다. 그렇기에 1937년 전쟁 전의 엄격한 언론통제 속에서도 『일본 농촌부인 문제』를 발표하여 "구체적인 조사 사실을 바탕으로, 있는 그대로를 발견"함으로써 문제의식을 세상에 알리고자 하였다[33].

마루오카는 지주제도에서 소작은 "먹을 쌀도 부족한 것이 일반적"이며, 자기 땅을 경작하더라도 "소작과 다름없는 처지가 대부분"이라는 인식을 바탕으로[34] 다음과 같이 설명한다. "농촌부인은 남자와 마찬가지로 생산노동에 참여한다. 그러나 가족제도 아래 예속되어 각자 고립되어 있기 때문에 남자처럼 집단적 힘을 가지고 경제에 참여할 기회는 결코 주어지지 않는다. 노동의 지위는 어디까지나 가장에게 종속된 가족노동의 일부이다."[35] 또한 군마 현群馬県 후쿠시마 무라福島村의 1932년 농업노동분배표를 제시하면서 여성들이 처한 상황을 고발하였다. "양잠을 치는 마을에서 부인의 노동은 지배적이며 보통 일이 아니다." "아침에는 누구보다 일찍 일어나 밥을 짓고, 낮에는 온종일 남자와 함께 논밭에서 일하다, 저녁에는 말 그대로 별을 보며 귀가한다. 남자는 일단 집에 돌아가면 반드시 담배를 한 대 피우고, 한잔하며 쉴 수도 있었다. 그러나 부인은 옷을 벗을 새도 없이 부리나케 집으로 달려가 아이에게 젖을 물리면서 어둡고 추운 부엌에서 솥에 불을 지펴야 한다."[36] 선입견을 배제하고 구체적 사실을 밝히겠다는 일관된 자세 아래 극명한 실태에 관한 서술이 이어진다. 그러나 단순히 농촌 여성이 처한 상황이 도시보다 가혹하다고 호소하는 것이 목적은 아니다. 마루오카는 "농촌부인은 사회적 입법적 보호의 테두리 밖에 놓인 채, 놀라울 정도로 비참하고 저열한 모성 생활을 강요받고 있다. 이런 상황은 공장 부인의 모성 생활에 유형 무형하게 작용하여 그 지위를 끌어내리고 최소한의 법적 보호의 시행마저 방해하고 있다" "농촌 모성의 조건을 끌어올리지 않고는 공장 모성의 조건을 개선할 수 없다"고 생각하여 양자의 '상관관계'에 주목하였다*[37].

　* 일본 농민가족경영의 농업노동에서 여성의 역할 비중을 분석한 연구로 오카도 마사카쓰大門正克의 「농업노동의 변화와 농촌여성—20세기 일본의 사례」[38]가 있다. 1890년대부터 1930년대에 걸친 농민적 소상품 생산의 발전이 여성 노동시간을 증대시키고 출산에도 지장을 초래하는 등, 여성의 부담에 의존하여 이루어진 것을 밝히고 있다.

## 3. 격리와 분단

### 감금당한 정신장애인

근대 일본은 19세기 말부터 20세기 초까지 빠른 속도로 '문명국'을 향해 나아갔다. 그러나 국민 생활은 국가 발전과는 분리되어 있었고, 이런 현상은 국민의 생명을 지키는 공중보건 행정에서 현저하게 나타났다.

근대 일본의 공중보건 정책은 급성 감염증 대책의 일환으로 1879년 콜레라병 예방 임시규칙, 1890년 전염병 예방규칙, 1897년 전염병 예방법을 공포하였다. 그러나 그 밖의 질병에 대한 대책은 더디게 진행되었다. 이러한 상황에 변화가 찾아온 것은 1899년 서양과 거의 대등한 신조약이 발효되면서 '내지잡거'가 시작된 이후이다. 서양을 의식해 겉모습을 문명국처럼 꾸미기 위해서 정신장애, 만성 감염증 결핵, 한센병(나병)에 대한 법령이 만들어졌다.

먼저 1900년 정신병자 감호법이 공포되었다. '간호'가 아니라 '감호'라는 단어를 사용한 것에서도 알 수 있듯이 정신병자 감호법은 정신장애인 치료와 보호에 관한 법률이 아니었다. '사택 감치실私宅監置室', 다시 말해 가두어 두는 방을 환자의 집에 설치하고 가족에게 정신장애인을 집에서 감금 감시하도록 요구한 법률이다. 부현府県 차원에서는 이미 정신장애인에 대한 사택 감금을 규정하고 있었다. 정신병자 감호법은 이를 일본 전국에 일률적으로 적용하는 법령이었다[39]. 제2차 야마가타 아리토모 내각의 내무차관 고마쓰바라 에이타로小松原英太郎는 1월 20일 제14회 제국의회 귀족원 본회의에서 이 법의 목적은 정신장애인의 "신체를 보호하고 사회에 미치는 피해를 방지"하는 것이라고 설명하고, 사회수호를 위한 법률임을 천명하였다[40]. 법이 통과되자 정신장애인은 감치실로 내몰렸다. 위험한 존재라는 사회적 두려움은 한층 커지고, 정신장애인은 공중보건이 아니라 치안의 대상으로 인식되었다.

1919년, 정신병자 감호법에 이어 정신병원법이 공포된다. 정신장애인에게 기존의 '사택 감치'뿐 아니라 정신병원 수용을 확대하는 법으로, 공립 정신병원의 증설을 목표로 삼았다. 하라 다카시原敬 내각의 내무대신 도코나미 다케지로床次竹次郎는 1919년 2월 2일 제41회 제국의회 중의원 본회의에서 법안을 설명하면서, "해마다 이러한 환자(정신장애인) 가운데 위험성을 띠고 방화 살인 등 범죄를 저지르는 사람이 150명이나 된다. 공공의 안녕을 어지럽히는 경우도 적지 않을 뿐 아니라 인도적으로도 사회정책적으로도 신속히 개선방안을 강구해야 하는 사안이다"라고 말했다[41]. 정신장애인은 사회에 위해를 끼치는 존재로 간주하고, 왕과 왕족이 행차할 때는 거리의 환자를 구속하였다.

## 격리 여부를 결정한 것 — 결핵과 한센병

만성감염증 결핵은 1904년 내무성령 '폐결핵 예방에 관한 건'으로 학교와 병원 등에 가래를 뱉는 항아리 설치를 의무화했을 뿐, 결핵예방을 위한 법률 제정은 이루어지지 않았다. 1919년 정신병원법과 함께 결핵예방법이 공포되었다[42]. 그러나 환자의 요양소 입소는 법률로 강제하지 않고 어디까지나 환자 본인의 의지를 따랐다. 결핵환자는 조기발견, 조기치료, 사회복귀의 대상으로 여겨졌다.

이에 비해 만성감염증 한센병에 대한 대책은 결핵과 크게 달랐다. 1907년 정부의 제안으로 법률 '나병 예방에 관한 건'이 성립되었다. 경제력 없이 떠도는 한센병 환자가 격리 대상이었으며, 퇴원

규정은 명시하지 않았다. 당시 한센병 치료에는 대풍자大風子씨에서 짜낸 기름을 사용했는데 실질적 효과가 없어 불치병으로 여겨졌기 때문이다. 그야말로 한센병 환자를 평생 격리하는 법이었다.

법률에 따라 일본 전국을 5개 구역으로 나누고, 각 구역에는 해당 구역 내 도부현이 연합하여 요양소를 하나 개설하였다. 젠쇼 병원全生病院(도쿄 부), 호쿠부 보양원北部保養院(아오모리 현), 소토지마 보양원外島保養院(오사카 부), 제4구 요양소(가가와 현香川県, 1910년 오시마大島 요양소로 개칭), 규슈 나병요양소九州癩療養所(구마모토 현熊本県, 1911년 규슈 요양소로 개칭)이다. 요양소가 완성되자 1909년부터 격리가 시작되었다. 이름은 요양소였지만 사실상 격리수용 시설이었다.

당시 일본은 러일전쟁 이후의 재정 긴축기로 막대한 예산은 준비할 수 없었다. 한센병 환자를 외국인의 눈에 띄지 않게 숨기는 것이 목적이었기에, 집에서 요양하는 환자를 제외하고 우선 떠돌이 환자를 격리 대상으로 삼았다. 1900년 내무성의 조사에 따르면 당시 일본의 한센병 환자는 약 3만 명이었다. 결핵 환자는 서양 선진국에도 많았지만, 한센병 환자는 서양 선진국에는 적고 아시아와 아프리카 식민지에 많았다. 청일전쟁과 러일전쟁에서 승리하여 열강의 지위를 확립한 일본에게는 3만 한센병 환자의 존재 자체가 '나라의 치욕'이었다. 정말 격리가 필요할 정도의 전염성이 있었다면 모든 한센병 환자를 격리했을 것이다. 그러나 운영 초기 격리시설 5개소의 총정원은 1,100명에 불과하였다. 격리는 예방이라는 의학적 필요에서가 아니라 '나라의 치욕'이 될 원인을 배제한다는 발상에서 시작되었다. 결핵처럼 환자를 치료해서 사회로 복귀시킨다는 관점은 존재하지 않고, 환자의 영구 은폐로 이어지는 평생 격리가 시행되었다. 이렇게 의학적 지식과 무관한 만성감염병 대책 정책을 정당화하기 위해서 국가는 나병은 감염력이 강하고 불치병이라고 선전을 하면서 국민의 공포감을 부추겼다.

1915년 도쿄의 젠쇼 병원에서 원장 미쓰타 겐스케光田健輔의 뜻에 따라 남성 환자의 단종수술이 시작되었다. 이후 단종수술은 다른 요양소에도 보급되었고, 여성 환자는 임신이 발각되면 강제로 낙태가 이루어졌다. 이런 조치는 법적 근거도 없었고 의학적 근거도 명확하지 않았다. 한센병은 감염증이었다. 그러나 한센병에 대한 면역이 약한 체질이 있어 유전된다, 남성의 정자를 통해 여성에게 감염되거나 여성의 태반을 통해 태아에게 감염된다 등의 가설을 근거로 환자의 임신을 막으려 했다. 한센병 환자는 이렇게 자손을 가질 자유마저 빼앗겼다.

내무성 위생국은 1923년 『나병환자의 고백』을 편찬하였다. 심지어 이 책에도 "입원 후 처음으로 요양소라기보다 오히려 수용소라는 느낌을 받았다" "(요양소 직원은) 우리 보기를 죄인처럼 취급하며, 개나 고양이처럼 전혀 인간적 대우를 받지 못하니 분하고 유감스럽다" 등의 격리된 환자의 분노가 기록되어 있다.

격리는 점차 확대되어 1931년 공포된 나병예방법은 모든 환자의 격리, 다시 말해 절대격리를 내세웠고 나아가 철저한 강제격리와 평생격리가 이루어졌다. 환자는 격리되어 단종수술을 받거나 강제노동을 해야 했고, 저항하면 요양소장의 판단에 따라 감금되었다. 1930년대 후반부터 무라현無癩県운동*이 전개되면서 격리를 피해 자택에서 생활하는 환자를 찾아내 요양소로 보내기 시작하였다. 지자체, 종교단체, 심지어 지역주민까지 여기에 동원되었다. 집에 머무는 환자는 경찰의 감시를 받으면서 언제 격리될지 모른다는 두려움 속에서 살아야 했다.

결핵은 병이 나으면 '인적자원'으로 사회에 복귀할 수 있다. 그러나 한센병은 심각한 장애가 후유증으로 남아서 노동력으로도 병력으로도 사용할 수 없다. 이러한 '인적자원'으로서의 가치 기준이 결핵과 한센병에 대한 처우에 큰 차이를 가져온 것으로 보인다.

## 관리 대상이 된 창기

1900년 내무성령 창기단속규칙이 공포되었다. 이에 따라 부현마다 제각각이던 공창제도 규칙이 통일되고, 창기에게는 성병의 검진과 치료의 의무가 부과되었다. 같은 해 공포된 행정집행법에는 '밀매음'으로 검속된 사창에 대한 검진도 명기되었다. 일본의 매매춘은 성병 예방과 일체화되어 국가의 관리 아래 존속하였다. 당시 성병 매독과 임질을 의학적으로도 '화류병'이라 부른 이유는 매매춘으로 성병에 걸린다는 고정관념이 확고했기 때문이다. 공창과 사창 모두 성병의 감염원으로 여겨졌고, 이는 차별의 원인이 되었다.

---

* 1930년대부터 1960년대까지 진행된 일본의 사회운동. 나병환자를 요양소에 강제로 수용함으로써 떠돌이 또는 재택환자를 현내에서 제거하자는 운동.

국가는 창기단속규칙에 따라 매매춘 행위를 가시자시키貸座敷 영업지로 제한함으로써 사회의 풍기유지에 전념했지만, 그 안에서 인신매매와 강제 매춘 등의 행위가 이루어져도 묵인하였다. 1908년부터 시행된 형법에는 국제적 인신매매를 처벌하는 조문을 명기했지만, 일본 국내의 인신매매를 단속하는 조문은 기재하지 않았다. 만약 형법으로 일본 국내의 인신매매를 처벌한다면 공창제도는 사실상 성립할 수 없기 때문이다.

가시자시키 영업지 밖에서 집단으로 이루어진 매매춘도 공창 수준의 검진을 받는 한 묵인하였다. 국가가 단속한 매매춘은 길거리에서 호객행위를 하는 형태나 예기藝妓, 카페 종업원 등이 은밀하게 매매춘을 하는 경우뿐이었다. 다시 말해 성병 검진을 받는 한 매매춘은 공인 또는 묵인하고, 검진을 받지 않는 매매춘은 금지하였다.

이러한 매매춘의 실태, 특히 공창제도에 대해서 천주교와 개신교 신자, 그중에서도 개신교 여성을 중심으로 폐창운동이 전개되었다. 일본 기독교 부인 교풍회矯風會(1893년 결성), 구세군 일본 본영(1895년 결성), 곽청회廓淸會(1911년 결성) 등이 폐창운동을 전개한 대표적인 단체였다. 이들 단체의 주장은 모든 매매춘의 폐지가 아니라 공창제도의 폐지였다. 국가의 매매춘 공인은 '나라의 치욕'이라는 이유에서 반대한 것으로, 사창의 폐지는 논하지 않았다. 폐창 주장 단체에게 공창의 존재는 '문명국'의 치욕이자 성병 만연의 원인으로서 도덕적 체력적으로 국민의 질을 떨어트리는 원흉이었다. 공창을 폐지하여 사창으로 만드는 것이 폐창 주장 단체의 당면 과제였다. 폐창 운동가는 창부를 성병의 감염원이며 도덕에 어긋나는 존재로 여겼고, 거리낌 없이 이들을 '천賤업부' '추醜업부'라고 불렀다[43].

일본이 국제연맹 상임이사국의 지위에 오른 1920년대, 제국의 회에 폐창 법안이 연이어 제출되었다. 법안 제출의 원동력은 곽청회와 교풍회를 비롯하여 그들의 뜻을 이어받은 초당파의 폐창파 의원이었다. 이러한 움직임의 배경에는 국제연맹에서 1921년 조인된 '부인 및 아동의 매매 금지에 관한 국제조약'이 있었다. 매매춘 목적으로 이루어지는 여성과 아동의 인신매매를 국내는 물론 국경을 넘어서도 금지하는 조약으로, 만 21세 미만이 대상이었다. 그러나 일본은 창기단속규칙에서 만 18세 이상의 여성에게 매춘을 인정했으며, '전차금' 명목 아래 사실상 인신매매가 횡행하고 있었다. 그렇기에 1921년 10월 하라 다카시 내각은 연령조항 유보와 조선·대만·가라후토·관동주 등의 식민지와 준식민지를 대상에서 제외하는 것을 조건으로 이 국제조약에 조인하였다. 조약은 1925년 9월 28일 비준되었다. 이에 대해 곽청회와 교풍회는 연령조항 유보는 '나라의 치욕'이라 비판하였고, 마침내 1927년 2월 제1차 와카쓰키 레이지로若槻礼次郎 내각은 연령조항 유보를 철회하였다. 그러나 그 뒤에도 일본 정부는 여전히 공창제도는 자유의사에 의한 것이기에 인신매매에 해당하지 않는다고 강변하였다.

이런 상황에서 폐창운동은 공창제도의 존재 자체가 '나라의 치욕'이며, 성병 검진을 하니까 '안전'하다는 과신을 낳아서 오히려 성병을 만연시킨다고 비판하였다. 이에 대해 내무성 위생국은 폐창할 경우, 성병을 관리할 수 없는 사창이 증가하여 오히려 성병이 만연할 것이라고 반박하면서 폐창은 정치 문제로 부상하였다.

1919년 1월 28일 제41회 의회 중의원에서 변호사 출신의 헌정회憲政會 소속 요코야마 가쓰타로橫山勝太郎가 '공창제도의 존폐에 관한 질문'을 발표한 것을 시작으로, 1920년대에서 1930년대 초까지 다음과 같이 폐창을 요구하는 건의안과 '폐창법안'이 제국의회에 잇달아 제출되었다. '부녀의 인권보호에 관한 법률안'(제45회 의회, 1922년), '공창제도 제한에 관한 법률안'(제50회 의회, 1925년), '공창제도 제한 및 폐지에 관한 법률안'(제52회 의회, 1927년), '공창제도 폐지에 관한 법률안'(제56회 의회, 1929년), '공창제도 폐지에 관한 법률안'(제58회 의회, 1930년), '공창제도 폐지에 관한 법률안'(제59회 의회, 1931년)이 그것이다. 이들 법안은 모두 성립으로 이어지지 못했지만, 제국의회에서는 법안을 놓고 공창제도의 시비를 둘러싼 격론이 벌어졌다. 법안 질의에서 폐창파는 공창제도가 '나라의 치욕'이며 성병 만연의 온상이라 비난하였다. 반면 공창제도 유지를 주장하는 내무성은 성병예방을 위해서는 공창제도가 필요하다는 논리로 일관하였다. 국제연맹의 동향을 고려해 내무성이 고안한 폐창안은 기존의 가시자시키를 요릿집으로 업종 변경시키고 창기를 작부로 개칭하는 것이었다. 사실상 폐창한 뒤에도 매매춘을 묵인하겠다는 내용으로, 단순히 공창이라는 간판을 새로 칠하고자 했을 뿐이었다[44]. 매매춘을 강요당하는 여성의 인권을 보호해야 한다는 관점은 결여되어 있었다.

## 차별의 연결고리 — 빈민가와 피차별부락

가나가와 현神奈川県의 지방지를 발행하는 요코하마橫浜 무역신보 사는 1912년부터 연말에 시민의 기부를 모아서 요코하마 시내의 빈민가 주민에게 신년 떡을 선물하는 자선 사업을 시작하였다. 떡 교환권은 시내 여학생들이 나눠주었다. 빈민가를 찾아 한집 한집 떡 교환권을 나눠주는 연출에는 여학생이 베푸는 동정과 빈민가 주민의 감사라는 구도가 노골적으로 드러나 있었다.

이러한 동정은 차별과 표리일체의 관계였다 12월 25일자『요코 하마 무역신보』는 여학생의 보호자들에게 "떡 교환권 배포를 부탁 함에 있어, 여러분의 보호는 본사가 담당하며 경관의 도움도 받습 니다. 결코 부상과 사고 등은 없을 테니 안심하시기 바랍니다"라고 이해를 구하였다. 빈민가의 나쁜 치안이 강조되면서, 그런 곳에 용 감하게 발을 들여놓는 동정심 많은 가련한 여학생의 이미지가 독 자에게 선명하게 각인되었다. 12월 26일자『요코하마 무역신보』는 "가냘프고 여린 손으로 약자를 위문하면서 진심을 보이고 눈물을 흘리며 말하다"는 제목으로 여학생의 빈민가 방문을 다음과 같이 보도하였다.

하늘이 맑게 개었지만 날씨는 추웠다. 서리가 하얗게 내려 숲에 안 개가 깔린 25일 오전 9시 무렵, 시市의 번영과는 정반대인 허름한 집 을 찾아 하카마袴*를 입은 젊은 아가씨가 삼삼오오 함께 즐겁게 걸어 가고 있었다. 이 아가씨들은 우리 회사의 뜻에 호응해준 의인들의 동정심으로 마련한 흰떡을 세상의 박복한 자들에게 나누어주기 위해서 가녀린 손에 교환권을 들고 있는 모토마치元町 고등여학교의 친절한 학생 30명이었다. [중략] 30명의 아가씨는 넘쳐흐르는 동정을 세상의 약자에게 베풀기 위해 추위도 아랑곳하지 않고 부모의 허락을 얻어 서둘러 달려왔다.

『요코하마 무역신보』의 빈민가 방문 기사에 빈민가를 피차별부락과 동일시하는 문구가 사용되기 시작한다. 1장에서 소개한 '고지키야토乞食谷戸'는 역사적으로도 피차별부락이 아니었다. 그러나 1912년 12월 25일자 『요코하마 무역신보』는 이곳을 당시 피차별부락의 호칭이던 '특수부락'이라고 표현했다. 1913년 12월 17일자 기사에서는 항구 남쪽 언덕에 자리한 다른 빈민가에 대해서 "백여 호의 나가야長屋*는 에타 마을穢多村이라는 이름으로도 부른다. 이곳에 사는 수백 명은 가장 비참한 생활을 영위하고 있다"고 보도하였다. 같은 해 12월 27일자 기사에서도 같은 빈민가에 대해서 "그곳은 에타의 나가야이다"라고 적고 있다.

어째서 빈민가는 피차별부락과 동일시되었을까. 물론 이들에게는 빈곤과 비위생이라는 차별적 공통점이 있다. 그러나 그뿐만이 아니었다. '고지키야토'에는 수많은 한센병 환자가 모여 살고 있었다. 1902년에는 이 지구 주변에 요코하마 시 구호소가 개설되면서

---

* 일본 전통의상의 겉에 겹쳐 입는 주름 잡힌 하의. 원래 남성용 복장이었으나 개화기 여학생들의 교복으로 사용되었다.
* 한 채의 건물을 벽으로 막아 여러 가구가 살 수 있게 만든 집.

극빈의 병자, 행로병자, 정신장애자와 함께 한센병 환자가 수용되었다[45]. 1905년 내무성이 실시한 한센병 환자 조사도 "부근 공동묘지 통로에 모여 배회하면서 성묘객의 희사喜捨로 생활하는 자가 있다"고 기록하고 있다[46]. 1906년 봄, 마스다 피부병원의 원장 마스다 이사무增田勇는 이 지역의 한센병 환자가 생활하는 환경에 충격을 받고 7월부터 출장 치료를 시작하였다. 당시 이곳에는 남성 22명과 여성 9명의 한센병 환자가 살고 있었다고 한다[47]. 묘지 주변에서 구걸하는 많은 한센병 환자의 모습이 '고지키야토' 다시 말해 '걸인 저지대'라는 차별적 호칭의 유래가 된 것은 아닐까.

1912년 12월 26일자 『요코하마 무역신보』는 '고지키야토'에 대해서 "눈먼 노인이 지팡이에 의지해 등에 젖먹이를 업고 왼손으로는 아이를 끌어당기는 가련한 모습" "돌봐주는 사람도 없이 그저 혼자 찢어진 침상에서 신음하며 당장 죽음을 기다리는 마르고 쇠약한 한 남자, 헝클어진 머리로 한 그릇의 죽을 힘없이 먹고 있는 한 부인"의 모습을 보도하였다. 이렇게 주변지역과는 확연히 다른 이상한 모습의 사람들이 생활하는 공간이라는 이미지가 피차별부락을 연상하게 만들어 '특수부락'이라는 표현을 사용하게 된 것이 아닐까.

직업도 빈민가를 '에타 마을'이나 '에타의 나가야'로 보도한 이유로 들 수 있다. 1919년 요코하마시 자구과慈救課의 조사에 따르면, 이 지구에는 "신발가게, 짚신 만들기, 게타下駄* 수선 등"을 하는 사

---

* 일본의 전통 나막신. 엄지발가락과 둘째발가락 사이에 고정끈을 끼워 신는다.

람도 있었다[48]. 이들 직업은 피차별부락에 많았고, 이들 직업에 종
사하는 사람이 있다는 사실은 빈민가 전체를 피차별부락처럼 생각
하게 만들었다.

앞에서 언급한 요코하마의 빈민가 2개 지구는 피차별부락과 동
일시되면서 주변 주민으로부터 혐오의 대상이 되어 통혼은 물론
일상적인 교제마저 끊어졌다. 마치 일본의 자본주의 발전을 상징
하는 것처럼 급속히 팽창하는 항구도시 요코하마는 주변부에 피차
별부락 취급을 받는 빈민가를 만들어내고 있었다. 피차별부락과
빈민가에는 차별의 연결고리가 형성되었다.

## 4. 봉기하는 마이너리티

### 차별로 인한 분단 — 쌀소동

1914년부터 1918년까지 제1차 세계대전 기간, 외국의 공산품
주문이 증가하여 일본에는 공전의 호경기가 찾아왔다. 조선업 등
에서 '벼락부자'가 나타났지만, 임금상승이 물가상승을 따라잡지
못한 근로자의 생활은 곤궁해졌다. 1916년 경제학자 가와카미 하
지메河上はじめ는 『가난 이야기貧乏物語』를 저술하여 '빈부격차'에 대
해 문제를 제기하고, 인도주의적 입장에서 해결책을 제시하였다.

1918년 7월 일본 정부는 1917년 시작된 러시아혁명의 진행을
저지하기 위하여 영국, 미국, 프랑스와 함께 시베리아 출병을 결정

하였다. 그러자 쌀값 상승을 예상한 미국 상인들이 쌀을 사재기하고 팔기를 꺼리면서 쌀값 상승이 더욱 가속화되었다. 일본 정부는 폭리단속령을 내렸을 뿐 유효한 대응을 하지 못했고 쌀값은 급등하였다. 쌀을 구매해야 하는 노동자, 지주에게 소작료를 바치면 먹을 쌀조차 없는 영세 소작인은 쌀 구하기가 어려워지고 심각한 곤경에 직면하였다.

1918년 7월 쌀을 손에 넣기 어려워진 도야마 현 어부의 부인들이 현 외부로 쌀을 반출하는 것을 저지하기 위해 들고일어났다. 이를 발단으로 8월 초순부터 중순을 정점으로 일본 전국으로 쌀소동이 확산하였다. 쌀소동은 같은 해 10월 무렵까지 이어졌고, 그 사이 아오모리青森, 이와테岩手, 아키타秋田, 도치기栃木, 오키나와를 제외한 모든 부현에서 쌀소동이 발생하였다. 특히 격렬하게 진행된 지역에는 군대가 출동하여 진압에 나섰다.

피차별부락은 차별 때문에 안정적 고용의 길이 막혀 있었다. 대부분 일용직과 잡업 등으로 불리는 불안정한 일에 종사할 수밖에 없었고, 실업 또는 반실업 상태인 사람도 대단히 많았다. 당연히 쌀을 구하기 어려운 사람이 태반이었고, 게다가 피차별부락 사람들에게는 쌀 파는 것을 꺼리기도 하였다. 미국 상인이나 지주가 쌀을 부탁하러 찾아간 피차별부락 사람들에게 차별적 언사를 퍼부으며 부탁을 거절한 사례도 비일비재하였다.

그 결과 간사이関西 지방을 중심으로 적어도 22부현의 116개 마을의 쌀소동에 피차별부락 사람들이 참가하였다. 여기서 유의해야할 점은 일련의 신문 보도와 탄압 주체가 피차별부락민의 행위를

실제 역할 이상으로 과대평가함으로써 마치 피차별부락 민중이 쌀
소동의 중심세력인 듯한 이미지를 만들어내려고 했다는 점이다.

결국 쌀소동은 피차별부락에 대한 이미지에도 큰 전환점이 되었
다. 신문은 피차별부락 사람들을 잔학하고 폭력적으로 묘사한 보
도를 되풀이했다. 경찰 역시 피차별부락과 부락 외부의 민중이 함
께 일으킨 쌀소동이라도 피차별부락 사람만 집중적으로 검거하는
대응을 취하였다[49]. 쌀소동으로 검찰관 처분을 받은 사람 가운데
피차별부락 주민의 비율은 10.8%였다. 인구 비율 2%에도 미치지
않는 피차별부락 주민 수를 고려하면 상당히 높은 비율이다. 이것
은 피차별부락과 부락 외부 민중을 분단시키기 위해서 권력이 의
도적으로 만들어낸 쌀소동 이미지였고, 진실과는 괴리가 있었다.
쌀소동이라는 전대미문의 전국적 민중봉기는 지배자에게 위협이
되었다. 그렇기에 권력은 민중의 차별감정을 교묘히 조종해서 피
차별부락 사람들에게 쌀소동의 책임을 떠넘김으로써 더 큰 확산을
막고자 하였다. 전년도의 러시아혁명을 보면서 그 전철을 밟지 않
을까 하는 위기의식도 작용했을 것이다.

그런 사태를 막기 위해서 일본 정부는 부락차별을 적극적으로
이용하였다. 내무성의 '고위관리'는 '폭도'의 상당수는 '특수부락
사람'이며, 최초로 발생한 도야마 현의 '폭동'은 예외였지만 교토京都,
오사카, 고베神戸, 오카야마岡山, 미에 등지의 쌀소동은 모두 '특수부
락민'이 일으켰다고 말했다. 나머지 군중은 '특수부락민'에게 부화
뇌동한 것에 지나지 않는다며, 책임의 상당 부분을 피차별부락 사람
들에게 전가하는 선전을 펼쳤다[50]. 사법차관 스즈키 기자부로鈴木喜三郎

또한 쌀소동에 참가해 검거된 사람, 약탈을 자행한 사람은 '특수부락 사람'이며, 우리는 그런 '특수부락민'을 위해서 고생했을 뿐이라는 사실을 깨닫고 겨우 현실에 눈을 뜬다는 취지의 담화를 발표하였다. 이러한 사례에서도 일본 정부가 의도적으로 피차별부락에 책임을 떠넘기면서 사태의 확대를 막으려 했음을 확인할 수 있다. 대일본제국의 일체화를 도모하는 데 있어서 차별과 그로 인해 초래되는 대립은 권력의 걸림돌로 간주했지만, 쌀소동처럼 지배체제를 뒤흔들 수 있는 위기가 발생하자 이를 막기 위해서 망설임 없이 부락차별을 이용하였다.

## 만들어진 '폭민'과 '특종민' 이미지

쌀소동의 소용돌이 속에서 신문에는 '특종부락민' '특종민' '신평민' 등의 호칭이 난무하였다. '신평민'은 물론이고 '특수부락민'이라는 호칭에 대해서는 피차별부락 내부에서 항의의 목소리가 높아지면서 어느 정도 반성이 이루어진 상태였다. 그렇지만 이 시기에는 '특수'보다 오히려 이미 사그라든 '특종' 표현이 부활하였다. 피차별부락 사람들의 잔인성을 강조하기 위해서 그들의 잔인성을 '인종적 특성'으로 설명하고자 했기 때문이다.

『가이난海南 신문』은 1918년 8월부터 9월까지 가가와 현을 배경으로 「특종민족조特種民族調」라는 기사를 12회에 걸쳐 연재하였다. 같은 해 10월 오바 가코大庭嘉公는 잡지 『대관大観』에 실린 글에서 피차별부락 사람들은 "일본 국민 가운데 퇴화종이며, 노예종이며, 괴

혈종壞血種이며, 범죄종족이다"라고 적었다. 그렇기에 지금까지 사회로부터 배척받고 기피당한 것은 부당한 일이 아니라고 주장하였다. 오바의 글은 1909년부터 약 10년 동안 피차별부락을 중심으로 형성된 고베 신카와新川 빈민가에 거주하면서 『빈민 심리의 연구』(1915년 출간)를 집필한 가가와 도요히코賀川豊彦의 표현을 그대로 빌리고 있다. 고베 신카와에 살면서 피차별부락 사람들과 함께 생활한 가가와는 "그들이 불결한 것도, 눈병이 많은 것도 [중략] 모두 일종의 인종적 의의가 있다고 할 수 있다" "그들은 곧 일본인 가운데 퇴화종 또는 노예종, 시대에 뒤처진 태고 민족이다"[51]라고 기록하고 있다.

피차별부락 사람들의 '인종'적 차이를 내세우는 주장은 이전부터 존재하였다. 그러나 쌀소동을 거치며 잔학성과 폭력성에 대한 지적이 더해지면서 피차별부락에 대한 공포심이 추가되었다.

## '동정융화'에서 '금지'로

쌀소동으로 충격을 받은 하라 다카시 내각은 1920년 내무성에 사회국을 설치하는 등 사회정책에 착수한다. 기존의 단순한 빈민 구제대책이 아닌, 당시 급속히 성장한 노동운동과 점차 증가하고 있는 소작쟁의 등을 의식한 계급 대립을 완화하기 위한 사회정책이었다. 부락문제에 대해서도 "영세민 부락 개선은 각하剋下의 급선무"로 받아들였다. 1920년도 예산에 부락 개선비 5만 엔을 계상하는 한편, 전국의 부락 조사에 착수하여 본격적으로 대책 마련에 나서면서 계급 대립 완화와 함께 융화를 위한 정책을 추진하였다.

제국공도회도 기관지의 이름을 『사회개선 공도』로 바꾸고 다시 한 번 부락문제에 관심을 쏟았다. 1919년 2월 제국공도회 주최로 동정융화대회가 열렸다. 대회 이름에서도 알 수 있듯이 이 시기의 '융화'는 '동정'이 전제였다. 대회에 출석한 내무성 지방국장 소에다 게이이치로添田敬一郎는 "부락 외부 사람들이 동정을 보이고, 기꺼이 결혼까지 하는 정도로 만들어야 한다. 그러나 세상의 동정을 받아 차별 없는 상태가 되기 위해서는 부락민의 개선과 개선을 위한 자각이 필요하다"고 말했다. 오에 다쿠 또한 피차별부락에 대한 엄중한 감시기관의 설치, 경신敬神사상*에 입각한 국가의식의 육성을 통한 부락 개선의 필요성을 설파하고 이어서 융화 실현을 위해서는 사회의 동정이 필요하다고 호소하였다. 이처럼 당시의 융화는 어디까지나 피차별부락 사람들의 개선 노력을 전제로 하고 있었다. 또한 '인종'이 다르다는 인식 아래 이루어지는 융화였기에, 사회의 '동정'을 끌어내지 못하면 부락과 부락 외부의 간격을 메울 수 없다고 여겨졌다.

기타 사다키치가 피차별부락 인종기원론의 오류를 규명한 것도 피차별부락과 부락 외부의 경계를 제거함으로써 '융화'라는 단어로 전개되던 '동일'해지기 위한 움직임을 뒷받침하였다.

기타는 1919년 1월부터 개인잡지 『민족과 역사』를 발행하기 시작하였다. 반년 뒤 7월에 발행한 2권 1호는 '특수부락연구호'라는

---

* 메이지유신 이후 일본정부는 왕과 왕실의 선조를 신으로 섬기는 종교(국가신도)를 만들어 국민에게 강제함으로써 정책적으로 이용하였다.

제목의 부락사 연구 특집호였다. 「발간사」에서 그는 "이들(피차별 부락의 사람들을 가리킨다)을 자연 상태 그대로 방임한 것은 그들에게 동정을 금할 수 없을 뿐 아니라, 현재 인종차별 철폐를 세계에 부르짖는 우리 동포 사이에서 여전히 이들에 대한 차별철폐가 실현되지 않은 것은 실로 그냥 넘길 수 없는 일이다"라고 밝혔다. 1919년 일본이 파리강화회의에 제출한 인종차별 철폐 요구는 기타를 부락사 연구로 이끈 계기가 되었다. 기타는 '동화 융합'을 방해하는 '천한 자' '부정한 자'라는 사회적 의식을 문제로 지적하며, 그 기저에 인종기원설이 존재한다는 점에 주목하였다. 「에타 원류고エタ源流考」라는 제목의 논문에서 "우선 결론을 먼저 가져와 한마디로 나의 소신을 밝히면, 원래 '에타'라고 불린 사람은 사실 일본민족이라 불리는 사람과 민족상 아무 구별이 없다는 결론에 귀착한다"는 일관된 견해를 바탕으로 "에타와 히닌과 보통사람은 저마다 관련이 있는 존재이다. 본지분류本支分流가 서로 그물코처럼 서로 얽혀있어, 도저히 간단한 계보로는 나타낼 수 없을 정도"임을 제시하였다.

기타는 "영원히 부락민인 것보다 먼저 일본의 국민이 되는 것이 급선무입니다"[52]라고 주장하였다. 이처럼 '에타'는 결코 구별되는 존재가 아니라는 실증은 식민지 영유국이 된 일본의 새로운 통합 방침, 다시 말해 아이누와 조선 사람까지 포함해 대일본제국으로의 '동화'를 실현한다는 과제와 불가분의 관계였다. 당시는 '인종 평등'의 보편적 원리가 대두하긴 했지만, 쌀소동을 계기로 피차별 부락을 특수하게 생각하는 풍조 또한 강해져 있었다. 이러한 교착 상태 속에서 역사학이라는 학문적 근거를 토대로 피차별부락에 대한 차별적 시선을 논파함으로써 부락문제를 둘러싼 인식에 대단히 큰 영향을 미쳤다. 기타는 또한 귀貴도 천賤도 모두 동일한 일본민족이며, 모든 것은 일본 사회조직에서의 일시적 현상에 지나지 않는다고 말하며 '가계家系'에 대한 환상을 철저히 깨트렸다.

수평사가 창립되자 기타는 차별철폐를 위한 강연 활동을 펼치며 융화단체의 총괄기관인 중앙융화사업협회에 대한 협력을 아끼지 않았다. 이러한 처신은 융화주의로 비판받기 충분했지만, 적어도 그의 주관적 의도는 차별에 대한 분노에서 시작된 차별철폐의 실현이었다. 기타가 인종기원론을 논파한 이후에는 정부가 발행하는 책자 등에서 인종기원론을 주창하는 내용이 거의 사라진 사실도 잊어서는 안 된다. 그러나 사회의 인식은 쉽게 바뀌지 않았다. 여전히 많은 사람이 인종기원론에 근거해 부락문제를 이해하였다. 지식의 측면에서 생물학적 '인종'의 차이를 부정할 수 있었지만, 문화적 차이가 뒤얽힌 너무나 모호한 개념 '핏줄' '부정함' 등으로 결정되는 '타고난' 차이에 대한 논의는 끊이지 않았다.

한편 피차별부락 사람들은 차별의 원인을 부락민에게 떠넘기는 부락개선론, 1910년대 인도주의의 영향을 받아 등장한 '동정융화'론을 거부하고 자력 해방의 길을 모색하고 있었다. 그렇게 1922년 3월 3일 일본 전국수평사가 설립되었다. 설립 '선언'에서는 "우리가 에타임을 자랑스럽게 여길 수 있는 때가 왔다"고 굳이 차별적 호칭을 사용하여 자신들의 '긍지'를 소리 높여 주장하였다. '강령'에는 "특수부락민은 부락민 자신의 행동에 의하여 절대적 해방을 기한다"라고 밝혔다. 운동은 순식간에 긴키 지방을 넘어 서일본에서 간토<sup>関東</sup> 지방*으로 퍼져나갔다. 당시 노동운동을 지배하던 아나키즘의 영향을 받아, 차별 규탄에 나서는 민중의 행동은 종종 기존 질서로부터의 일탈을 동반하면서 전투적으로 전개되었다.

내무성 경보국<sup>警保局</sup>은 활발해진 차별 규탄 투쟁에 대해서 "그들은 오랫동안 일반인에게 받아온 압박에 대한 반항과 잔인성으로 인하여, 규탄에 즈음하여 상대방의 사과가 있었음에도 자칫하면 흉포한 행위에 호소하려 하고 [중략] 이런 점들은 분명히 일반 국민의 반감을 초래하고 각처에서 분쟁을 만들어내고 있다"[53]고 말했다. 그렇게 피차별부락 민중의 흉포성과 잔인성을 강조함으로써 오래전부터 부락 민중을 특수한 집단으로 보는 사람들의 차별의식을 부추겼다. 수평사에 모인 대부분은 그 벽을 뛰어넘는 데 있어서 무산계급과의 연대에 기대를 걸었다. 사회주의야말로 '차별이 없는 세계'의 도래를 가져온다[54]고 믿으면서 농민조합과 무산정당의 운동 등에도 참가하였다. '인종이 다른' '이종' 취급을 받아온 피차별부락 사람들에게는 '같은' 노동자로 인정받는 평등으로 가는 계단이기도 하였다. 이러한 '동화'에 대한 기대는 이후의 수평사를 비롯한 해방운동에 그대로 계승되었다.

### '방황하는 류큐인' — 오키나와와 아이누의 고뇌

수평사가 '동정융화'를 거부하며 무산계급과의 연대라는 새로

---

* 도쿄 주변 지방. 일반적으로 도쿄도를 비롯한 이바라키, 도치키, 군마, 사이타마, 지바, 가나가와 5현을 가리킨다.

운 단계로 나아갈 때, 오키나와 사람들은 수평사가 앞서 직면한 문제를 그대로 겪고 있었다. 문제 폭로의 발단이 된 것은 1926년 3월호 『중앙공론』에 실린 히로쓰 가즈오<sup>広津和郎</sup>의 「방황하는 류큐인」에 대한 오키나와 청년동맹의 '항의서'였다. '소철지옥*'이라는 단어로 대표되는 1920년 이후의 경제 파탄 속에서 오키나와 사람들은 일자리를 찾아 어쩔 수 없이 고향을 떠나 '내지'에서 '리키진<sup>リキジン**</sup>'이라 욕먹고 조롱당하고 차별받고 있었다. 아무리 '동정심을 가진 관찰'이라도 이런 상황에서 제목에 '류큐인'이라는 단어가 들어간 작품은 오키나와 현민이 오해를 받고 그런 사태를 더욱 심각하게 만들 수 있다는 염려와 두려움을 호소하는 항의서였다. 히가 슌초, 시모타 세이지<sup>霜多正次</sup>, 니자토 게이지<sup>新里恵二</sup>의 공저 『오키나와』는 "동기는 후의<sup>厚意</sup>였지만 결과적으로" 오키나와 현민에게 "해를 끼쳤다"는 점을 문제로 지적하였다. 오키나와 사람들이 꺼리는 '류큐인'이라는 표현을 히로쓰가 "자연스럽게" 사용한 사실에서도 알 수 있듯이, "오키나와에 대한 차별이라는 사회적 현실을 히로쓰는 간과하고 있었다"는 설명이다[55].

히로쓰는 청년동맹의 항의를 전적으로 받아들였다. 자신의 "동정과 후의가 얼마나 제3자적이고 미온적이며, 직접 고통을 느끼지 않는 인간이 멀리서 타인의 아픔을 동정하는 것에 지나지 않는 얄팍한 것이었는지" 대단히 부끄럽게 여긴다고 성의 있게 답하였다[56].

---

\* 1920년대부터 1940년대까지 궁핍했던 오키나와현을 나타내는 표현. 맹독이 있는 소철을 먹을 정도로 식량이 부족했던 힘들었던 상황에서 유래하였다.

\** 류큐 사람을 뜻하는 류큐인(琉球人)의 멸칭.

그러나 히로쓰가 오키나와 사람들이 처한 "수평운동 같은 운동
도 일으킬 수 없다" "제국 남단의 작은 섬나라라서 일본제국이 아
닌 다른 나라 사람의 눈길은 전혀 미치지 않는다"는 상황을 개탄하
지 않을 수 없었던 것처럼[57], 실제로 높은 벽이 사람들 앞을 가로막
고 있었다. 「방황하는 류큐인」의 복각은 오키나와의 본토 복귀를
앞둔 1970년에서야 이루어질 수 있었다[58].

같은 시기 이하 후유伊波普猷도 '소철지옥' 이후의 오키나와에 관
심을 기울이며 '야마토*'와 '오키나와' 사이에서 오키나와가 가야
할 길을 찾고 있었다. 토지공유제도 · 공동성 · 상호부조성에 대한
관심을 시작으로, 아마미奄美 지역을 비롯한 피억압자를 향한 관심,
'일선동조론'을 부정하는 민족자결론에 대한 공감, 그리고 아이누
청년 이보시 호쿠토違星北斗와의 교류를 통해서 아이누에 대한 인식
도 바뀌게 되었다[59].

청년 이보시는 1902년 홋카이도 요이치 초余市町에서 태어났다.
1918년 무렵 "중병을 앓으며 조금씩 사상 방면의 취미를 가지게
되었다. 일본인은 야마토혼**을 자랑하는 주제에 항상 아이누를 업
신여기고 얕잡아 보는 것이 불만이었다. [중략] 내 눈에 샤모***라는
자들은 그저 잔인한 야만인으로 보였다"고 이보시는 회상한다.
1925년부터 1년 반 동안 도쿄에서 머물며 고토 세이코後藤静香와 이

---

\* 일본의 다른 이름. 과거 일본의 수도가 있던 지역명에서 유래하였다.

\*\* 일본 민족 고유의 기개 또는 정신.

\*\*\* 샤모(samo). 아이누민족이 아닌 일본인 또는 야마토민족을 부르는 아이누어
　　표현.

하 등과 교류하면서 "아이누의 부흥은 아이누가 아니면 안 된다" 는 결의를 다지고 귀향하였다[60]. 고토에게 보낸 편지에 "아이누 자 신에게는 조금도 책임이 없었을까?"라고 '반성'하며 "아이누이고 싶지 않다는 것이 아니다. 샤모가 되고 싶다는 것도 아니다. 그렇다 면 무엇인가. '평등을 추구하는 마음'이다. '평화를 바라는 마음'이 다. 적절하게 표현한다면 '일본 신민으로 살고 싶은 소망'인 것이 다"라고 적고, "샤모의 눈을 피해 소극적 안일을 탐하기보다 인류 생활의 올바른 발전에 이바지해야 한다. 거족적으로 분기해야 하 는 가을이 왔다. 지금이야말로 정정당당하게 '나는 아이누다'라고 외치겠다"는 각오를 밝혔다[61]. 이하가 남긴 글에 따르면, 이보시는 도쿄에서 진행된 연설에서 "나는 요즘 세상을 놀라게 만들고 있는 수평운동을 존경합니다. 나는 이 사람들이 에타라는 명칭을 싫어 하는 심리를 잘 알고 있습니다. 하지만 이 사람들이 에타라는 명칭 을 그대로 사용하는 것이 더욱 용감하다고 생각합니다"라고 말하 였다[62]. 그러나 이보시는 뜻을 이루지 못하고, 1929년 27세의 나이 로 병사하였다[63].

　1926년 홋카이도 구토인 보호법에 따른 경지임대기간 종료를 둘러싼 문제를 해결하기 위해서 아이누인들이 해평사解平社를 설립 하였다. 『도쿄 아사히 신문』 1926년 10월 24일자에 수평사와 일본 농민당과의 연계 기사가 실리기도 하였다. 그러나 해평사는 지속 적인 운동으로 이어지지 않았다.

　한편 1903년 노보리베쓰 무라登別村에서 태어난 지리 유키에知里幸惠 는 "먼 옛날 이 넓은 홋카이도는 우리 조상의 자유로운 세상이었습

니다. 천진난만한 어린아이처럼 아름다운 대자연의 품에 안겨 한
가롭고 즐겁게 생활하던 그들은 진정한 자연의 총아였습니다. 이
얼마나 행복한 사람들이었습니까"라고 물었다. 1923년 『아이누
신요집アイヌ神謡集』[64]을 발간하면서 서문에 "사랑하는 우리 조상이
일상생활에서 서로 소통하기 위해 사용한 많은 언어, 익숙한 표현,
남아 전하는 아름다운 단어들, 그런 것들도 모두 덧없이 멸망해가
는 약자와 함께 사라져 버리는 것인가요. 아 그것은 너무나 안타깝
고 섭섭한 일입니다. 아이누로 태어나 아이누어 속에서 살아온 저
는 비 내리는 밤, 눈 내리는 밤, 한가할 때마다 모여서 우리 조상이
즐겨 이야기한 여러 이야기 가운데 극히 작은 이야기 한둘을 서툰
글솜씨로 엮었습니다"라고 적었다. 1922년 7월 12일 일기에서는
"나는 아이누라는 것이 기쁘다. 내가 만약 시삼(이웃. 여기에서는
화인의 뜻)*이었다면, 더 삭막한 인간이었을지 모른다. 아이누나
다른 불쌍한 사람들의 존재 자체를 알지 못하는 사람이었을지 모
른다. 그러나 나는 눈물을 알고 있다. 신이 내린 시련의 채찍을, 사
랑의 채찍을 경험하고 있다. 그것은 감사해야 하는 일이다"[65]라고
아이누의 '긍지'와 연대를 소리 높여 주장하였다. 수평사 선언과
도 일맥상통하는 내용이다. 그로부터 2개월 뒤인 1922년 9월 『아
이누 신요집』 교정을 마친 직후 지리 유키에는 심장마비로 세상을
떠났다.

---

* 시삼(sisam). 이웃을 뜻하는 아이누어.

## '내선융화' — 간토대지진과 그 이후

　1923년 9월 1일 도쿄와 요코하마 대도시를 중심으로 간토대지진이 발생하였다. 날이 바뀌기도 전에 조선인이 대지진의 혼란을 틈타 폭동을 일으켰다, 우물에 독을 던져 넣고 있다 등의 뜬소문이 시작되어 이튿날에는 간토 지방 일대에서 일본 전국으로 확산하였다. 뜬소문은 단순히 혼란 속에서 민중의 차별의식이 만들어낸 것이 아니었다. 해군성 후나바시船橋 송신소에서 각 부현으로 보낸 타전에서 알 수 있듯이, 군과 경찰이 의도적으로 퍼트렸다. 그 결과 민중이 결성한 자경단과 군경에 의해서 많은 조선인이 학살당하였다. 희생자는 6천 명에 달한다고 추측되며, 조선인으로 오인 당해 살해된 중국인과 일본인도 많았다.

　주고十五은행 본점의 서무과장 소메카와 하루히코染川春彦는 필명 란센藍泉으로 활동한 하이쿠俳句* 시인이었다. 그는 지진 발생 직후 도쿄 시내를 돌아본 체험을 자세하게 일지로 남겼다. 일지에 따르면, 란센이 처음 조선인의 폭동이라는 뜬소문을 접한 것은 9월 2일 한낮이었다. 당시 란센은 "조선인이 폭탄을 던진다는 불안한 소문이 들려온다. 하지만 나는 아무래도 풍성학려風聲鶴唳같다고 했다. 아무리 많은 조선인이 있다 해도 그들에게 준비된 폭탄이 있을 리 없다. 갑자기 일어난 이런 재해를 조선인이 어떻게 예측할 수 있었겠냐고 그들을 타일렀다. 지쳐서 신경과민이 된 사람들은 깊이 생

---

* 3.7.5의 3구, 17음절로 이루어진 일본의 정형시.

각할 여유를 잃고 있다. 개 한 마리가 공연히 짖으면 덩달아 여러 개가 따라 짖는다. 따라 짖는 정도는 괜찮다. 심지어 자기가 실제로 폭탄을 던져 넣는 장면을 본 것처럼 이야기하는 어리석은 사람까지 있다. [중략] 아무것도 모르는 조선인이야말로 피해자였다"고 냉정하게 판단하였다. 뜬소문을 부추기는 사람을 '어리석다'고 비판하고, 뜬소문에 겁먹은 사람들에게는 '풍성학려'(겁에 질려 사소한 일에도 놀라는 것)라고 설명하였다.

그런데 그날 밤 여진을 걱정해 기찻길 위에서 노숙하던 란센은 "우물 속에 극약을 넣었다고 하니 여러분 조심하시오"라는 청년단의 외침에 벌떡 일어난다. "이는 길거리의 무지한 사람들이 떠드는 소문이 아니다. 적어도 청년단이 모두에게 알릴 필요가 있다는 증거를 손에 넣어야 한다. 그렇다면 우리 집 우물도 실로 위험하기 짝이 없다는 생각에, 마치 그들에게 귀신같은 능력이 있는 것처럼 두려워하며" 가족을 재촉하여 집으로 돌아갔다. 청년단의 말이었기에 뜬소문은 진실로 여겨졌다.

이튿날 9월 3일 우에노上野 공원에서 조선인 남자가 군중에게 폭행당하는 현장을 목격한 란센은 일지에 "우리는 언제나 조선인이라 생각하고 연민의 마음으로 받아들이는데, 이번 재난을 기회로 불령不逞한 일을 꾸미는 것은 이른바 인간의 도를 분별하지 못하는 짓이다. 모름지기 이런 경우는 죽여서 본보기로 삼아야 한다. 순사에게 건네지 말고 때려죽이라는 소리는 당시 통쾌하게 느껴졌다"라고 기록하였다. 또한 직접 "굵은 지팡이로 한 대 때려주려고 달려갔다" 그러나 그 조선인을 때리지는 않았다. 단순히 흥분한 군중에게 자신도 조선인으로 오해받을까 두려웠기 때문이다. 결국 그 조선인은 순사에게 연행되었다.

한일강제병합 과정에서 '일선동조론'을 근거로 '열등'한 조선민족을 구제하기 위해서 한국을 병합한다는 논리가 일본 국민에게 침투하였다. 구제해준 것을 이해하지 못하고 독립을 외치는 조선인은 '불령선인'이라 불렸다. '불령선인'은 조선인에 대한 공포와 차별이 합쳐진 표현이었다. 란센이 조선인 폭행에 가담하려 한 것도 같은 인식 때문이었다. 동정은 대상이 순종하는 한 계속되지만, 대상이 반항하면 증오와 차별의 감정으로 바뀐다. 당시 란센의 언동은 간토대지진이 발생했을 때 어째서 조선인 대학살이 일어났는지 잘 보여주고 있다[66].

간토대지진을 즈음하여 조선총독부와 경찰의 뜻에 따라 조선인에 대한 차별 중단을 호소하는 내선융화운동이 전개되고 있었다. 사회사업가도 운동에 참여했다. 도쿄에서는 1921년 12월 상애회相愛會가 설립되었다. 상애회는 '한일합방' 정신을 바탕으로 '내선융화' 실적을 올린다는 목표를 내걸고, 재일조선인을 위한 직업 소개와 숙박시설 제공 등의 사업을 시작하였다[67]. 오사카에서도 1922년 재일조선인이 설립한 '상호구제' 단체가 연이어 생겨났다. 1923년 5월 상애회 오사카 본부, 1924년 5월에는 오사카부 내선협화회內鮮協和會가 설립되었다. 협화회는 직업 소개, 숙박사업, 위탁 진료, 야학교 경영, 수탁공급 등의 사업을 시행하였다[68]. 또한 교토에는 1924년 교토 협조회가 설립되어 숙박시설 협조회관 경영, 직업소개, 건강진단, 수산授産* 등의 사업을 진행하였다. 교토 협조회의 전신은 1922년

11월에 만들어진 교토 조선인 협조회였다[69].

내선융화운동이 간토대지진 조선인 대학살을 계기로 갑자기 시작된 것은 아니다. 그러나 대지진 이후 운동의 중요성이 사회적으로 인식되고 확대되었다. 내선융화운동은 일본인 사회사업가의 참여 속에서 사회사업을 통해서 재일조선인의 생활을 보호하기 위해 노력하였다. 재일조선인 차별에 반대하고, 차별의 결과이기도 한 경제적 불이익을 개선하기 위해서도 힘썼다. 그러나 내선융화운동의 그런 측면만 중시해서는 안 된다. 경찰과 조선총독부의 정책을 바탕으로 재일조선인의 사상을 통제하고 일본인으로의 '동화'를 추진한 '황민화' 정책의 발판이 되었다는 사실을 간과해서는 안 된다. 피차별부락을 대상으로 전개된 융화운동과 마찬가지로, 내선융화운동에는 재일조선인 차별에 반대하고 그들의 생활을 보호한 측면과 그러한 행동을 통해서 재일조선인을 관리 통제하여 '황민'의 길을 걷게 했다는 측면이 모두 존재한다. 내선융화운동은 전시하에서 재일조선인이 스스로를 '황민'으로 의식하게 만듦으로써 일본인과 동질화되면 차별에서 해방될 수 있다고 제시하였다.

---

\* 직업이 없거나 가난한 사람에게 일자리를 마련해 주어 살길을 열어 주는 것.

1　吉見俊哉『博覧会の政治学──まなざしの近代』中公新書、1992、pp.180-207.

2　松田京子『帝国の視線──博覧会と異文化表象』吉川弘文館、2003、pp.121-133.

3　金城勇「学術人類館事件と沖縄──差別と同化の歴史」演劇「人類館」上演を実現させたい会編著『人類館封印された扉』アットワークス、2005、p.54.

4　「日本幅員の沿革」『史学会雑誌』1-3号、1889-90.

5　三ツ井崇「近代アカデミズム史学のなかの「日鮮同祖論」──韓国併合前後を中心に」『朝鮮史研究会論文集』42集、2004、pp.56-58.

6　喜田貞吉『韓国の併合と国史』三省堂、1910.

7　喜田貞吉「韓国併合と国史の教育」『教育界』9巻12号、1910.

8　喜田貞吉「韓国併合と教育家の覚悟」『歴史地理』臨時増刊朝鮮号、1910.

9　喜田貞吉「韓国の併合の意義神功皇后の三韓征伐以前より朝鮮は我領土たり」『日本少年』5巻12号、1910.

10　「韓国併合始末」国立公文書館所蔵、1910年11月7日.

11　鹿野政直『近代日本の民間学』岩波新書、1983、p.170.

12　長谷川潮『子どもの本に描かれたアジア・太平洋──近・現代につくられたイメージ』梨の木舎、2007、pp.92-109.

13　近藤健一郎「近代教育の導入」『沖縄県史各論編5』2011、p.198.

14　高江洲昌哉「地方制度の整備──「内地」のなかの「異法域」」『沖縄県史各論編5』2011、p.170.

15　『比嘉春潮全集』沖縄タイムス社、1973、p.192.

16　秋山秋山勝「自治権獲得運動の展開」『沖縄県史各論編5』2011、pp.256-257.

17　権藤震二補『社会外の社会穢多非人』大学館、1901.

18　『警察協会雑誌』87号、1907年8月15日. 強調点は引用者による.

19　冨山一郎「国民の誕生と「日本人種」」『思想』845号、1994. 後に 冨山『暴力の予感──伊波普猷における危機の問題』岩波書店、2002に収録.

20　島崎藤村『破戒』岩波文庫、1957.

21　「山国の新平民」1906『藤村全集6』筑摩書房、1967.

22　『労働世界』14号、1898年6月15日.

23　鈴木裕子『日本女性労働運動史論Ⅱ　女性と労働組合労働組合婦人部の歴史(上)』れんが書房、1991、p.22.

24　名古屋女性史研究会編『母の時代──愛知の女性史』風媒社、1969.

25　田中真砂子・白石玲子・三成美保編『シリーズ比較家族第Ⅲ期3国民国家と家族・個人』早稲田大学出版部、2005.

26　村上信彦『大正期の職業婦人』ドメス出版、1983.

27　堀場清子『青鞜の時代──平塚らいてうと新しい女たち』岩波新書、1988.

28　小山静子『良妻賢母という規範』勁草書房、1991、pp.148-170.

29　香内信子編『資料母性保護論争』ドメス出版、1984.

30　「母性保護の主張は依頼主義か<与謝野、嘉悦二氏へ(抄)>」『婦人公論』1918年5月.

31　「平塚さんと私の論争<粘土自像>」『太陽』1918年6月.

32　小山静子『良妻賢母という規範』勁草書房、1991、pp.234-235.

33 丸岡秀子『日本農村婦人問題主婦、母性篇』ドメス出版、1991、pp.11-12、5.

34 丸岡秀子『日本農村婦人問題』高陽書院、1937年、p.23.

35 丸岡秀子、위의 책、pp.25-26.

36 丸岡秀子、위의 책、p.32.

37 丸岡秀子、위의 책、p.95.

38 西田美昭、アン・ワズオ編『20世紀日本の農民と農村』東京大学出版会、2006.

39 橋本明『精神病者と私宅監置──近代日本精神医療史の基礎的研究』六花出版、2011、pp.22-28.

40 『第14回帝国議会貴族院議事速記録』12号.

41 『第41回帝国議会衆議院議事速記録』16号.

42 青木純一『結核の社会史──国民病対策の組織化と結核患者の実像を追って』御茶の水書房、2004、pp.146-154.

43 藤目ゆき『性の歴史学──公娼制度・堕胎罪体制から売春防止法・優生保護法体制へ』不二出版、1997、pp.100-107.

44 小野沢あかね『近代日本社会と公娼制度』吉川弘文館、2010、pp.228-229.

45 横浜市役所慈救課『慈救時報』1巻2号、1919年8月.

46 「癩患者概数表其二」、「公文類纂・31編・明治40年・19巻・衛生・人類衛生、司法・裁判所」、国立公文書館所蔵.

47 増田勇『癩病と社会問題』丸山舎、1907.

48 横浜市役所慈救課.

49 藤野豊・徳永高志・黒川みどり『米騒動と被差別部落』雄山閣、1988.

50 『中外商業新報』1918年8月22日.

51 『賀川豊彦全集8』キリスト新聞社、1962年、p.44.

52 『民族と歴史』4巻6号.

53 渡部徹・秋定嘉和編『部落問題・水平運動資料集成 補巻1』三一書房、1978、p.164.

54 西光万吉「水平社が生まれるまで」『西光万吉著作集1』濤書房、1971、p.49.

55 比嘉春潮・霜多正次・新里恵二『沖縄』岩波新書、1963、pp.21-22.

56 広津和郎「沖縄青年同盟よりの抗議書──拙作『さまよへる琉球人』について」『中央公論』1926年5月.

57 広津和郎、앞의 책、p.380.

58 복각까지의 경위는 仲程昌徳「「さまよへる琉球人」解説」広津和郎『さまよへる琉球人』同時代社、1994 참조.

59 「目覚めつつあるアイヌ種族」1925『伊波普猷全集11』平凡社、1976; 鹿野政直『沖縄の淵──伊波普猷とその時代』岩波書店、1993.

60 『新短歌時代』創刊号、1928年1月、違星北斗『コタン違星北斗遺稿』草風館、1995、pp.152-154.

61 「アイヌの姿」違星北斗、위의 책、pp.112、114-115.

62 「目覚めつつあるアイヌ種族」『伊波普猷全集11』p.307.

63 「違星北斗略年譜」違星北斗、위의 책、p.172.

64 후에 知里幸恵『アイヌ神謡集』岩波文庫、1978으로 재출간.

65 「日記」1922年7月12日の条、知里幸恵『知里幸恵遺稿銀のしずく』草風館、1984 p.177.

66 染川藍泉『震災日誌』日本評論社、1981.

67 倉持順一「相愛会の活動と在日朝鮮人管理——関東大震災後の「内鮮融和」・社会 事業と関連して」『法政大学大学院紀要』53号、2004、p.13.

68 塚崎昌之「1920年代大阪における「内鮮融和」時代の開始と内容の再検討——朝鮮 人「救済」と内鮮協和会・方面委員」『在日朝鮮人史研究』37号、2007、p.30-35.

69 杉本弘幸「戦前期都市社会政策と内鮮融和団体の形成と崩壊——京都市における 内鮮融和団体を事例として」『歴史評論』712号、2009、p.73-77.

### 제3장

# 아시아 태평양 전쟁과 동원된 차별

## '국민'과 '비국민'

1931년 9월 류탸오후사건柳條湖事件을 계기로 만주사변이 일어났다. 이후 일본은 15년에 걸쳐 아시아 태평양 지역에서 침략전쟁을 이어 간다. 국제적으로 미국과 영국 대신 나치 독일과 협력을 강화하며 우생 사상을 비롯한 정책에도 영향을 받았다. 남성에게는 강한 병사, 여성에게는 강한 어머니가 되도록 요구하고 그렇지 못한 장애인과 병자에 대한 차별을 강화하면서 존재 가치가 있는 생명과 그렇지 못한 생명으로 구분하였다. 차별당하는 사람들에게는 '거국일치'의 구호 아래 '황민皇民'으로 전쟁에 협력하면 평등을 실현할 수 있다는 환상을 심어주었다. 피차별부락민의 '만주'이민 장려, 일본군 '위안부' 동원, 오키나와 현민에게 강요한 희생 등이 대표적이다. 전세가 악화하여 병력이 고갈되자 기준을 낮춰 지적장애인을 징병하거나 격리된 한센병 환자의 '대동아공영권' 파견을 계획하며, 차별 피해자의 평등을 향한 갈망을 전쟁 총동원 체제의 일부로 편입하였다. 이러한 상황 속에서 재일조선인과 화교 역시 존재를 인정받기 위해 '황민'의 증표를 보여야 했다.

# 1. 아시아 태평양 전쟁의 시작과 버림받은 국민

## 거국일치 속 평등환상

1931년 9월 18일 일본 관동군은 중국 동북지방 '만주'의 펑톈奉天 교외에 위치한 류탸오후에서 남만주철도 선로를 폭파하였다. 이를 계기로 만주사변이 일어나 '만주' 전 지역으로 전쟁이 확대되었다. 관동군은 '만주' 전 지역을 점령하고 1932년 3월 1일 일본의 괴뢰국 '만주국'을 세웠다. 1937년 7월 7일에는 베이징 교외의 루거우차오盧溝橋에서 일본군이 중국군과 전투에 돌입하며 마침내 중일전쟁이 시작되었다. 중일전쟁은 동남아시아와 태평양 지역으로 확대되어, 1941년 12월 8일에는 미국, 영국과의 전쟁으로 발전하였다.

이런 가운데 일본 국민은 전쟁의 확대는 여성이 전쟁에 참가할 수 있는 길을 열어준다는 남녀평등에 대한 환상을 키워나갔다.

열광적 분위기는 노동자와 농민에게도 퍼져나갔다. 사회민중당과 사회대중당은 "만주와 몽골의 권익을 무산대중에게"라고 외치며 군부에 접근했고, 천황제 타도를 주장하던 공산당 내부에서도 천황제 아래에서의 공산주의 실현을 추구하면서 1933년 감옥에 있던 당 간부가 연이어 '전향' 성명을 발표하였다. 전국수평사의 주요 창립 회원이자 공산당원이었던 사이코 만키치西光万吉도 '고차원적 다카마가하라*'론을 고안하여 천황에게 모든 재산을 집중시

---

* 다카마가하라(高天原)는 일본 신화 속 신들이 사는 하늘 위의 나라.

킴으로써 평등하고 차별 없는 사회를 실현할 수 있다고 주창하기
에 이르렀다.

전쟁 속의 평등이라는 환상은 먼저 피차별부락 사람들에게 적용
되어, 피차별부락의 '만주' 분촌分村이민이 추진되었다.

만주사변 발발 이후 일본은 국책으로 만주이민을 추진하였다.
1936년 5월 관동군이 20년 동안 100만 가구, 500만 명의 이민계획
을 발표하였다. 1937년 5월에는 탁무성拓務省*이 제1기 10만 가구
의 대략적 이주계획을 발표하였다. 중일전쟁이 전면화되자 만주이
민에 박차가 가해졌다. 1938년 만몽개척 청소년의용군이 창설되
었다. 만 나이 열여섯부터 열아홉까지의 소년 3만 명을 '만주'로 보
내기 위한 훈련소가 이바라키 현 시모나카쓰마 무라下中妻村 우치하
라内原에 설치되었다. 중일전쟁 발발 이후에는 '만주국'의 방위 때
문에 이민의 중요성이 더욱 커졌다. 이에 농림성은 한 마을을 둘로
나누어 이민 보내는 분촌이민 정책을 결정하였다. 1940년 이후 분
촌이민은 '만주'이민의 중심 형태가 되었다.

국책 '만주'이민은 중일전쟁으로 소가죽 수입이 감소하여 가죽
산업이 곤경에 처한 피차별부락의 경제 회생책에도 반영되었다.
전국수평사 또한 1937년 9월 11일 '비상시의 전국수평사운동'이
라는 방침을 결정하고 전쟁에 협력하는 길을 선택하였다. 1940년
에는 수평사 내부에서 수평사 해체를 주장하는 부락후생황민운동
도 등장하였다. 한편 수평사운동의 존속을 요구하는 사람들은 융

---

* 과거 일본의 식민지 행정을 총괄한 중앙관청.

화단체와 힘을 합쳐 융화신체제를 지향하는 야마토大和보국운동을
모색하기 시작하였다. 이렇게 전국수평사도 전쟁 수행을 위해 거
국일치하여 평등사회의 실현을 추구하였다. 일본 전국의 융화단체
를 통제하는 중앙융화사업협회는 후생성 안에 사무국을 두고 있었
다. 그러나 1941년 6월 25일 대정익찬회大政翼贊會*와의 통합을 위
해 동화봉공회同和奉公會로 개편되었고, 부현府県 규모의 융화단체는
해당 부현의 본부가 되었다. '동화'는 1926년 12월 28일 쇼와천황
이 발표한 '천조후 조현 어의 칙어踐祚後朝見御儀の勅語'에 나오는 "인
심人心은 동일하고 민풍民風은 온화하다"라는 문장에서 만들어진 단
어이다. 부락문제에 대한 국가통제가 한층 강화되는 가운데 전국
수평사 조직은 1942년 1월 20일 언론·출판·집회·결사 등의 임
시단속법 시행과 함께 소멸해버렸다.

　전쟁 중의 거국일치 구호 아래, 세상은 마치 부락차별이 해소된
양 떠들어댔다. 내무성 경보국에서 매년 발간한 보고서『사회운동의
상황』에 따르면, 차별사건은 1936년 650건, 1937년 474건, 1938년
499건, 1939년 417건, 1940년 373건으로 분명히 감소 추세였다. 그
러나 피차별부락 출신 전사자의 촌장村葬**에 마을 간부가 출석하지
않는 등 차별사건은 끊이지 않았다. 히로시마구 재판소 검사의 차별
사건(1939년), 국민정신총동원 중앙연맹 간사의 차별사건(1939년),
중의원 의원 도케 세이이치로道家斉一郎의 차별사건(1940년) 등도 일

---

　*　1940년 당시 신체제 운동의 추진을 목표로 하여 결성된 전체주의적 국민 통합 조직.
　**　마을이 경비를 부담하여 장례를 치르는 일.

어났다. 결국 거국일치 아래서의 차별 해소는 환상에 지나지 않았다. '국민일체'라는 개념의 침투로 피차별부락 사람들도 선전과 현실의 괴리에 눈을 뜨면서, 그때까지 수평사운동이 전개되지 않던 지역에서도 차별을 고발하기 시작하였다.

## 자원조정 — '만주'이민

이런 상황 속에서 진행된 피차별부락의 '만주'이민 장려에 대해 살펴보자. 중앙융화사업협회는 1938년 이미 '만주'로 이민을 가거나, 만몽개척 청소년의용군에 참가하는 피차별부락민에게 조성금을 주기로 결정하였다. 일본 전국의 피차별부락에서 '만주'이민에 대한 관심이 높아지는 가운데 자원조정사업이 등장하였다.

1940년 2월 중앙융화사업협회는 1940년도 사업계획으로 자원조정사업을 결정하였다. 협회는 같은 해 6월 25일 열린 1940년도 제1차 전국융화사업협의회에서 피차별부락의 과잉된 인구자원과 협소한 토지자원을 조정하기 위해서 시국산업으로 전직과 '만주'이민을 적극적으로 추진한다고 자원조정사업의 의의를 설명하였다. 자원조정사업의 중심은 '만주'이민이었다. 일본 전국의 25개 지구를 특별지도지구로 선정하고, 이들 지구에 대해 중점적으로 '만주'이민을 장려하였다[1].

자원조정사업은 소작에 안주하던 피차별부락 농민들에게 자작농의 꿈을 불러일으켰다. 그뿐만이 아니었다. 우에다 오토이치上田音市 같은 수평사운동가와 융화운동가는 '만주'로 이민을 가면 차별에서도 벗어날 수 있다고 선전하였다. 와카야마 현 동화회의 후지노리 아키라藤範晃는 '만주'에서는 자연, 사상, '도적 떼'와 싸우느라 바빠서 내지에서 유입된 차별의식은 "흔적도 없이 사라진다"고 설명하였다[2]. 자원조정사업을 지도한 중앙융화사업협회의 참사 시모무라 하루노스케下村春之助는 차별관념은 "사회의식이기 때문에 개인이 그 사회를 떠나면 차별관념은 개인의 마음에서 멀어진다. 다시 말해 차별관념은 다른 사회인 만주에 살게 되면 자연스럽게 소멸하는 성질을 갖고 있다" "만주에 살면 차별은 소멸한다"고 단언하였다. 시모무라는 '만주'라는 이국땅에서는 일본인으로서의 일체감이 강해진다는 근거를 들며 차별의 소멸을 강조하였다[3].

중앙융화사업협회는 특별지도지구 내부의 지도자를 대상으로 1940년 9월부터 10월까지 자원조정사업 지도원 연수강습회를 열었다. 나가노 현의 야쓰가타케八ヶ岳 수련농장에서 농업을 지도하고, '만주'로 장소를 옮겨 현지도 시찰하였다. 참가자는 26명, 각 지도지구에서 거의 한 명씩 참가한 셈이었다. 참가자는 강습을 마치면 고향 지구로 돌아가 지구의 '만주'이민을 지도한다. 시즈오카 현에서 참가한 수강생은 "인습과 전통이 없고 실력으로 평가받는 신천지에 왕도낙토王道樂土*를 건설하는 만주 개척이야말로, 자신의 능력을 살려 자손의 영구한 번영을 기함으로써 국책에 순응하는, 다시 말해 신체제의 대정익찬에 공헌하는 실로 일석삼조가 아닌가"라며 '만주'이민에 대한 기대를 밝혔다[4].

---

* 왕도로 다스려지는 안락한 곳.

　자원조정사업 특별지도지구 가운데 가장 먼저 '만주'이민에 착수한 곳은 구마모토 현 가모토 군鹿本郡 지구였다. 138가구 813명으로 구성된 가모토 군 지구는 농업종사자가 80가구로 가장 많았지만 대부분 소작농이었다. 쇼와공황 이후 지구는 경제적 궁핍의 늪에 빠져 있었기에, 자원조정사업 특별지도지구로 선정되자 절반에 해당하는 70가구가 '만주'이민 계획을 세웠다. 1941년 5월 10일 제1차 선발대가 이민 목적지 지린성吉林省 우자잔五家站을 향해 출발하였다, 1943년 12월 시점에서 이민단은 56가구 240명을 헤아렸고, 일본의 항복 직전인 1945년 8월 13일에는 272명이었다. 그러나 8월 15일 밤부터 중국 민중의 공격을 받아 17일 저녁 무렵에는 한 명을 제외한 271명이 전사 또는 스스로 목숨을 끊었다. 성인 남자는 군복무 중이었기 때문에 사망자의 대부분은 노인, 여성, 어린이였다[5]. '만주'에 가면 차별에서 해방될 수 있다는 믿음을 강요당한 사람들의 비극이었다.


## 2. 우생사상에 의한 배제

### 나치즘과 우생정책

　같은 시기 유럽에서는 1933년 1월 30일 국가사회주의 독일 노동자당(나치스)을 이끄는 아돌프 히틀러가 수상에 취임하고 독일에 나치스정권이 성립되었다. 히틀러는 일찍이 『나의 투쟁』에서 주장한 '아리아인종의 인종적 우수성'이라는 '신화'를 바탕으로 유대인과 장애인을 독일에서 제거하여 독일 민족의 생물학적 질을 향상하고 양질의 인구증식을 추진하겠다는 몽상을 실현하기 위해서 체계적인 우생정책에 착수하였다. 먼저 1933년 7월 유전성질환 자손방지법(단종법)을 공포하고 선천성 또는 유전성으로 여겨지던 지적장애인, 정신장애인, 신체장애인, 중증 알코올 의존증 환자에게 강제 단종을 시작하였다. 11월에는 위험성상습범죄자법을 공포하여 성범죄자를 거세하였다. 1935년 9월 뉘른베르크Nürnberg에서 열린 나치스 당대회에서 독일국공민법을 제정하여 독일인과 유대인의 결혼을 금지하고, 1936년 10월에는 결혼보건법으로 감염성 질환자, 유전성 질환자, 정신장애인, 금치산자의 결혼을 금지하였다. 이러한 정책의 연장으로 T4계획(안락사 정책)을 통해서 지적장애인과 정신장애인 나아가 유대인, 집시, 동성애자 등 '반사회분자'로 단정한 사람들에 대한 학살이 자행되었다.

한편 나치스는 건강한 국민에게는 결혼과 출산을 장려하고 그들의 건강을 유지, 관리하였다. 심지어 레벤스보른Lebensborn(생명의 샘 협회)의 주도하에 제2차 세계대전 기간 점령지에서 '아리아계'로 분류한 소년소녀를 유괴하면서, '순혈'의 '우수'한 독일 민족을 늘리기 위한 정책을 추진하였다. 나치스는 우생정책과 건민정책을 일체화하였다. 정치적 독재, 경제 통제, 자민족의 우월성 강조, 특정 민족과 사회집단에 대한 차별 선동, 국민의 신체와 생명을 국가적으로 관리, 사회주의와 자유주의 사상에 대한 탄압, 호전적 외교와 계속되는 침략. 이러한 나치스정권의 정책들은 이탈리아 파시스트정권과 함께 파시즘으로 규정하고 있다. 일본 또한 1930년대 천황제 아래 군부, 친군파 관료와 정치인, 군수산업에 기반을 둔 재계 등 여러 세력이 쇼와공황 탈출을 목표로 파시즘체제를 구축하였다.

## 나치즘과 일본

1933년 국제연맹을 탈퇴하며 국제적으로 고립된 일본은 히틀러가 이끄는 나치스정권과 점차 가까워졌다. 1936년 일독 방공협정을 맺고(이듬해 이탈리아도 참가), 1940년에는 미국을 적으로 가정한 일본·독일·이탈리아의 삼국 군사동맹을 체결하기에 이른다. 일본이 히틀러가 이끄는 독일에 접근한 이유는 히틀러정권의 강력한 정치 및 경제 정책에 매력을 느꼈기 때문이며, 결과적으로 우생정책도 영향을 받았다.

나치스정권의 유전성질환 자손방지법 공포를 계기로 일본에서도 단종법 제정이 구체화하였다. 일본은 '아리아인종'을 우수하게 평가하는 나치스의 논리는 경계하면서도, 유전적으로 우수한 민족을 창조한다는 정책에 동조하여 우생정책을 추진하였다. 1934년 2월 제65회 제국의회에서 입헌민정당 의원이 의원입법안으로 민족우생보호법안을 제출하였다. 나치스의 법을 거의 답습한 법안이었다. 범죄자를 비롯해 유전성으로 여겨진 지적장애인, 정신장애인, 신체장애인, 각종 중독증 환자, 결핵과 한센병의 중증 환자가 단종 대상이었다. 이들 질병과 장애가 있는 대상자가 임신한 경우는 낙태시킨다고 명시하였다. 2월 22일 중의원 본회의에서 법안에 대해 설명한 아라카와 고로荒川五郎는 이들 병자와 장애인의 존재가 '국가의 치욕' '민족의 불행'이라 단정하였다[6]. 이때는 심의의결을 끝내지 못했지만, '단종법'을 둘러싼 논의가 이 법안의 제출을 계기로 활발해졌다.

이후에도 법안은 여러 번 의회에 제출되며 정비되었다. 단순한 나치스 법의 답습에서 벗어나 일본민족위생학회가 관여하여 점차 일본의 독자적 법안으로 수정하였다. 결핵과 한센병 환자는 단종 대상에서 제외되었다. 법안의 수정 과정에 초점을 맞춰 나치스와 일본의 우생정책의 차이를 강조할 수도 있다. 그러나 나치스의 법이 계기가 되어 일본의 단종법 제정이 촉진된 사실은 무시할 수 없다. 일본의 우생정책은 나치스의 영향을 받아 진행되었다.

일본에서도 단종법의 필요성이 제기되는 가운데 1936년 8월 베를린 올림픽이 개최되었다. 1940년 차기 올림픽의 도쿄 개최가 결정된 상태였기에 일본 국민은 베를린 올림픽에 관심이 많았다. 히틀러는 베를린 올림픽을 독일 민족의 우수성을 세계에 알리는 기회로 삼아 국위 선양에 최대한 이용하였다. 세계 문명은 그리스에서 시작되었고, 그 문명을 계승하는 것은 독일 민족이며, 독일 민족은 강하고 아름다워야 한다는 나치스의 메시지를 올림픽에서 보여 주었다.

올림픽을 관전한 일본육상경기연맹의 이사 아사노 긴이치浅野均一는 "이번 올림픽을 통해 나치스 독일의 발전상을 여러 나라 사람들에게 알렸다는 점에서는 성공적이다"라며 히틀러의 강한 지도력

117

을 통감하였다[7]. 개회식에 참석한 시인 사이조 야소西条八十도 "나치스 왕국의 올림피아드에서는 모든 것이 드라마로 시작해 드라마로 끝난다. 이 세계적 드라마를 직접 본 것은 나의 40년 생애에서 가장 의미 있는 일이다"[8]라고 히틀러의 미적 연출력에 감동하였다.

나치스의 메시지는 올림픽 기록영화에도 반영되었다. 《올림피아》는 히틀러의 뜻에 따라 감독을 맡은 레니 리펜슈탈Leni Riefenstahl이 만든 영화이다. 개막식과 육상경기 중심의 제1부는 「민족의 제전」, 수영과 체조 등 육상경기 이외의 종목 중심의 제2부는 「미의 제전」이라는 제목으로 1938년부터 독일 각지는 물론 세계 각지에서 상영되었다. 영화 제목은 '강한 독일' '아름다운 독일'이라는 나치스가 추구한 민족의 우수성을 상징하고 있었다. 1940년 일본에서도 이 영화가 상영되었다. 원래 1940년은 '기원 2600년' 봉축 행사의 일환으로 도쿄 올림픽을 개최할 예정이었다. 그러나 중일전쟁으로 무산되었고, 일본 국민은 베를린 올림픽 기록영화 속 일본인 선수의 활약에 열광하였다. 《올림피아》는 "영화흥행사에 대서특필될" 성적을 기록하였다[9].

《올림피아》는 단순히 베를린 올림픽의 기억만 되살리지 않았다. 이 영화에 대한 비평에는 다음과 같이 나치스의 우생정책과 건민정책을 극찬하는 내용이 많았다. "하나의 올림픽 경기를 단순한 관광사업이나 박람회 같은 구경거리가 아니라 자국의 국가적 위력과 민족적 우수성을 선양하는 데 이용했다는 점에서 독일 문화정책이 얼마나 훌륭한지 알 수 있다"[10] "내용 면에서 이 영화가 다양한 암시를 담고 있다는 점도 놓칠 수 없다. 예를 들어 민족적 생존경쟁의 축소도로 볼 수 있다"[11].《올림피아》는 나치스처럼 '강한 일본' '아름다운 일본'을 건설해야 한다는 필요성을 일본 사회에 확실하게 각인시켰다.

## '강한 일본' '아름다운 일본'

'강한 일본' '아름다운 일본'의 추구는 그렇지 않은 사람에 대한 배제로 이어진다. 가치가 있는 생명과 없는 생명의 선별과 차별, 단련할 신체와 폐기할 신체의 선별과 차별이 필연적으로 발생하였다.

전쟁 말기의 1944년 7월, 스기나미 구杉並区 국민학교 교사들이 지체부자유아가 다니는 도쿄도립 고메이光明 국민학교에 견학을 갔다. 이때 견학을 온 한 교사가 교장 마쓰모토 야스히라松本保平를 비난하면서 말했다. "지금 일본은 비상사태입니다. 우리 동포는 혹한의 만주에서 추위와 굶주림을 견디며 싸우고 있습니다. 선생님은 이 용사에게 미안하지 않습니까. 양심에 부끄럽지 않습니까" "당장 이 아이들을 부모에게 돌려보내고, 이 훌륭한 시설을 나라를 위해 쓰십시오" 다른 교사들도 "옳소" "맞다, 맞다"라고 소리를 높였다. 마쓰모토는 학동소개學童疎開* 시기에도 불안감을 안은 채 "같은 학교임에도 지체부자유아 학교는 도쿄 도의 골칫거리인가, 짐인가"라며 피난을 위해 교섭하였다. 1945년 5월 간신히 나가노 현 가

---

* 아시아 태평양전쟁 말기 1944년 7월부터 대도시 아동을 시골 등으로 피난시킨 일.

미야마다上山田 온천의 호텔에서 그들을 받아주었다. 피난을 갈 때는 군수품부대 대장에게 "본토에서 전쟁이 일어나면 지체부자유아는 걸림돌이 된다. 이 아이들이 없으면 그만큼 전력이 증강된다"며 오히려 차별의식을 이용해 설득해서 치료기계 운반에 군의관의 도움을 받았다[12]. 아무리 교육하고 단련해도 전력도 노동력도 될 수 없다고 여겨진 지체부자유아는 배움 자체가 차별의 대상이었다. 마쓰모토에 대한 교사의 비난과 군이 협력한 근거에는 독일이 T4계획을 추진한 논리와 공통점이 있다.

일본의 단종법은 1940년 제75회 제국의회에서 국민우생법으로 성립하여 5월에 공포되어, 1941년 7월 1일부터 시행되었다. 단종법 공포 직후, 일본에서 《올림피아》의 제1부 「민족의 제전」이 개봉되었다. 이 영화의 성공은 국민우생법의 성립과 표리일체의 관계에 있었다.

국민우생법은 의원입법이 아니었다. 1938년 1월 육군의 강력한 요청을 받아 국민 체력 강화를 위한 위생행정전문 관청으로 개설된 후생성에서 작성한 법률이다. 1940년 3월 12일 중의원 본회의에서 후생대신 요시다 시게루吉田茂는 법안의 취지를 다음과 같이 역설하였다. "흥아興亞 대업을 완성하고 장래에 더한 발전을 기하기 위해서는, 우리 국민의 우수성 유지는 물론이고 나아가 증강을 위해 노력하는 것이 오늘날 대단히 중요한 임무"라고 말이다[13]. 국민우생법은 임의 단종이 원칙이지만 강제 단종도 인정하고 있었다. 정신병원장이나 보건소장은 본인과 그 배우자의 동의가 없어도 대신 단종을 신청할 수 있었다.

한센병 환자는 국민우생법의 대상이 아니었지만, 1915년부터 이미 한센병 환자의 단종이 시행되고 있었다. 국민우생법의 대상은 유전성으로 분류된 병자와 장애인이기 때문에 감염증인 한센병 환자는 대상이 될 수 없었다. 국민우생법의 성립은 한센병 환자의 단종을 위법으로 만들 우려가 있었다. 이에 후생성 예방국 우생과장 도코나미 도쿠지床次德二는 "한센병에 대해서는 상당한 이유가 인정된다"라며 법을 초월한 한센병 환자의 단종 지속을 인정하였다[14]. 이렇게 국민우생법 아래 정신장애자와 지적장애자는 '합법적'으로, 한센병 환자는 법률의 확대 해석을 통해서 단종 시술을 받았다.

국민우생법에 의해 단종된 병자와 장애인은 실제로 얼마나 되었을까. 오카자키 아야노리岡崎文規는 논문「일본의 우생정책과 그 결과에 대하여」[15]에서 아시아 태평양 전쟁 이후의 후생성 공중위생국에 대해 정리하고 있다. 그의 정리에 따르면 국민우생법으로 단종 시술을 받은 인원은 1941년도 94명, 1942년도 189명, 1943년도 152명, 1944년도 18명, 1945년도 1명, 1946년도 59명, 1947년도 25명이다. 국민우생법은 우생보호법이 성립되며 1947년도에 폐지되었기에, 국민우생법으로 단종 시술을 받은 사람은 총 538명이다. 1934년 한해에만 56,240명을 단종한 독일과는 비교가 되지 않지만, 인권은 숫자로 평가할 수 없다. 전쟁 기간 그리고 전쟁이 끝난 직후까지 500명이 넘는 병자와 장애인이 '국가의 치욕' '민족의 불행'으로 분류되어 강제로 단종 시술을 받았다는 사실을 망각하는 것은 생명의 가치에 대한 차별을 긍정하는 일이다. 병자와 장애인뿐 아니라 많은 한센병 환자도 법적 근거가 모호한 채로 단종 시술을 받았다.

국민우생법과 함께 징병 전 남자의 체력검사를 의무화하는 국민체력법도 공포하였다. 전쟁의 격화 속에서도 결핵과 성병의 조기 발견 및 치료를 추구하는 건민운동과 농산촌 출신 병사의 체력 강화를 위한 무의촌無醫村 대책이 추진되었다. '열등'하다고 여긴 국민의 출생 배제와 건강한 국민의 체력 강화를 일체화하여 추진한 것이다. 이러한 방침 속에는 나치스와 다름없는 '강한 일본' '아름다운 일본'을 추구하는 차별과 전쟁의 논리가 살아 있었다. 피차별부락 사람들은 국민으로 포섭되고, 병자와 장애인은 배제되었다.

## 3. '황민' 만들기

### '내선융화'에서 '협화'로

전쟁이 치열해지면서 많은 조선인이 일본에 강제로 끌려갔다. 이들은 식민지배의 종주국에서 가혹한 노동과 차별에 직면했고, 살아남기 위해서 '황민'의 길을 걸어야 하였다. 이미 일본에서 생활 기반을 마련한 화교도 적국 사람이라는 차별과 박해를 받게 되었다. 화교 역시 살아남기 위해서 '황민'이라는 증표를 보일 수밖에 없었다. 전시하에서 조선인과 화교가 처한 상황에 대해 살펴보도록 하겠다.

1930년대 중반 이후, 중일전쟁 발발에 즈음하여 식민지 사람들에 대한 '황민화' 정책이 추진되었다. 조선에서는 1936년 총독에 취임한 미나미 지로南次郎의 주도로 '내선일체內鮮一體'에 기초한 총동원체제가 진행되었다. 1937년부터 전개된 국민정신총동원운동을 통해서 '황국신민皇國臣民'을 만들기 위해 일장기 게양, '국어*' 장려, 일본식 성명 강요 등의 정책을 시행하였다. 조경달은 이러한 '내선일체' 정책 아래 일본제국에 대한 기대를 키워나간 조선인에게 '기묘한 자존의식'이 싹텄다고 지적한다. 그것은 "내지는 첫 번째 지위이고, 조선은 두 번째 지위라는 대동아제국 의식이다. 식민지임을 망각하고 자신을 일본제국의 정식 일원으로 규정하고, '이등 신민'이라는 인식 때문에 최대한 '내지 신민'에 접근하고자 하는 거짓과 환상의 우월 의식이었다"고 설명한다[16].

1939년 7월 4일 히라누마 기이치로平沼騏一郎 내각은 국가총동원체제 아래서 노무동원실시계획을 각의결정**하고, 탄광 등에 배치할 노동력으로 조선인 노동자 8만 5천 명을 계상하였다. 조선인을 강제로 끌고 가는 노무동원정책은 이렇게 시작되었다. 조선 북부 지역 개발에 필요한 노동력을 확보하길 원했던 조선총독부는 일본으로 노동자를 보내는 데 소극적이었다. 그러나 일본 정부는 탄광 등에서의 노동력 부족을 해결하기 위해 정책을 밀어붙였다. 노무동원된 조선인을 기다리고 있던 것은 전근대적 노무관리로 운영되는 탄광과 토목작업 현장이었다. 도주 방지를 위해 이들은 엄격한

---

  * 일본어.
 ** 내각의 직무권한에 해당하는 사항이나 국정에 관한 중요사항으로 내각의 의사 결정이 필요한 경우, 각료 전원이 합의하여 정부 방침을 결정하는 수속.

감시를 받았다. 일반 일본인에게 조선인들은 경계해야 할 이질적인 존재로서 차별과 공포의 대상이 되었다.

미국, 영국과의 전쟁에 돌입한 1942년 2월 13일, 도조 히데키東条英機 내각은 '조선인 노무자 활용에 관한 방안'을 각의결정하고 적극적으로 조선인 노동자를 도입하기 시작하였다. 이로 인해 본인의 의지에 어긋나는 노무동원, 다시 말해 협박, 유괴, 납치 등을 통한 동원이 급증하였다. 1944년 8월 8일에는 고이소 구니아키小磯国昭 내각이 '반도인 노무자의 이입에 관한 건'을 각의결정하고, 국민징용령에 따라 본격적으로 조선에서 징용을 시작하였다. 전쟁이 끝났을 때, 일본에 노무동원된 조선인은 32만 2,890명에 달하였다. 도주한 사람을 더하면 노무동원된 조선인은 약 40만 명으로 추측하고 있다[17].

조선에서 징용한 노동자들을 관리하기 위해서 기존 내선융화운동에 대한 국가통제도 강화되었다. 바로 협화協和사업이었다. 오사카에는 이미 내선협화회라는 이름의 조직이 있었지만, '내선융화'라는 호칭 자체가 '협화'로 바뀌었다. 협화사업은 일본어를 보급하고, 풍속과 습관을 일본인으로 '동화'시키고, 천황에 대한 숭배와 전쟁 의의를 선전하였다. 1939년에는 오키나와 현을 제외한 모든 지역에 협화회를 설치하고, 상부 단체로 중앙협화회도 설립하였다. 각 지역 협화회의 회장은 지사가 맡았고, 경찰부장과 사회부장 등이 임원이 되었으며, 지부의 수장은 경찰서장, 분회 임원도 특별고등경찰*의 내선담당 경찰관이 맡았다. 협화회는 재일조선인의

---

* 정치와 사상을 담당하던 경찰.

생활 보호를 위해 활동해온 사람들도 조직으로 포섭하였다[18]. 노무 동원된 조선인은 협화회에 강제로 가입해야 하였다[19].

도야마 현의 사례를 통해 협화회의 실태를 살펴보자. 도야마 현 협화회는 1939년 11월 17일 현의 사회과 안에 사무소를 두고 설립되었다. "내지에 거주하는 조선인의 생활 안정을 도모하고, 내지 생활의 융합동화를 기한다"는 목적을 내걸었다. 회장은 지사, 부회장은 현의 학무부장과 경찰부장, 상임이사는 현의 학무과장과 특별고등경찰 과장, 평의원은 현내의 경찰서장이 맡았다.

도야마 현에서는 노무동원정책이 시작되기 이전인 1936년부터 구로베가와黒部川 제3발전소 건설공사에서 많은 조선인 노동자가 일하고 있었다. 1938년 8월 다이너마이트 폭발사고로 6명이 목숨을 잃었고, 12월에는 숙소가 눈사태에 휩쓸려 적어도 39명이 희생되는 등 사고가 잇달았다. 구로베가와 공사현장 이외에도 도야마 현에는 많은 조선인 노동자가 살고 있었다. 도야마 현 협화회는 이러한 사람들을 관리 통제하기 위해서 군사교련·현장 합숙소 노동자에 대한 회원증 교부·일본식 성명 강요·신사참배 등의 '황민화' 정책, 직업전업·근로봉사·국방헌금 등의 전시 협력, 생활개선·인보隣保사업*·위생개선 등의 교육과 교화, 도항관리 등의 사업을 실시하였다[20]. 1940년 2월 발행된 『후생시보』 1호는 현의 특별고등경찰 및 사회과와의 간담회에 출석한 "반도의 동포는 모두 흔쾌히 본 간담회의 취지에 찬동"했다고 적고 있다. 1939년 구로

* 낙후한 지역 주민의 복지 향상을 돕는 사회사업.

베가와 제3발전소 건설공사에서 많은 조선인 노동자가 목숨을 잃은 사실을 고려하면, 현의 입장에서도 협화회 설립은 시의적절했다고 할 수 있다. 1940년 3월 도야마 현 협화회는 도야마 시市를 비롯해 현내의 23개 시정촌市町村에 지부를 결성하였다[21].

도야마 현 협화회는 1940년 10월 도야마 시와 다카오카 시高岡市 2곳에서 "심신 양면을 단련해 신체제 하에서 명확한 일본 정신을 체득하여, 신속하게 황국신민으로서의 소질을 육성"한다는 목적으로 협화사업 중견인력양성 강습회를 개최하였다[22]. 선발되어 강습회에 참가한 한 회원은 '황민'이 된다는 자각을 다음과 같이 기록하고 있다.

> 가장 감명을 받은 일은 국가 합창입니다. 물론 그 의미가 심오하여 쉽게 이해할 수는 없지만, 음률부터 왠지 감격스럽기 그지없습니다. 올해부터 심상소학교 1학년에 입학한 장녀가 우연히 집에서 부르는 것을 들었을 때는 그렇게 느끼지 못했습니다. 그러나 이번 강습에서 국가를 부르면서 크게 감동한 뒤로는 집에서 장녀와 함께 합창합니다. 제 아내도 반상회에 나가 국가를 합창하는 일이 있어 가르쳐주고 있습니다.

딸이 부르는 노래를 들어도 기미가요君が代*에 감명을 느끼지 못한 남자는 강습회에 출석해 깊은 감명을 받았다고 말한다. 강습회

---

* 일본의 국가. 천황이 통치하는 시대가 영원하기를 기원하는 내용을 담고 있다.

에서는 생활양식의 '황민화'도 요구하였다. 남자는 다음과 같이 적고 있다.

식사 예절을 배웠습니다. 우리 반도인이 내지인과 동화되기 위해서는 생활양식에 주의하는 것이 중요합니다. 반도인의 습관인 한쪽 무릎을 세우고 식사하는 행동은 비위생적이고 또한 꼴불견이기에 강습을 받고 나서는 앉아서 식사하고 있습니다.

'반도인'은 식민지 제국 일본이 조선인에게 사용한 차별적 호칭이다. 남자는 식사할 때 한쪽 무릎을 세우는 행동을 '비위생적'이고 '꼴불견'이라 비하하고, 그런 습관을 고침으로써 '내지인과 동화'되겠다고 말한다. 강습회에서 '일선동조론' 강의를 듣고는 다음과 같이 감격하였다.

엄격한 일과로 담배를 피울 여유도 주어지지 않는 강습회는 매우 갑갑하게 느껴졌다. 그러나 자기수양의 둘도 없는 기회라 생각해, 두세 명 불성실한 수강자도 있었지만 나는 시종 열심히 수강하였다. 밥 먹는 법, 참배하는 법, 그 밖의 모든 것들이 감명 깊었다. 옛날로 거슬러 올라가면 우리 반도인과 내지인이 하나였다는 옛날이야기는 정말 반가웠다. 이번 중국사변은 단순한 무력전과 경제전에 지나지 않지만, 장래에는 민족전으로 발전할 것이라 말씀하셨다. 우리도 일본 국민으로서 항상 주의를 기울여야겠다고 절감하였다[23].

기록된 감상이 진심인지는 알 수 없다. 그러나 내용은 모범적인 '황민'의 모습을 담고 있다. 조선인으로서의 민족의식과 생활양식을 부정하고 철저한 '황민'이 되는 것, 그것이 바로 전시 하 일본에서 살고 있는 조선인에게 주어진 과제였다.

1930년 열 살에 일본으로 건너간 김달수金達寿는 아이들 사이에서 '어이, 조선인'이라 놀림 받고, 직업을 가지려 해도 조선인이라는 이유로 거절당하는 차별을 겪었다. 고학 끝에 1942년 1월 가네미쓰 준金光淳이라는 일본 이름으로 가나가와 니치니치신문사神奈川日日新聞社에 기자로 입사한 김달수는 일본인 여성과 사랑에 빠졌다. 결혼을 생각하는 사이가 되자 김달수는 자신이 조선인임을 고백하는데, 그 때 그녀의 "조선사람도 이제는 일본인이잖아요"라는 한마디가 그를 괴롭혔다. '나는 일본인인가? 그것은 일방적인 동정이 아닐까?' 한참을 고민한 김달수는 결국 애인과 헤어지고 신문사에 휴가를 내고 서울로 떠났다. 1944년 4월 말의 일이었다[24]. 김달수의 고뇌는 조선인이 강요당한 '황민화'의 차별성을 상징적으로 보여주고 있다.

## 오키나와의 '황민화'

오키나와에서도 국민정신총동원운동의 일환으로 '황민화' 정책을 추진하고 있었다. 오키나와의 특징은 현 당국이 앞장서서 '표준어 장려운동'과 '풍속개량운동'을 현의 기본방침으로 내걸고, 1940년 잘 알려진 '오키나와 방언 논쟁'이 일어날 때까지 과잉 실시했다는 점이다.

야나기 무네요시柳宗悦는 '오키나와 방언 논쟁'에서 오키나와 방언을 부정하고 표준어 사용을 강요하는 오키나와 현 당국을 비판하였다. 그는 「국어문제에 관해 오키나와 현 학무부에 답하는 글」을 저술하고, 일본민예협회 사람들과 함께 문제를 제기하였다. 그들은 표준어의 강제는 "지방어를 등한시하여 자칫하면 모멸과 억압으로 이어진다", 오키나와 현에서만 표준어를 강제하는 것은 "오키나와 현민을 특수 취급한다는 느낌을 준다" 그러니 "어찌 현민의 섬세한 마음이 굴욕감을 느끼지 않겠는가. 오키나와의 언어를 야만시하는 경향이 있는 것은 아닌가"[25]라고 주장하였다. 오키나와 현 지사 후치가미 후사타로淵上房太郎는 야나기를 만난 자리에서 다음과 같이 답하였다. "표준어로 바꾸지 않는 한, 이 현의 발전은 없습니다. 실제로 징병검사 때도 아직 제대로 말을 못 하는 사람이 있어 웃음거리가 될 정도입니다" "이 현의 사정을 다른 현과 똑같이 생각하면 곤란합니다. 이 현은 청일전쟁 때 중국 편에 서려던 사람이 있을 정도입니다". 지사의 답변에서 오키나와 현민의 정체성을 없애 '황민'으로 만들려고 했음을 알 수 있다[26]. 그러나 현지 신문에서 야나기를 지지하는 발언은 찾아보기 힘들었다. 도베 히데아키戸邉秀明는 당시 사람들이 야나기를 지지하지 않았던 이유는 비판의 대상이 "말하자면 전쟁 중의 일본 문화가 발전하는데 필요한 정도로 한정된 오키나와 문화"이며, "일상생활과 분리된, 마치 민예품에 지나지 않는다"는 것을 간파하고 있었기 때문이라고 설명한다. 지사의 발언에도 이러한 인식은 그대로 담겨있다. 도베는 어눌한 표준어 때문에 원정취업, 이민, 징병 등에서 차별당하며 불이익을 겪던 오키나와 현민에게 이 논쟁은 "문화의 문제가 아니라 무엇보다 개인의 삶, 나아가 인권과 직결되는 문제였다"고 말한다[27]. 오키나와 방언 논쟁은 류큐 처분 이후 '동화와 이화異化의 사이'[28]에서 농락당한 오키나와의 사람들이 처한 문제를 보여준다. 오키나와 현 교육회는 오키나와의 고유한 성姓을 바꾸거나 한자를 읽는 법을 통일하자는 운동을 펼쳤다. 도쿄에 거주하는 오키나와 현 사람들로 구성된 남도문화협회는 오키나와의 고유한 성을 내지처럼 바꾸자는 운동을 전개하였다. 이런 움직임은 경계에 자리한 존재로서의 어려움을 보여준다[29].

## 화교와 건국체조

한편 중일전쟁이 시작되자 화교는 적국 사람이라는 곤란한 처지에 놓이게 되었다. 요코하마 차이나타운에 거주하던 화교의 동향을 살펴보도록 하자.

1937년 7월 7일 중일전쟁이 발발하자 많은 중국인 유학생이 귀국하였고, 일본에 생활 기반을 두고 있던 화교 사이에도 동요가 퍼져나갔다. 9월 23일까지 요코하마항을 통해 귀국한 가나가와 현 거주 중국인은 남성 292명 여성 217명이었고, 귀국자의 70%는 요코하마 차이나타운 거주자였다. 그러나 귀국하지 않고 일본에 남은 화교도 많았다. 이들은 중국에 수립된 일본의 괴뢰정권을 지지하는 '일화日華친선융화'의 길을 선택하였고[30], 그 증표로 삼은 것이

바로 건국체조였다.

건국체조의 고안자는 국민의 사상 통제에 헌신한 전前 내무성 경보국장 마쓰모토 마나부松本学였다. 일본의 고무도古武道 형식을 도입하여 '팔굉일우八紘一宇*'의 건국정신을 단련하는 체조이며, 1940년 '기원 2600년' 봉축의 일환으로 보급되었다. 요코하마 시 나카 구中区 이세사키 초伊勢佐木町의 경찰서장 사카모토 기요타케坂元淸剛는 건국체조에 경도되어 누구보다 적극적으로 관내의 직장, 학교, 마을모임을 대상으로 실시를 장려하였다. 그렇게 건국체조는 요코하마 시 나카 구를 중심으로 퍼져나갔다. 나카 구는 차이나타운이 위치한 지역이었다.

1938년 12월 15일부터 6일 동안 사카모토는 중화공립학교(현재의 요코하마 중화학원)에 가서 학생들에게 건국체조를 지도하였다. 1939년 1월 5일에는 이세사키 경찰서 관내의 건국체조 분회에서 조직한 요코하마 건국금치회建國金鵄會** 시무식에 중화공립학교 학생 40명이 참석하였다[31]. 그 자리에서는 요코하마 화교들의 지도자인 요코하마 중화회관 이사장 진동정陳洞庭의 선창으로 '일본 중국 양국 만세' 삼창도 이루어졌다[32]. 중화공립학교의 훈육주임 오백강吳伯康도 "사카모토 서장님께서 일화친선을 건국체조로 시작하신 것은 가장 좋은 방법이라 생각합니다. 그 주의는 대단히 바르고, 그 의미는 대단히 심오합니다. 한마디로 체육을 주창하여 일화 양

---

* 온 세상이 하나의 집이라는 뜻. 일제가 해외 침략을 정당화하는 개념으로 사용하였다.
** 금치(金鵄)는 일본 건국신화에서 길 안내를 맡은 금색의 솔개.

국에 강력한 친선국가를 건설하고 한 걸음 전진하면, 영원한 동아시아의 평화를 손에 넣을 수 있다고 믿습니다"라는 찬사를 보냈다[33]. 건국체조는 계속해서 '화일친선'에 이용되었다. 일본 어린이와 화교 어린이가 둘러서서 펼치는 건국체조는 '신흥아 실현을 향한 첫걸음'으로 평가받았다[34].

이후에도 중화공립학교 학생들은 1939년 2월 11일 '기원절紀元節*'에 요코하마 시가 주최하는 건국대행진에 참가하여 이세야마 황대신궁伊勢山皇大神宮**에서 건국체조를 시연하는 등[35], '기원 2600년'을 앞두고 열심히 건국체조를 실시하였다. 이러한 노력을 평가해 4월 26일에는 후생성 체력국장 사사키 요시토佐々木芳遠가 건국체조를 시찰하기 위해서 중화공립학교를 방문하기도 하였다[36].

1940년, 일본은 드디어 '기원 2600년'을 맞이한다. 10월 12부터 13일까지 나라 현의 가시하라신궁橿原神宮에서 황기皇紀 2600년 봉축 가시하라신궁 봉납 건국체조대회가 열렸고, 중화공립학교의 건국체조회는 우수 분회로 표창을 받았다. 중화공립학교는 이에 자극을 받아 계속해서 "일본과 중국의 친선은 건국체조의 형태를 통해 비로소 일본정신이 함양될 수 있다는 신념 아래, 전교생이 한 명도 빠짐없이 건국체조에 정진했다. 건국무용과 노래도 상당한 수준"이었다. 1941년 1월 7일부터 2월 3일 사이 요코하마 건국금치회가 실시한 동계수련회에도 참가하였다. 요코하마 중화회관은 동계수

---

* 일본 건국기념일의 옛 이름.
** 요코하마 시에 위치한 일본 왕실의 시조 아마테라스를 신으로 모시는 신사.

련회 종료식에 "동계 수업을 통해 한층 단련된 심신으로 동아시아의 모든 민족을 위해서 팔굉일우의 큰 정신 실현에 매진하시기를 충심으로 희망합니다"라는 축사를 보냈다. 1940년 3월 30일 중국 난징南京에 일본의 괴뢰정권인 왕자오밍汪兆銘정권이 수립된 것을 축하하는 축사였다. 축사에서는 중화공립학교 건국체조회가 우수 분회에 선정된 일은 '우리의 가장 큰 영광'이라고 설명하였다[37].

화교는 건국체조에 매진함으로써 자신들의 조국을 침략하는 일본을 지지하고, 침략 논리인 '팔굉일우'를 수용하는 자세를 일본 사회에 보여주었다. 그렇게 박해와 차별로부터 자기 자신을 보호한 것이다. 화교에게 건국체조는 '황민'의 증표였다.


## 4. 전쟁 동원

### 일본군 '위안부' 동원

1931년 만주사변으로 시작한 아시아 태평양 전쟁은 총력전이 되었다. 남성과 비교해 2급 국민으로 여겨지던 여성들까지 한순간에 전쟁 협력으로 내몰렸다. 마이너리티 계층은 종종 국가에 적극적으로 공헌함으로써 그들의 위치에서 탈피, 다시 말해 '동화'하고자 하였다. 특히 총력전 상황에서는 "종주국/식민지, 중앙/지역, 도시/농촌, 부유/빈곤, 남성/여성 가운데 사회적으로 소외된 주변인(후자)에게 전쟁 참가를 통해 중심에 접근할 수 있다는 환상을 심어주면서 참가를 독려하였다"[38]. 여성들에게는 '현모양처' 주의의 속박 아래, 가정에 뿌리를 둔 '주체적' 참가를 요구하며 총력전에 동원하였다. 동원 형태는 위문품과 천인침*으로 상징되는 후방 활동 종사, 가정의 보호와 유지, 간호사 및 일본군 '위안부'로서의 종군 등 다양하였다.

아시아 태평양 전쟁에서 일본군이 장병들의 '성노예'로 삼기 위해서, 일본군 '위안부'가 있는 위안소를 설치한 사실은 잘 알려져 있다. 현재 확인된 바로는 위안소가 처음 설치된 것은 1932년 상하이사변이 일어나 일본 해군육전대가 상하이에서 중국군과 교전하던 시기였다. 해군 군의관 중위 다카스기 신이치로高杉新一郎는 1942년 일본성병예방협회에서 '전시하의 성병문제'를 주제로 강연하였다. 청중은 모두 성병 전문의였다. 때문에 다카스기는 "이런 말씀을 드려도 될지 모르겠습니다만"이라고 운을 띄우며 다음과 같이 일본군 '위안부' 설치로 얻은 성병예방효과를 자랑하였다. "매창부라도 해군 군의관이 직접 '통제'하여 항상 병이 없는 매창부를 공급하도록, 표현이 좀 그렇지만 조심하고 있습니다. 이렇게 여러모로 조심한 결과, 상하이에 있는 해군 병대의 화류병은 대단히 성적이 좋습니다. 가장 좋을 때는 상하이 해군 병실에 성병 환자가 단한 명일 때도 있습니다"[39].

일본군 '위안부' 설치의 첫째 목적은 성병 예방이었다. 물론 일본군 '위안부' 설치 목적은 그뿐만이 아니었다. 일본군 장병에 의

---

* 출정 병사의 무운 무탈을 기원하며 여자 천 명이 붉은 실로 한 땀씩 매듭을 놓은 천.

한 강간을 방지하고, 장병에게 '성적 위안'을 줌으로써 사기를 고양하고, 장병이 현지 매춘 업소를 방문해 군 기밀이 유출되는 것을 막는 등의 목적도 있었다. 북지방면군北支方面軍* 제35사단 보병 219연대와 경비대 제7중대의 '영외 시설 규정' 아래 '특수위안소' 규정은 "특수위안소 경영에 필요한 약품과 방호용품 등은 관물을 교부할 수 있으며, 그 세부 사항은 군의관 부장이 정하도록 한다"고 명기하고 있어 군의관이 성병 예방을 도모했음을 보여준다[40]. '위안소' 설치를 통해서 군이 장병들의 성병 예방 대책을 조직적으로 시행한 것을 알 수 있다.

처음에는 일본에서 성매매를 하던 여성들을 일본군 '위안부'에 동원하였다. 나가이 가후永井荷風는 본인의 일기 『단초테이 니치조 斷腸亭日乘』 1938년 8월 8일 조에 다음과 같은 기술을 남겼다.

스이텐구水天宮 뒤편에 있는 마치아이待合** 가노야叶家를 방문하였다. 여주인이 말하기를, 올봄 군부 관계자의 권유를 받아 베이징에 요릿집 겸 료칸旅館***을 차릴 생각으로 한 달 정도 그곳에 다녀와 매춘부 삼사십 명을 모집했는데 스무 살 안팎은 없었다. 게다가 베이징에서 육군 장교를 위한 윤락업소를 차리려면, 여자들에게 줄 가불금을 제외하고 집과 다른 비용에만 적어도 2만엔 정도가 필요하다. 군부는 1만

---

* 중일전쟁 발발 이후 1939년 8월 31일 편성된 중국 북부를 작전지역으로 하는 군대.
** 만남과 연회를 위한 장소를 빌려주는 업소.
*** 일본 전통 가옥을 이용한 숙박시설.

엔 정도는 융통해 줄 테니 제발 젊은 사관을 상대할 여자를 구하라고
하지만, 중국 북부 기후가 너무 나빠서 사퇴하였다. 베이징에서 료칸
스타일의 윤락업소를 열기 위해서, 군부 관리의 주선으로 집을 보러
간 곳은 29군 장교가 살던 집이었다. 여주인은 계속해서 매춘부를 보
내는 일과 관련해 군부나 내지 경찰서와 주고받은 연락 등에 대해 이
야기하였다.[41]

정보를 알려준 여주인은 경찰의 묵인 속에 매매춘 영업(사창)을
하고 있다. 그 일로 약점을 잡고 군과 경찰이 일본군 '위안부' 모집
을 강요했지만, 현지 날씨가 험하고 여자도 모이지 않아 사퇴했다
는 이야기이다. 가후는 이어서 "세상은 이상하다. 군인정부는 즉시
일본 전국의 무도장을 폐쇄해야 한다고 말하면서 전쟁터에는 적극
적으로 창부를 보내려 한다. 군인 무리가 하는 일만큼 멋대로인 것
은 없다"고 강하게 군부를 비판하였다. 이처럼 처음에는 일본 국내
에서 일본군 '위안부'를 모았다. 모집에는 여주인 같은 매매춘 영
업자와 인신매매를 생업으로 삼고 있는 사람들이 관여하였다.

최초로 일본군 '위안부'의 역사를 연구한 센다 가코千田夏光는
1937년부터 일본군 '위안부' 모집 일을 했다는 남성의 이야기를 청
취하였다. 자신은 군인도 군무원도 아니라는 남성은, "나는 그냥
후쿠오카 편성 연대와 함께 중국에 갔습니다. 딱히 어용상인이라
는 입장도 아니고, 군대가 술을 달라고 하면 마련해오거나 하는...
그런 일을 했습니다"라고 이야기했다. 일본 국내의 사창 매매춘 업
자들을 돌면서 여성을 모았다고 진술하였다[42].

136

1937년 3월 11일 육군성 병무과가 북지방면군 참모장에게 보낸 통첩 '군위안소 종업원 등의 모집에 관한 건'은 다음과 같은 일본군 '위안부' 모집의 문제를 지적하고 있다.

> 중국사변의 땅에 위안소를 설치하기 위해 내지에서 종업부 등을 모집할 때, 일부러 군부 양해 등의 명의를 이용해 군의 위신을 손상하고 나아가 일반인의 오해를 살 우려가 있는 자. 또는 종군기자와 위문자 등을 통해 두서없이 모집하여 사회 문제를 일으킬 우려가 있는 자. 또는 모집담당자 선정의 적절성이 결여되어 모집 방법이 유괴와 비슷해 경찰 당국에게 검거와 취조를 받는 자 등 주의가 필요한 사람이 적지 않다. 이에 대해서는 장래 이들의 모집 등은 파견군에서 통제하여 맡길 인물을 주도면밀 적절하게 선정하고, 그 실시에 있어서는 관계 지방의 헌병 및 경찰 당국과 긴밀히 연계하여 군의 위신 유지 그리고 사회 문제에 있어 실수가 없도록 배려하라는 의명통첩.[43]

일본 국내의 일본군 '위안부' 모집에서 유괴와 비슷한 일들이 벌어지고 있었고, 육군성도 군의 위신에 관계되는 중요한 일로 받아들여 모집인 선발에도 주의하도록 요구하고 있다. 당시 일본은 가시자시키貸座敷에서의 매매춘을 공인하고 있었다. 그러나 술과 음식을 제공하는 요릿집이나 카페, 마치아이 등 다양한 겉모습으로 꾸민 장소에서 이루어지는 매매춘도 어느 정도 묵인하고 있었고, 그에 따른 인신매매도 사실상 방임하였다. 그런데 일본군 '위안부' 모집에는 육군성조차 문제로 받아들인 행위가 성행한 것이다.

　그러나 국가에 대한 자발적 헌신으로 일본군 '위안부'가 된 여성
이 있었던 것도 사실이다. 도쿄의 공창지대 요시와라吉原에서 차야
茶屋*을 경영하던 후쿠다 도시코福田利子는 당시를 다음과 같이 회상
하였다.

　　많은 분께 여쭤봐도 정확한 인원은 알지 못합니다. 그런데 1941년
　　쯤 요시와라에서 종군위안부를 보내라는 군의 명령이 가시자시키 조
　　합에 내려왔다고 합니다. 가시자시키 조합이 각각의 가게로 통지를
　　보내 전선행을 희망하는 오이란花魁**을 모았습니다. 내지 근무와 외
　　지행으로 나뉘어 임지라는 장소로 갔습니다. [중략] 오이란 중에는
　　종군위안부가 되면 계약기간이 무효가 되니까 응모한 사람도 있고,
　　군인과 함께 행동하고 싶어서 전선행을 희망한 사람도 있었습니다.
　　그때는 반드시 강제는 아니고 본인이 원해서 군인을 따라가고 싶다
　　는 오이란이 많았습니다.[44]

　요시와라의 창기 중에는 본인이 원해서 일본군 '위안부'가 된 사
람도 많다는 것이다. 매매춘이라는 멸시받는 직업에 종사하는 우
리도 전쟁에 협력할 수 있다, 나라를 위해서 일할 수 있다는, 다시
말해 일급 국민이 될 수 있다는 여성들의 희망을 이용해서 이들을
전쟁터로 내몰았다.

---

　* 손님이 유녀나 게이샤 등을 불러 놀던 곳. 차와 요리를 제공하는 곳도 있었다.
　** 요시와라의 상급 유녀.

이처럼 처음에는 일본군 '위안부'를 일본 국내에서 모집하였다. 그러나 전쟁이 확대되면서 일본 국내만으로는 일본군 '위안부' 수요를 감당할 수 없게 되었고, 조선과 대만 등 식민지와 점령지 여성을 일본군 '위안부'로 징발하기 시작하였다. 태평양전쟁에 돌입하자 중국은 물론 동남아시아와 태평양 섬에도 일본군 '위안부'가 배치되었다. 식민지와 점령지에서 일본군 '위안부' 징발이 군의 위력을 등에 업고 강제로 이루어진 것은 부인할 수 없는 사실이다[45]. 1942년 3월 16일 대만군 참모장은 육군성에 전보를 쳤다. 보르네오에 파견한 "특수위안부" 50명 가운데 "인원이 부족하여 업무를 견디지 못하는 자"까지 나왔다. 추가로 20명 증원할 필요가 생겼으니 "승낙"해달라는 내용이었다[46]. 식민지에서 일본군 '위안부'를 징발하는 일은 분명히 군 작전의 일환으로 이루어졌다.

## 남성의 전의 고양 — '성적 위안'

전황이 악화하여 일본 각지에 방공부대가 설치되자 일본 국내에도 위안소가 속속 설치되었다. 위안소를 설치한 주된 목적은 '성적 위안'을 통한 전의戰意 고양이었다. 일본군 '위안부'에 대해 논할 때, 일본군이 무력을 등에 업고 식민지와 점령지 여성에게 강제력을 행사했다는 부분은 물론 중요한 논점이다. 그러나 '위안부'라는 명칭을 사용한 이유에 대해서도 생각할 필요가 있다. 문제는 여성이 남성에게 '성적 위안'을 제공하여 전의를 고양한다는 발상이다. 남성의 '성적 위안'을 위해서 여성이 당연히 성적 고통을 감수해야 한다는 논리는 일본의 공창제도를 유지해온 기반이다. 남성에게는 성적 강인함을 여성에게는 성적 온순함을 요구하는 성관념을 내포하고 있다. 그리고 무엇보다 전쟁 폭력이라는 여성 차별이 일본군 '위안부'를 만들어낸 원흉이었다.

전황이 악화되는 가운데 1944년 2월 29일, 도조 히데키 내각은 '고급 향락 정지에 관한 구체적 대책 요강'을 각의양해閣議諒解* 처리하였다. 고급 요정·고급 마치아이·예기藝妓 오키야置屋**·카페·바 등을 휴업시키고 밀집지구에 위치한 극장과 영화관을 정리하는 내용으로, 현실로 다가온 미군 공습에 대한 방공대책과 국민의 정신 무장을 위한 조치였다. 그러나 매매춘 관련 영업은 여전히 허용하였다. 요강은 "마치아이는 일단 전부 휴업시킨다. 고급 마치아이는 계속 휴업시키고, 하급 마치아이는 마치아이라는 이름을 없애고 그 실질을 위안소적인 것으로 간주하여 영업하게 한다" "예기 포주집 및 예기 가운데 위안적 영업에 필요한 자는 그 명칭을 바꿔 영업하게 한다. 그러나 그 이외는 휴업시킨다"고 적고 있다. 분명히 '하급 마치아이'를 '위안소'로 삼는 것과 예기의 '위안적 영업'을 인정하고 있다.

이것은 사실상 마치아이와 예기 오키야의 사창 행위를 인정하는 조치이다. 요강과 관련해 '고급 향락 정지(접객업)에 관한 구체적

---

* 본래 담당 대신의 권한으로 결정할 수 있지만 국정 전체에 미치는 영향이 큰 사안에 대해서, 각의에 자문하여 내각 전체의 승낙을 얻는 절차.

** 예기를 데리고 있다가 손님의 요청이 있을 때 가시자시키, 차야, 마치아이 등으로 보내는 집.

대책 요강의 실시에서 유의할 사항'이 결정된다. 여기에서도 다음과 같이 '하급 마치아이'는 "그 명칭을 없애고 위안적 존재로서 영업을 계속하게 하는 특별조치에 대해서는 필요성에 따라 충분히 감안하여 필요한 최소한도에서 인정할 것" "실시 형식 등에 있어서는 지방의 실정에 따라 조치할 것"이라고 유연하게 단속할 것을 시사하고 있다.

요강이 결정되고 나서 약 1년이 지난 1945년 1월, 내무성 경보국 경무과는 '고급 향락 정지에 따른 접객업의 현황과 여론'을 모아 정리하면서, 전의 고양을 위해서는 '성적 위안'이 더욱 필요하다고 강조하고 "성적 위안 시설로서 하급 마치아이에 대해 새로 이와 같은 종류의 영업을 인정하였다"고 공언하였다[47].

이렇게 국책에 따라 예기 오키야는 점차 위안소로 개편되었다. 1945년 5월 15일 도쿄도 고이시카와 구小石川区 하쿠산白山 지역의 예기를 대상으로 경비병을 위한 접대소(위안소)가 설치되었다. 예기의 호칭을 '접대부'로 바꾸고, 장병에 대한 '성적 위안'을 시켰다. 현지 도미사카富坂 경찰서의 경찰서장은 이 접대소에 대해서 다음과 같은 명령을 내렸다. "접대부에게 월 2회 이상 건강진단을 받게 하고, 접대부에게 일하는 동안 이에 관한 증표를 항상 휴대하게 할 것" "접대소에는 위생실을 설치하고 기구를 상비하여 병독 전파 방지를 위해 노력하며, 동시에 손님에게도 사용을 권장할 것"[48]. 아시아 태평양 전쟁 말기, 일본군 '위안부'는 '성적 위안'이라는 이름 아래 일본 국내까지 확대되었다.

## 한센병 환자 동원계획

한센병 환자, 지적장애인, 정신장애인은 '열등'하다고 분류된 우생정책의 대상이었다. 그러나 전투 지역이 확대되고 병력이 부족해지자 이런 병자와 장애인도 전쟁에 동원할 수밖에 없었다. 국가는 신체적 또는 정신적 이유로 차별을 받아온 사람들에게 전쟁에 참가함으로써 평등한 신민이 될 수 있다는 환상을 심어주었다.

아시아 태평양 전쟁에서 일본은 중국, 동남아, 태평양 섬들의 광대한 지역을 침략해 점령하였고, 이 지역을 '대동아공영권'이라 불렀다. 이곳에는 많은 한센병 환자가 살고 있었다. 병사들의 감염을 두려워한 일본군은 한센병 환자의 처우에 고심하였다. 그렇게 격리되어 전쟁에도 참여할 수 없는 한센병 환자를 '대동아공영권'에 파견해서 현지 환자의 격리를 맡기자는 구라정신대救癩挺身隊 구상이 부상하였다.

1942년 4월, 오카야마의 국립 한센병 요양소 나가시마 아이세이엔長島愛生園의 의무관리 하야타 히로시早田皓는 한센병 환자들에게 다음과 같이 호소하였다. "일본의 한센병자들은 멀리 구제받지 못한 민초에게 어혜御惠를 전달하는 큰 사명을 부여받았다. 구라정신대의 출현이야말로 일본 한센병자로 태어난 행복을 체득하는 날이 아니고 무엇이겠는가". 이는 일본과 조선의 경증환자 3000명에게 간단한 의학, 열대지방의 농업, 기계공학 지식을 가르치고 추가로 '개인주의를 배격한 정신적 맹훈련'을 실시한 뒤에 필리핀, 동인도제도, 미얀마, 말레이에 파견해 현지 환자를 격리 지도하도록 하자는 내용이었다[49]. 여기서 말하는 '어혜'는 일본 왕실의 '은혜'이다. 특히 한센병 환자를 향한 동정심을 "벗이 되어 위로하여라, 가기 어려운 나를 대신하여"라는 시로 읊은 데이메이황후貞明皇后*의 '은혜'를 의미하고 있었다.

귀족원 의원 시모무라 히로시下村宏도 하야타의 제안에 부응하여 "아마 환자 제군은 봉공의 기회를 얻지 못해 마음이 불편하고 상심했을 것이다" "함께 함께 남쪽으로 진출하여 동병상련의 큰 자비심을 나타냄으로써 불행한 200만 한센병자의 진정한 구원의 벗이 되어야 한다"[50]고 환자의 결기를 촉구하였다. 필명 '동양라생東洋癩生'으로 활동한 나가시마 아이세이엔의 사무관 미야카와 하카루宮川量는 "한 요양소에서 소수의 유능한 직원과 약간의 병우로 한 부대를 편성한다. 이렇게 명령일하에 출동하여, 가장 비용이 들지 않는 모범적인 자급자족 의료소를 건설한다"는 구체안을 제시하였다. 그는 "팔굉일우의 이념과 함께 우리에게는 존귀한 황실의 인자함이 있다. 이것을 대동아의 병든 형제자매에게 나누어주어 함께 큰 은혜를 누리게 해주고 싶다"고 희망을 밝혔다[51].

구라정신대에 대해서 가고시마의 국립 한센병 요양소 호시즈카게이아이엔星塚敬愛園의 한 환자는 "아아! 그날, 남방의 한센병자를 구제한다는 열의와 신념에 불타는 개척 정신대를 가득 실은 한센병 수송선이 어가御歌를 내걸고 세기의 바다를! 당당하게 건너는 영광의 그날은 결코 바보의 꿈이 아닙니다. 현실에 그것도 가까운 장래에

---

* 다이쇼천황(大正天皇)의 부인. 1884-1951.

반드시 찾아올 영광의 날입니다. 그리고 반드시 와야만 합니다"라고 감격하고 있다[52]. 도쿄의 국립 한센병 요양소 다마 젠쇼엔多磨全生園의 한 환자는 구라정신대에 참여할 수 있는 기쁨을 다음과 같은 시로 노래하기도 하였다. "우리는 지금 가슴에 1만 5천의 '히노마루日の丸*'의 어기御旗를 달고 대기하고 있다. / 만약 명을 받고 허락을 받아 일본의 한센병 환자가 바다를 건너는 날이 오면…… / 1만 5천의 1할을 보내자. / [중략] 자랑할 만하다. 일본에는…… 일본의 한센병 환자에게는…… '어가'가 있다. / '어가'를 받들어 / '어가'의 정신을 명심하여 지키는 1만 5천의 사도들이 있다 / 아아! 작은 배에 '히노마루'를 꽂고 / 일본의 한센병자가 바다를 건너는 날은 그리 멀지 않다. / 아아! 그날! 한센병자 바다를 정복하는 날이야말로 대동아 300만 동포가 동방의 태양을…… / '어가'를…… 우러러 뵙는 날이다! / 세계 절반의 동포가 오열하는 날이다. 몹시 기다려진다. 한센병자 바다를 건너는 날! / '어가' 바다를 건너는 날!"[53]. '어가'는 물론 앞에서 소개한 데이메이황후의 시 "벗이 되어……"를 가리킨다.

결국 전황이 악화되어 구라정신대는 실현되지 못하였다. 그러나 단순한 구상으로만 끝나지는 않았다. 미야카와 하카루는 1942년 5월 14일 이바라키 현 시모나카쓰마 무라에 있는 만몽개척 청소년의용군 훈련소를 방문하여 훈련모습을 시찰하고 있다. 아이세이엔에 제출한 '보고서'에는 "이들 청소년교육은 단지 본원의 장래에만 중요한 것이 아니다. 동아시아 한센병 퇴치에서도 상당한 역할을

---

* 태양을 본뜬 붉은 동그라미. 일본 국기를 뜻한다.

수행하리라 의심하지 않는다"고 적었다[54]. 미야카와는 만몽개척
청소년의용군 훈련을 구라정신대에도 실시하고자 하였다. 실현되
지는 못했지만, 구라정신대는 차별과 격리 속에서 국가의 도움이
되고 싶다는 한센병 환자의 초조한 심경, 평등에 대한 강한 바람을
전쟁에 동원하는 계획이었다.

### 지적장애인 징병

장애인도 같은 대우를 받았다. 일본제국 육해군에는 '군대 보육'
이라는 말이 있었다. 1942년 육군성은 '군대보육요령'이라는 문서
를 작성한다. 문서에 따르면 '군대보육'의 목적은 "합리적으로 건
강한 병사를 육성하여 전력의 충실 고양을 도모"하는 것이다. 또한
이를 위해서는 "교육훈련을 합리화하여 점진적으로 심신을 단련
함과 동시에 휴양 및 급양*을 하여 병업과 조화를 이룰" 필요가 있
다고 밝히고 있다. 다시 말해 '군대 보육'이란 병사들에게 일률적
으로 강도 높은 훈련을 시키지 않고, 병사 개개인의 심신 상태를 고
려한 훈련을 하면서 적당한 휴양을 취하게 함으로써 질병을 방지
하고 점진적으로 강한 병사를 만든다는 사고방식이다. '군대보육'
이 필요했다는 사실은 징병제로 구성된 육군에 훈련시 배려가 필
요한 병사가 다수 포함되어 있었음을 의미한다.

1927년 공포된 병역법을 바탕으로 만들어진 병역법시행령 제68

---

\* 먹을 것과 입을 것 따위를 대어 주며 돌봄.

조는 징병검사에서 키 1.55미터 이상의 '신체강건'으로 판정된 사람을 갑甲종 또는 을乙종(다시 제1을종, 제2을종, 제3을종으로 구분) 합격으로 분류하여 현역병 징병대상으로 삼았다. 한편 '병역에 적합하지 않은 자'로 18종의 질병과 장애를 들고 있다. '한센병' '장님' '귀머거리' '벙어리'와 함께 '근골이 대단히 약한 자' '불치의 정신병 또는 불치의 신경계병' '흉복부 장기의 만성질환으로 보통 영양상태에 지장이 있는 자'가 포함되었다. 이러한 병자와 장애인은 징병검사를 받았어도 사실상 징병대상에서 제외되었다.

키 1.55미터 이상으로 신체상태가 을종 아래인 자, 키 1.50미터 이상 1.55미터 미만이라도 병역을 감당할 수 있는 자는 병丙종으로 판정하였다. 이들은 일단 합격이지만 제2국민병역에 편입되어 일반적으로는 징병하지 않았다.

병역법시행령 제69조는 '전신기형' '불치의 정신병으로 감시 또는 보호가 필요한 자' '한센병' '두 눈이 보이지 않는 자' '두 귀가 전혀 들리지 않는 자' '벙어리' '팔관절 또는 다리관절 하나가 없는 자'는 병역을 면제한다고 명시하였다. 전쟁 중에 경제통제를 추진한 기획원에서 조사관으로 일한 미노구치 도키지로美濃口時次郎 는 질병이나 장애로 인해서 "이미 육체적으로 국방력 또는 노동력으로 활동할 만한 체질을 갖추지 못한 자는 물론 그 나라 사회의 인적 자원이라 볼 수 없다"고 주장하였다[55].

그러나 실체는 크게 달랐다. 1937년 1월, 지바 현千葉県 이치카와 시市川市에 위치한 고노다이国府台 육군병원은 정신장애 병사를 수용하는 시설로 개편되었다. 이 병원에 근무했던 육군 군의관 소좌 아사이 도시오浅井利勇는 이러한 개편에 대해서, 육군성 의무국장 고이즈미 지카히코小泉知彦가 "전쟁의 장기화에 따른 현역 징집인원의 증가와 다수의 보충병 소집으로 인한 소질 저하를 발빠르게 예측" 했기 때문이라고 회고하였다[56].

물론 당시에도 입영하고 나서 지적장애나 정신장애가 발병하는 병사가 있었다. 이런 병사는 탈영 등의 군규위반을 저지르면 육군 징치대나 육군교화대로 송치되어 처벌을 받았다. 그러나 아시아 태평양 전쟁 기간에 그런 병사가 증가하자 육군은 새롭게 대응해야만 했다. 고노다이 병원에는 지적장애와 정신장애로 인해서 병상병으로 송치된 병사들에 대한 방대한 '병상일지'가 남아 있다. 이 문서는 아시아 태평양 전쟁이 격화되는 가운데 지적장애와 정신장애 병사가 증가한 사실을 그대로 보여주고 있다. 그러한 병사를 '보호병'(보육병, 단련병, 특별훈련병, 증건병 등으로도 불렀다)으로 분류하여 특별 훈련과 임무를 부과하고, 지적장애 병사만 모아놓은 부대 편성을 계획하기도 했다는 사실도 알려준다[57].

이런 병사는 전쟁터에서 어떤 대우를 받았을까. '병상일지'에는 "심상소학교 2학년까지 다닌 사람 같았지만 자기 이름조차 쓸 수 없었다" "사격을 시키면 아군에게 위해를 끼친다" 등의 병사 기록이 남아있다.

그렇다면 왜 이런 병사를 소집했을까. 물론 근본적 이유는 전쟁 격화로 인한 병력 부족이었다. 하지만 병상일지에는 "병력부족 시, 당번은 사용불가능하다" "따로 근무를 부여하지 않고 식기와 식량 세척 등의 사역"을 명령했다는 소속 부대 상관의 의견이 함께 적혀있다.

모든 지적장애와 정신장애 병사들이 전쟁터로 내몰리지 않고 병상 병으로 살아 돌아온 것은 아니었다. '만주'에 설치된 육군 제2항공군 야전항공수리창 군의관 다카기 슌이치로高木俊一郎는 패전 당시를 다음과 같이 회상하였다. 1944년 신징新京(지금의 창춘長春)에 "탈영을 거듭하는 병사 150명, 자세히는 이른바 경계선 성격장애부터 지능연령 5세 정도까지가 70명, 폭력을 행사하거나 물건을 훔치는 80명으로 편성"한 '특수교육대'를 만들었다. 패전을 앞두고 상관은 "이 병사들은 소련 전차가 오면 당장 도망칠 것이다. 그런 일은 일본 군대로서 용서할 수 없다. 그러니 그럴 기미가 보이면 전원을 죽이고, 장교와 하사관은 화염병을 들고 전차 밑으로 뛰어들어 전원 옥쇄하라"고 명령하였다[58]. 고노다이 육군병원의 '병상일지'에 기록된 생환병사 이외에도 부족한 판단능력을 이용당해 '총알받이'로 전장에서 희생되거나, 거추장스럽다고 일본군에게 살해된 병사가 많았을 것으로 생각한다.

## 5. 기민과 '버림돌'

### 이민과 기민棄民*

오키나와에서는 1899년 하와이를 시작으로 많은 사람이 계속해서 이민을 떠났다. 그러한 배경에 경제적 곤궁과 징병기피가 있었

---

\* 국가로부터 버림받은 국민. 또는 버리는 행위.

다는 사실이 최근 연구를 통해 밝혀지고 있다[59].

1920년 제1차 세계대전이 끝나고 발생한 경제공황 이후, 일본은 만성적 불황에 빠졌다. 특히 오키나와는 이듬해 흑당 시세 폭락으로 큰 타격을 받았다. 민중은 쌀이나 고구마를 충분히 손에 넣지 못했고, 유독성분이 함유된 소철에서 전분을 섭취해야 할 정도로 궁핍한 상황에 몰렸다. 신문 등은 이런 상황을 '소철지옥'이라는 이름으로 보도하였다. '소철지옥'으로 인한 경제적 궁핍이 심각해진 것을 계기로 남양군도南洋群島로의 이민이 시작되었다. 미일관계의 긴장으로 그때까지 주요 이민처였던 미국과 중남미로의 이민이 어려워지자, '남양 원정취업' '남양 이민'이 늘어났다[60].

아시아 태평양 전쟁 중, 남양군도 가운데 사이판 섬과 티니언Tinian 섬에서는 오키나와 전투에 앞서 10개월에 걸쳐 지상전이 벌어졌다. 전투에 휘말려 오키나와 현민을 비롯한 많은 주민이 목숨을 잃고 희생되었다. 일본으로 돌아가는 사람들을 태운 귀국선이 침몰하거나 필리핀과 대만 등의 기항처에서 전쟁의 희생자가 되는 일도 있었다[61].

필리핀은 1942년 이후 일본의 군정하에 놓였다. 많은 오키나와 현 사람들이 필리핀으로 이민을 갔고, 이곳에서도 많은 희생자가 나왔다[62]. 남양군도와 필리핀을 합쳐 약 2만 5천 명의 오키나와 현 출신 민간인이 목숨을 잃었다고 알려져 있다. 1944년 7월 미군이 점령한 사이판 섬에서도 일본인 1만 명이 사망했는데, 그 중에 약 6천 명이 오키나와 현 출신자였다[63].

1932년부터 시작된 '만주'이민의 경우, 오키나와에서는 이미 남양군도 등지로 이민을 많이 가 있는 상태였고, 초기에는 기후와 풍토가 '만주'와 비슷한 지역이 선정되었기 때문에 오키나와는 농업이민의 모집대상이 아니었다. 그런데 이것은 오키나와에 대한 차별로 받아들여졌다. 오키나와 현에서 선출된 중의원 의원 이레이하지메伊礼肇가 적극적으로 나서서, 1939년부터 오키나와에서도 '분촌이민'을 포함한 '만주'이민이 이루어졌다. 농업이민과 만몽개척 청소년의용군의 파견과 더불어 '대륙의 신부'로서 '만주'에 건너간 사람도 있었다. 그런 사람의 상당수는 패전 이후 관동군이 서둘러 도망가는 가운데 소련 병사나 현지 중국인에게 습격을 받아 어린아이를 남겨두고 귀국하거나 목숨을 잃는 등 큰 희생을 치렀다[64].

### '버림돌' ― 오키나와 전투

1938년의 국가총동원법 공포는 경제적 기반이 취약한 오키나와에 심각한 영향을 미쳤다. 특히 쌀 부족이 심각하였다. 쌀공급의 상당 부분을 일본 본토와 대만에 의존하고 있던 오키나와는 일본 본토보다 1년 이른 1940년 4월부터 쌀 배급제를 시행하였다. 그러나 식량사정은 계속해서 심각하게 악화되었다. 배급은 1940년에 성립한 대정익찬회의 말단 조직 도나리구미隣組가 주관하였다. 주민의 전쟁 동원이 진행되는 가운데 도나리구미는 주민들을 서로 감시하게 만들고, 간첩 등의 혐의를 씌워 경찰에 밀고하게 하는 역할을 담당하였다. 1944년 8월에는 아이들을 태우고 미야자키宮崎로 향하던 소개선 쓰시마마루砖馬丸가 미군의 공격을 받아 침몰해서 많은 어린이가 희생되는 사건도 일어났다[65].

1944년 10월 미군이 필리핀에 상륙했다. 일본의 패전은 결정적이었지만 일본은 전쟁을 지연시키고 있었다. 미국은 본토 상륙은 불가피하다고 판단하고, 이를 위한 중계보급지로 오키나와 점령을 고려하였다. 오키나와 전투는 이런 상황에서 1945년 3월 말부터 6월 말까지 약 3개월에 걸쳐 오키나와 본섬을 중심으로 미군과 일본군 사이에서 벌어진 전투이다. 다수의 주민을 끌어들이면서 지상전이 전개되었고, 미군이 오키나와 본섬과 주변 섬들을 점령하면서 끝이 났다[66].

오키나와 전투의 기록과 이야기는 히메유리 부대*를 비롯하여[67] 엄청난 수에 달한다. '집단자결'에 대해서 지금까지 침묵하던 사람들도 입을 열기 시작하였다. 2007년, 집단자결은 군의 강제에 의한 것이라는 고등학교 일본사 교과서 내용을 삭제하라는 문부과학성의 검정 의견이 결정되었기 때문이었다. 보도에 따르면, 같은 해 9월 29일 이에 항의하는 현민대회가 열려 11만 명이 넘는 사람이 모였다. 그러나 검정 기준은 고쳐지지 않은 채 오늘에 이르고 있다.

오키나와 전투에서 최초로 지상전이 발생한 게라마慶良間 열도는 '집단자결'과 주민 학살이 시작되고 많은 희생자가 발생하였다. 당시 여섯 살이었던 아라사키 나오쓰네新崎直恒는 도카시키 무라渡嘉敷村에서 어머니와 여동생들이 희생되는 가운데 살아남았다. 손자가 당

---

* 오키나와 전투에 동원된 오키나와 여학생들로 구성된 간호부대.

시의 자신과 같은 여섯 살이 되었을 때, 딱 한 번 전쟁 경험을 이야
기하였다. 그러나 "가능하면 시간을 들여서 잊자, 잊어버리자고 노
력했기" 때문에 공개석상에서는 이야기한 적이 없었다. 하지만 그
러한 사실을 부정하려는 사태를 마주하자, "우리로서는 역사에서
말살된다는 것에 강한 분노를 느낀다. 오키나와 전투의 역사적 사
실이 왜곡되지 않을까 불안하다"고 말하면서 전쟁 당시의 상황을
분명하게 증언하였다[68]. 오키나와 전투의 '집단자결'에 대해서 철
저하게 연구한 하야시 히로후미林博史는 '집단자결'의 배경에 행정
과 '황민화' 교육 등이 있는 것도 사실이지만, 일본군의 강제와 유
도가 '집단자결'을 일으켰다고 말한다[69].

오키나와 전투는 일본 본토결전本土決戰*을 지연시키기 위한 '버
림돌捨石**'로서 지구전을 강요받았다. 방위대 등을 포함한 오키나
와 현민 희생자는 대략 15만 명에 달한다고 알려져 있다. 이는 일본
군 장병 7만 3천 명, 미군 사망자 1만 2,500명을 합친 수를 훨씬 웃
도는 숫자이다[70].

야카비 오사무屋嘉比收는 오키나와에서 "평화적 생존권을 규정한
헌법에 입각한, 일본 본토와 동일한 '전후戰後'는 아직 시작되지 않
았다"고 말한다. 그는 이러한 오키나와의 현 상황을 마주하기 위해
서는 반드시 일본군에 의한 주민 학살과 '집단자결' 강요가 자행된
오키나와 전투에 대한 '규명'이 필요하다고 주장하였다[71].

---

  * 태평양전쟁 말기, 미군의 일본 본토 상륙을 상정한 일본의 본토방위작전계획.
 ** 바둑에서 고의적으로 버려서 더 큰 이득을 얻는 데 활용하는 돌.

1  同和奉公会編『同和事業年鑑』1941年度版、同和奉公会、1942.
2  藤範晃「満洲移住と差別問題」『融和時報』152号、1939年7月.
3  下村春之助「満洲に住めば差別は解消する」『資源調整月報』38・39号、1941年6・7月.
4  「資源調整事業講習会に臨みて」『更生』35号、1941年1月.
5  部落解放同盟熊本県連合会鹿本支部・旧満州来民開拓団遺族会編・刊『赤き黄土——地平からの告発来民開拓団』1988.
6  『第65回帝国議会衆議院議事速記録』16号.
7  淺野均一「オリムピックで見たナチス」『文藝春秋』14巻11号、1936年11月.
8  『朝日新聞』1936年8月2日.
9  『キネマ旬報』721号、1940年7月.
10  滋野辰彦『キネマ旬報』722号、1940年7月.
11  田部重治『キネマ旬報』735号、1940年12月.
12  松本保平「太平洋戦争と光明学校」障害者の太平洋戦争を記録する会編『もうひとつの太平洋戦争』立風書房、1981.
13  『第75回帝国議会衆議院議事速記録』25号.
14  床次徳二「国民優生法に就いて」『民族衛生』9巻1号、1941年5月.
15  岡崎文規「日本における優生政策とその結果について」『人口問題研究』61号、1955年8月.
16  趙景達『植民地朝鮮と日本』岩波新書、2013.
17  外村大『朝鮮人強制連行』岩波新書、2012、pp.42-44、64、98、105-106、188、210.
18  外村大『在日朝鮮人社会の歴史学的研究——形成・構造・変容』緑蔭書房、2004、pp.326-335.
19  外村大、위의 책、2012、p.54.
20  内田すえの・此川純子・堀江節子『黒部・底方の声—黒三ダムと朝鮮人』桂書房、1992、pp.274-277.
21  『協和事業』2巻5号、1940年6月.
22  『厚生時報』9号、1940年10月.
23  『協和事業』3巻2号、1941年2月.
24  金達寿『わがアリランの歌』中公新書、1977
25  柳宗悦「国語問題に関し沖縄県学務部に答うるの書」『月刊民芸』1940年3月; 比嘉春潮・霜多正次・新里恵二『沖縄』岩波新書、1963.
26  比嘉 외、앞의 책、1963.
27  戸邉秀明「沖縄県民から見た方言論争」『沖縄県史各論編5』沖縄県教育委員会、2011.
28  大城立裕『同化と異化のはざまで』潮出版社、1972.
29  大城将保「国家総動員体制」『沖縄県史各論編5』2011.
30  東海林静男「戦時下における外国人の動向」『横浜市史Ⅱ 1巻(下)』、1996、pp.937-950.

31 陳洞庭「建国体操についての感想」『厚生時代』2巻2号、1939年2月.

32 松本角蔵「建国体操出初式」『厚生時代』2巻2号.

33 呉伯康「宴会中一言申上げます」『厚生時代』2巻2号.

34 藤田甚兵衛「次代の青年と建国体操」『厚生時代』2巻9号、1939年9月.

35 久保寺玄造「建国金鵄会証書授与式並に建国行進」『厚生時代』2巻 4号、1939年4月.

36 「厚生省体力局長横浜市に於ける「建国体操」を視察す」『厚生時代』2巻5号、1939年5月.

37 「建国体操寒中修練会記」『厚生時代』4巻2号、1941年2月.

38 成田龍一「総力戦とジェンダー」大口勇次郎ほか編『ジェンダー史』山川出版社、2014、p.369.

39 『体性』29巻7号、1942年7月.

40 歩兵219連隊附属第7中隊「昭和18年度諸規定綴」防衛省防衛研究所所蔵.

41 『断腸亭日乗4』岩波書店、1980.

42 千田夏光『従軍慰安婦──"声なき女"8万人の告発』双葉社、1973、pp.24-28.

43 陸軍省「昭和13年陸支密大日記」10号、防衛省防衛研究所所蔵.

44 福田利子『吉原はこんな所でございました──廓の女たちの昭和史』主婦と生活社、1986.

45 吉見義明・林博史編著『共同研究日本軍慰安婦』大月書店、1995.

46 台湾軍「南方派遣渡航者ニ関スル件」陸軍省「昭和17年陸亜密大日記」23号、防衛省防衛研究所所蔵.

47 이상,「種村氏警察資料」国立公文書館所蔵.

48 浪江洋二編『白山三業沿革史』雄山閣出版、1961.

49 早田皓「誰が東亜の癩を戡定するか」『愛生』12巻4号、1942年4月.

50 下村宏「軽症患者の一部をして南方救護のため進出せしめよ」『愛生』13巻1号、1943年1月.

51 東洋癩生「大東亜救癩進軍譜」『愛生』13巻1号.

52 「南方救癩に処する我等病者の心構へ」『愛生』13巻3号、1943年3月.

53 「「御歌」海を渡る」『山桜』24巻10号、1942年10月.

54 「島田等資料」長島愛生園『愛生』編集部所蔵.

55 美濃口時次郎『人的資源論』八元社、1941.

56 浅井利勇「精神薄弱者及び精神病質者対策」諏訪敬三郎編『第2次世界大戦における精神神経学的経験──国府台陸軍病院史を中心として』国立国府台病院、1966.

57 清水寛編著『日本帝国陸軍と精神障害兵士』不二出版、2006.

58 高木俊一郎『私の歩んだ道』私家版、1985.

59 金城均「沖縄移民の経緯」『沖縄県史各論編5』2011.

60 今泉由美子「沖縄移民社会」『沖縄県史各論編5』2011.

61 今泉由美子、위의 책、2011; 今泉裕美子「<視点>地上戦から何を学ぶか」『琉球新報』2014年7月7日.

62 新垣安子「フィリピンの戦争と沖縄移民」『沖縄県史各論編5』2011.

63 「社説 南洋群島戦訴訟——国策の犠牲者に謝罪を」『琉球新報』2013年8月16日.

64 宮城晴美「満州と開拓団」『沖縄県史各論編5』2011.

65 黒川みどり「地域・疎開・配給——<都市と農村>再考」『岩波講座アジア・太平洋戦争6』岩波書店、2006.

66 林博史『沖縄戦——強制された「集団自決」』吉川弘文館、2009.

67 仲宗根政善『ひめゆりの塔をめぐる人々の手記』角川文庫、1982(『沖縄の悲劇——姫百合の塔をめぐる人々の手記』라는 제목으로 1951년에 華頂書房에서 간행.); 仲宗根政善『ひめゆりと生きて——仲宗根政善日記』琉球新報社、2002.

68 謝花直美『証言沖縄「集団自決」——慶良間諸島で何が起きたか』岩波新書、2008.

69 林博史、앞의 책、2009、p.204.

70 謝花直美、앞의 책、2008.

71 屋嘉比収編『沖縄・問いを立てる4友軍とガマ』社会評論社、2008.

제4장

# 다시 그어지는 경계

제국의 해체

    패전으로 인해 식민지·점령지를 상실하고 제국의 해체가 불가피해진 일본은 재일코리안을 비롯한 옛 식민지·점령지와 오키나와 사람들에게 희생을 강요하며 국민국가의 재생을 도모해 갔다. 천황제를 지지하는 정신구조의 근원적 변혁에는 이르지 못한 채, '공감의 공동체'(사카이 나오키酒井直樹)가 다시 일어났다. 그것은 '비일본국민'에 대한 배제와 표리일체를 이루는 것이었다. 민주화가 추진되는 가운데 '이에家' 제도와 지주제地主制도 소멸했지만, 의식의 변혁은 제도의 변혁을 따라가지 못했다. 전후 부흥이 진행되는 가운데 도시와 농촌 간의 격차는 한층 확대되고 봉건적인 의식의 잔재가 여성이나 피차별부락 등에 대한 차별을 뒷받침하고 있었다는 사실도 간과할 수 없다. 또 유전학·우생학도 태평양전쟁 전보다 한층 더 기승을 부리며 피차별부락과 한센병 환자를 비롯한 병자, 장애인 등에 대한 차별을 낳았다.

# 1. 일본의 헌법과 평등권

## 제약당한 인권

아시아·태평양전쟁에서 일본의 패색이 짙어진 1943년 12월 1일 이집트 카이로에 모인 연합국의 수뇌 프랭클린 루스벨트Franklin Roosevelt 대통령(미), 윈스턴 처칠Winston Churchill 수상(영), 장제스蔣介石 총통(중국)은 일본 패전의 사후처리를 위해 회담을 열고 '카이로 선언'을 발표했다. 이들은 여기에서 "1914년 제1차 세계대전 개시 이후 일본이 탈취하거나 점령한 태평양의 모든 도서島嶼를 박탈하고 만주, 대만 평후섬澎湖島과 같이 일본이 청나라로부터 빼앗은 지역 일체를 중화민국에 반환할 것, 그리고 일본은 그들이 폭력과 탐욕으로 약탈한 다른 모든 지역에서 물러날 것", "한국 인민의 노예 상태에 유의하여 지체 없이 한국을 자유 독립하게 할 것"을 결의했다.

또한, 1945년 7월 26일 미국의 트루먼Harry S. Truman 대통령, 처칠 수상, 장제스 총통의 이름으로 독일 포츠담에서 일본에 항복을 요구하며 발표한 '포츠담 선언'에서는 "카이로 선언의 조항은 이행되어야 하며 일본의 주권은 혼슈本州·홋카이도北海道·규슈九州·시코쿠四国 및 연합국이 결정하는 여러 작은 섬들에 국한될 것이다." 라고 언명했다. 이로써 일본 영토는 홋카이도·혼슈·시코쿠·규슈와 주변 제도諸島로 한정되었다. 8월 14일 일본은 포츠담 선언을 수락하고, 다음날인 15일 천황의 목소리로 그 뜻을 국민에게 고하고 패배를 맞이한다. 1931년의 류탸오후柳條湖 사건에서 촉발된 아시아・태평양전쟁은 이렇게 끝이 났다. 패전 후 일본은 연합국군의 점령하에서 연합국 군 최고사령관 총사령부(GHQ)의 간접통치를 받게 되었는데, 이는 사실상 미국에 의한 단독점령이나 다름없었다. 이 점령군의 통치하에 이른바 여러 '민주화'가 단행되어 전후의 일본은 민주주의 시대를 맞이하게 되었다.

이 민주화의 상징이 바로 일본의 헌법이다. 1946년 11월 3일 대일본제국헌법은 개정 절차를 밟아 일본국헌법日本國憲法이 공포되었고, 1947년 5월 3일부터 시행되었다. 새 헌법은 제11조에서 침범할 수 없는 영구적 권리로서 기본적 인권의 존중을 주창했고, 이 기본적 인권 중 하나인 평등권에 관해서는 제14조에서 "'모든 국민은 법 아래에서 평등하며 인종, 신조, 성별, 사회적 신분 또는 가문에 의해 정치적 경제적 또는 사회적 관계에서 차별받지 아니한다.', '화족華族* 그 밖의 귀족 제도는 인정하지 않는다', '영예, 훈장 그 밖의 영전榮典** 수여에 어떤 특권도 따르지 않는다. 영전은 현재 수여 받았거나, 앞으로 받을 사람 1대에 한하여 그 효력을 갖는다.'"고 명기했다.

GHQ에서 일본의 헌법 초안을 작성한 경과를 개관하면 1946년 2월 4일 GHQ의 민정국民政局(GS) 내에 작업반이 편성되어 헌법 초안의 기초작업이 시작되었다. 당시 작업반 인권소위원회 멤버였던

---

* 1869에 기존의 공경(公卿), 제후(諸侯)라는 칭호를 없애고 1947년까지 근대일본의 귀족계급을 지칭한 표현. 법 아래에서 모든 국민의 평등을 선언한 일본의 새 헌법에서는 화족을 포함한 그 어떤 귀족도 인정하지 않는다.

** 국가와 사회에 공헌한 사람을 표창하여 부여하는 것으로, 일본의 경우 위계・훈장・포장(褒章) 세 가지가 있으며, 자격은 본인 1대만 유지된다.

베아테 시로타 고든Beate sirota Gordon은 부락문제를 염두에 두고, 법 아래의 평등이라는 조문 안에 차별해서는 안 되는 대상으로서 'caste'라는 말을 적었다고 한다.[1] 1978년, 시로타는 "제14조의 첫 문장에서 나는 '카스트'에 관해 명확히 해야 한다고 생각했습니다. 그렇지 않으면 차별은 계속될 것이라고 우려했기 때문입니다."라고 밝혔다.[2]

분명 1946년 2월 12일에 완성된 'GHQ초안'에는 차별해서는 안 되는 대상으로서 'race', 'creed', 'sex', 'social status', 'national origin'과 더불어 'caste'라는 말이 기록되어 있었다. 그리고 법 아래의 평등을 보장받는 것은 'all natural persons'라고 명기되어 있었다. 이 '초안'을 제시받은 시데하라 기주로幣原喜重郎 내각은 '초안'의 법 아래의 평등에 관하여 "일체의 자연인은 법률상 평등하다. 정치적, 경제적 또는 사회적 관계에서 인종, 신조, 성별, 사회적 신분, 계급 또는 국적의 기원 여하에 따라 어떤 차별적 대우도 허용 또는 묵인당하는 일이 없어야 한다."고 번역했다. 그러나 그 후 시데하라 내각은 그 내용을 대폭 수정해 3월 2일 GS에 제출한 '일본국헌법' 안에는 "모든 국민은 법률 아래 평등하며 인종, 신조, 성별, 사회상의 신분 또는 가문으로 인해 정치상, 경제상 또는 사회상의 관계에서 차별받지 않는다."고 기록했다. 법 아래의 평등이 보장되는 것은 '국민'으로 한정된 것이다. 이에 대해 GS는 수정을 요구했고, 3월 5일에 내각이 작성한 안에는 "모든 자연인은 일본의 국민인가 아닌가 여하를 불문하고 법 아래 평등하며 인종, 신조, 성별, 사회상의 신분 혹은 가문 또는 국적으로 인해 정치상, 경제상 또는 사회상

161

의 관계에서 차별받지 않는다."라고 수정되었다. 즉, GS와 시데하라 내각은 법 아래 평등을 보장하는 대상을 '국민'에 한정하느냐 마느냐로 대립했던 것이다. 그리고 3월 6일 이후 시데하라 내각과 GS 사이에 이 문제를 둘러싸고 논쟁이 이어지다 결국 '국민'으로 한정한다는 시데하라 내각의 주장이 관철되고 만다. GS는 왜 타협을 한 것일까? 그 이유에 관해 GS의 차장이었던 찰즈 케디스Charles.L. Kades는 당시 미국에서도 "외국인이 미국시민과 100% 평등하지는 않았습니다."라고 설명했다.[3] 이렇게 해서 6월 25일 제1차 요시다 시게루吉田茂 내각에 의해 '제국헌법개정안'이 중의원에 제출된다. 이 개정안 13조에는 "모든 국민은 법 아래 평등하며 인종, 신조, 성별, 사회적 신분 또는 가문으로 인해 정치적, 경제적 또는 사회적 관계에서 차별받지 않는다."는 내용이 제시되어 있었다. 이렇게 법 아래 평등이 '국민'으로 한정된 것은 결국 다음 절에서 서술할 재일코리안의 인권에 큰 영향을 미치게 되었다.

그런 한편 7월 16일 제90회 제국의회중의원제국헌법개정안위원회에서 수평사水平社* 운동 활동가였던 일본사회당의 다하라 하루지田原春次가 이 '사회적 신분'에는 피차별부락 사람들이 포함되는가를 질문하자, 헌법을 담당하는 국무대신 가네모리 도쿠지로金森德次郎는 "저는 이 규정의 유의미한 주안점은 바로 거기에 놓여 있다고 믿고 있습니다." "제반 차별이 행해질 경우, 국법이 눈을 감고 있어서는 안 되기 때문에 그에 대해 충분한 조치를 강구해 다시

---

* 1922년에 결성된 일본의 부락해방운동단체인 전국수평사(全国水平社)의 약칭으로 전수(全水)라고도 한다.

는 그런 일이 일어나지 않도록 해야 한다는 취지의 원칙이 제13조에 실려 있는 것"이라고 단언했다.[4] 일본국헌법은 부락차별을 명확히 부정한 셈이다. 이렇게 헌법 제14조는 성립되었다.

제12조에서는 "이 헌법이 국민에게 보장하는 자유 및 권리는 국민의 부단한 노력으로 보호하고 유지해야만 한다. 또 국민은 이를 남용해서는 안 되며 항상 공공의 복지를 위해 이를 이용할 책임을 진다."고 규정했다. 또 제13조에서도 "모든 국민은 개인으로서 존중받는다. 생명, 자유 및 행복추구에 대한 국민의 권리는 공공의 복지에 반하지 않는 한, 입법 그 밖의 국정國政에 있어 최대의 존중을 필요로 한다."고 명기함으로써 기본적 인권에 대해 '공공의 복지'에 반하지 말아야 한다는 제약을 둔 것은 그 이후 인권 보장을 제약하는 결과가 되었다.

그렇다면 이 '공공의 복지'란 무엇을 의미하는 것일까? 1947년 문부성文部省이 중학생의 부교재로 작성한『새 헌법 이야기あたらしい憲法のはなし』에서는 기본적 인권에 관하여, "이것을 함부로 휘둘러서 다른 사람들에게 폐를 끼쳐서는 안 됩니다. 다른 사람들도 여러분과 같은 권리를 갖고 있다는 것을 잊어서는 안 됩니다. 헌법에는 나라 전체의 행복이 될 수 있도록 이 중요한 기본적 인권을 지켜갈 책임이 있다고 쓰여 있습니다."라고 설명하고 있다. 이 해석에 기초하면 '공공의 복지'에 위반되면 안 된다는 것은 자신의 인권을 주장하기 위해 타인의 인권을 침해하는 행위는 허용되지 않는다는 뜻이 된다. 또, 법학자 가이노 미치타카戒能通孝는 그의 저서『시민의 자유—기본적 인권과 공공의 복지』[5] 안에서 "시민이 생활 일반에

163

서 그 누구나 민폐로 느끼고, 그 누구나 제거를 용인할 수 있는 범죄, 불법행위, 재난 또는 그 가능성을 제거하는 것은 공공의 복지에 합치되는 행위이다."라고 기술하고 있다. 그리고 그 구체적 예로 범죄자의 체포, 전염병 예방을 위한 소독·예방주사의 강제 등을 들고 있다. 가이노는 기본적 인권을 제약하는 '공공의 복지'를 범죄·불법행위·재난의 제거라고 특정한 것이다.

그러나 현실적으로 '공공의 복지'라는 말은 다수자의 행복을 위해 소수자의 인권은 제약당해도 어쩔 수 없다고 해석되었다. 예를 들면 제5장 1절에 제시한 바와 같이 한센병 환자에 대한 강제 격리 정책은 이러한 논리로 정당화되어 갔다.

## 상징천황제와 차별

일본국헌법과 평등권에 관해 논할 때, 전후 일본의 천황제에 대해 한 가지 더 언급해 두어야 할 점이 있다. 패전 직후, 쇼와 천황에 대해 전범론戰犯論 혹은 퇴위론도 제기되었지만, GHQ는 점령정책 수행상의 이점을 중시하여 그를 전범으로 추궁하지도 퇴위를 요구하지도 않았다. 천황은 1946년 1월 1일 '조서詔書'에서 "짐과 그대들 국민과의 유대는 언제나 상호 신뢰와 경애로 맺어져 있다. 이는 단순히 신화와 전설로 생겨난 것도 아니며, 천황을 아키쓰미카미現御神*로 여기며 일본국민이 다른 민족보다 우월하고 더 나아가 세계를

---

* 현세에 모습을 드러낸 신이라는 뜻으로, 천황을 지상에 강림한 천손의 후예로 간주하며 부르는 존칭.

지배할 운명이라는 가공의 관념에 의거하는 것도 아니다.”라고 기술했다. 이것이 이른바 '천황의 인간 선언'이라 불리는 것이다. 그리고 일본국헌법상으로도 천황은 '주권이 존재하는 일본국민의 총의에 토대를 둔' '일본국의 상징이며 일본국민 통합의 상징'으로 자리매김됐다. 이로써 천황은 법적으로는 정치로부터 분리되었다.

천황은 GHQ의 의향에 따라 '인간 천황', '상징 천황'의 모습을 국민에게 각인시키기 위해 1946년 2월부터 전국 순행을 개시한다. 그것은 실로 '상징천황제를 위한 퍼포먼스'라 할 수 있는 행동이었다[6]. 그러나 순행의 목적은 단지 그뿐만이 아니었다. 전후 사회운동과 노동운동이 고양되는 가운데 노동자에게 친밀하게 대하는 언동을 통해 "노동과 자본의 협력 붐을 조성하는 데에 천황이 한몫을 담당하고 있었던" 것이다[7]. 이는 분명히 정부나 GHQ의 의향을 수용한 정치적 활동이었다.

천황의 순행지로 탄광이 적극적으로 선정된 것은 석탄 산업이 전후의 경제 부흥을 위해 중요했을 뿐만 아니라, 당시 탄광노동운동이 격화되고 있었기 때문이기도 했다.

1947년 8월 5일, 도호쿠東北 순행 첫날 천황은 후쿠시마 현福島県 조반탄광常磐炭礦의 이와키광업소磐城礦業所를 방문하여 갱내로 들어갔다. 당시 탄광에서 30년간 근속했던 한 노동자는 석탄 증산을 요구하며 행차한 천황의 모습을 보고 "사회에서 가장 밑바닥으로 취급받으며, 평범하거나 정상적이지 않은, 일종의 특별히 비천한 곳으로 비춰지던, 그래서 우리 자신도 주변의 그런 시선에 휩쓸려 스스로 비하해온 이 탄광에, 그것도 가장 더웠던 시기에 폭염을 뚫고

폐하께서 친히 납시어 우리를 격려하시고 위문하신다는 것이 정말로 황송했다."며 감격스러워 했다[8]. 폭염 속에 천황이 갱내로 내려와 '밑바닥'에 있는 '일종의 특별하게 비천한 사회'에 속한 사람들과 같은 지점에 선다고 하는 행위가 탄광노동자들의 마음을 제대로 사로잡은 것이다. 자신도 탄광노동을 경험한 적이 있는 우에노 에이신上野英信은 가혹한 노동과 압제, 착취 속에서 탄광노동자 자신이 스스로를 '하죄인下罪人', '망자亡者'라고 자조했음을 지적했는데[9], 천황의 행동은 탄광노동자들의 이러한 피차별 의식에 희망으로 비쳤던 것이다.

천황의 순행을 계기로 조반탄광에서는 노사 쌍방의 협조를 통한 석탄 증산의 결의를 새로 다져나간다. 당시 상황을 취재했던 『후쿠시마민보福島民報』의 기자는 "갱부들이 감격에 겨워하는 옆모습을 보고" "이 감격이 신문과 라디오를 통해 전국의 탄광으로 파급되어 석탄 생산이 훌쩍 증가하게 되면 얼마나 기쁠까!"라며 감격에 차서 펜을 들었다.[10] 마찬가지로 이 순행을 취재했던 『후쿠시마민우신문福島民友新聞』 기자들도 천황이 탄광 갱내까지 내려간 사실을 중시하며 "지하까지 들어가신 폐하께서 끼친 영향이 실로 크다. 맨몸으로 폐하와 직접 이야기를 나누는 일은 거의 전례가 없을 것이다."라며 석탄 증산에 대한 기대감을 표했다[11].

이런 현상은 1949년 5월, 천황이 규슈九州를 순행했을 때 도지 라인Dodge line 하의 디플레이션 정책에 반발하는 쟁의에 휩싸여있던 후쿠오카 현福岡県의 다가와田川・이이즈카飯塚・오노가타直方, 미이케三池, 사가 현佐賀県의 기지마杵島, 나가사키 현長崎県의 센류潜龍 탄광

등을 방문했을 때도 마찬가지였다. 탄광 노동자들은 천황을 맞이
해 감격했고, 쟁의는 해결되는 방향으로 나아갔다.

전후 여성 황족뿐만 아니라, 군복을 벗은 천황과 남성 황족들도
적극적으로 복지와 의료 현장을 방문해 차별받았던 사람들, 혹독
한 생활환경에 놓여있던 사람들을 위문했다. 그것은 인권을 빼앗
겼던 사람들이 인권의식을 자각해가는 것을 마비시키고, 불만을
품지 않은 채 국가와 사회에 감사하며 살 것을 강요해나간다. 천황
의 순행은 그러한 상징 천황의 새로운 역할을 표방하는 것이었다.

한편으로 천황의 순행은 전쟁 전과 다를 바 없는 국가의 차별의
식도 드러냈다. 천황의 규슈 순행에 앞서 경찰은 규슈 각지의 우익
단체와 노동조합, 공산당의 활동, 그리고 재일코리안의 동향, 후쿠
오카 현 피차별부락의 동향을 조사해 각각 '제3국인관계동향'과
'전수全水관계자동향'이라는 이름의 보고서를 작성해 궁내부宮內府*
로 보냈다. '전수관계자동향'에는 다음 절에서 기술할 부락해방전
국위원회의 위원장이자 후쿠오카 현의 선출 참의원 부의장이었던
마쓰모토 지이치로松本治一郎가 1월에 공직에서 추방당하자 후쿠오
카 현내 피차별부락의 움직임을 주시하며 "일부 급진 분자들은 목
숨을 걸고라도 해제解除를 도모해야 한다는 강경한 입장이기 때문
에 경시할 수는 없지만, 현재로서 특이한 동향은 없다."고 보고한
내용이 기록되어 있다[12]. 재일코리안과 피차별부락 주민을 치안상

---

* 1947년 5월 3일부터 1949년 6월 1일까지 존재했던 궁내청(宮內庁)의 전신. 궁
   내청은 일본 황실 관계의 국가 사무, 천황의 황실의식에 관련된 사무, 국새(國
   璽)의 보관 등을 소관하는 일본 내각부의 행정기관.

위험시하는 편견은 전후에도 여전했으며 아주 당연하다는 듯이 그들을 경찰의 감시하에 두었던 것이다.

## 2. 다시 그어진 경계와 인구의 유동

### 버려진 사람들

대일본제국의 붕괴와, 그에 수반하는 국민국가의 경계선 다시 긋기는 대량의 인구 유동을 발생시켰고, 철수, 송환, 잔류殘留 속에서 마이너리티의 다양한 문제들이 부상하게 되었다. 패전 당시 해외에 있던 일본인은 군인과 군속軍属, 일반 자국인을 합치면 약 660만 명에 이르며, 그 가운데 약 절반이 일반 자국인이었다고 한다[13].

지역별로는 '구舊만주'가 155만 명으로 압도적으로 많았는데, 그 중 '만몽개척단滿蒙開拓團'의 재적자가 약 27만 명이었다. 패전 전야에 군인으로 현지에서 소집된 남자 4만 7천 명을 제외하면 소련 참전 당시(1945년 8월 9일) 개척단의 실제 수는 22만 3천 명이었는데, 그 대부분은 노인과 여성, 그리고 아이들이었다[14]. 가진 것이라곤 대개 약간의 경작지밖에 없던 이 사람들은 쇼와공황昭和恐慌*을 극복하기 위해 실시된 농산어촌경제갱생계획農山漁村経済更生計畵의 실패로 인해 버려진 자들이었다. 그러나 이들이 이주할 당시 '개척'이란 말은 그저 명목일 뿐, 흡사 도둑과 다를 바 없이 현지에 거

---

* 1929년 10월에 미국발 세계공황의 여파로 1930년부터 1931년에 걸쳐 일본경제가 심각한 위기상황에 빠졌던 공황.

주하던 중국인들이나 조선인들의 토지를 빼앗는 등 침략자로서 행동했던 것은 부정할 수 없다. 그런 까닭에 소련 참전으로 인한 현지 농민들의 원망과 한탄은 자연히 개척단으로 향하게 되었다. 단원들을 지켜야 할 관동군関東軍이 잽싸게 도망쳐버리자 혼란의 소용돌이 속에서 개척단 사람들은 살해되거나 자결을 강요받았다. 그리고 살아남은 사람들은 수많은 사상자를 내면서도 계속해서 일본을 향해 피난을 떠났다.

철수하는 과정에서 8만 명이나 되는 사람들이 목숨을 잃었고, 그 가운데 여성들은 소련군뿐만 아니라, 일본인들에게까지 강간을 당했다. 그러나 '일본이라는 공동성' 때문에 그녀들은 피해 사실에 대해 언급조차 못 한 채 입막음을 당해 왔다. 또 철수할 때까지 정착지에 머물렀던 기후 현岐阜県 구로카와黒川 개척단의 경우에는 소련군을 대상으로 한 '접대소接待所'를 제공했는데, 그곳에서 강간의 제물이 된 것은 '출정 병사의 아내'가 아니라, '독신 여성'들이었음이 밝혀졌다. 그곳 개척단의 남성 간부들과 출정 병사들 사이에는 호모소셜리티Homosociality, 즉 '남성에 의한 여성의 지배를 전제로, 이를 공유하는 남성들 간에 발생하는 연대의식'이 존재했는데, 이 남성연대는 결국 여성들 내부에도 분단을 초래하게 되었다.[15]

그런 한편 철수 과정에서는 수많은 여성과 아이들이 버려졌는데, 이들은 나중에 '중국 잔류 고아' '중국 잔류 부인'으로 인식되게 되었다[16].

35년에 걸친 식민지 지배 기간에 일본으로 이동했던 방대한 수의 조선인은 50만 명 정도가 그대로 잔류하게 되는데, 일본인은 조선인을 대등한 존재＝주체가 아니라 자신들 마음대로 옮겨도 되는 객체로밖에 인식하지 않았다. "다민족국가였던 전쟁 전의 일본도, 단일민족국가가 되고자 했던 전후의 일본도, 조선인을 동등한 권리를 지닌 평등한 주체가 아니라 자기 편할 대로 처우하겠다는 일본인 중심주의적인 발상으로 접근해왔던 점에는 변함이 없"었다[17].

제1차 세계대전 후 '소철蘇鐵지옥'이라 불리는 경제적 곤궁 속에서 이민·이주자가 많았던 오키나와沖繩에서는 패전 직후에 통치권이 일본에서 미국으로 이행됨으로써 원활한 귀향을 저지당한 오키나와 출신 사람들은 결과적으로 1년간에 걸친 난민 생활을 강요받게 되었다[18]. 결국 오키나와 출신은 오키나와에 남아있던 사람들을 포함해 '비일본인'으로서의 처우를 강요당하는 상황이 되어갔다.

이리하여 국민국가로서 재생을 도모했던 일본은 기본적 인권의 존중을 구가하며 평등과 민주주의를 내세운 일본국헌법 하에 인심을 규합해 나갔다.

### 일본인과 외국인의 경계 — 입관체제

앞 절에서 기술한 바와 같이 일본국헌법이 보장한 것은 '국민'에 한정된 평등권이었다. 그러나 패전 직후의 일본에는 여기에서 말하는 '국민'에 해당되는지 여부가 극히 애매한 처지에 놓여있는 사람들이 많았다. 전후 일본에는 일본국헌법이 정한 기본적 인권 존중의 테두리 밖에 놓인 사람들이 수없이 많이 존재했다는 현실을 직시해야 한다.

GHQ는 한국에 대한 일본의 식민지 지배가 종료되자 재일코리안의 철수를 장려했고 1946년 3월 말까지 약 130만여 명의 재일코리안이 철수했다. 그러나 한편으로는 1946년 11월 5일, '조선인 철수에 관한 총사령부 민간정보교육국 발표'를 통해 "철수를 거부하는 조선인은 정식으로 수립된 조선 정부가 조선국민으로 승인할 때까지 일본 국적을 갖는다."는 방침을 제시하고 일본에 잔류하는 재일코리안에게는 일본 국적을 인정했다. 이러한 GHQ의 방침에 따라 한반도에 대한민국과 조선민주주의인민공화국이라는 두 개의 정부가 성립되어 분단과 혼란이 진행되는 가운데 약 50만 명의 한국인·조선인*이 일본에 잔류했고, 일단 철수했던 한국인들 가운데 재입국하는 이들도 생겨났는데 이런 재입국은 밀입국으로 취급되었다. 한반도에 정당한 정부가 성립될 때까지 재일코리안의 지위는 극히 불안정했다.

이러한 상황에 대해 GHQ는 1946년 2월 17일, '조선인, 중국인, 류큐인琉球人 및 대만인의 등록에 관한 총사령부각서朝鮮人, 中国人, 琉球人 及び台湾人の登録に関する総司令部覚書'를 발표해 "일본제국 정부는 일본에 거주하는 모든 조선인, 중국인, 류큐인 및 대만인을 1946년 3월 18일까지 등록할 것"을 요구했다. 일본 정부는 이를 받아들여 1947년 5월 2일에 칙령 '외국인등록령'을 발포했고, "대만인 중 내무대신이 정하는 자 및 조선인은 이 칙령의 적용에 관해서는 당분간 외국인으

---

* 일본에서는 국적이 남한일 경우는 '한국인', 북한일 경우는 '조선인'으로 부르는 것이 일반적이다. 본서에서는 양자를 통합해서 부를 경우에는 '재일코리안'으로 용어를 통일해 번역했다.

로 간주하기"로 했다. 그러나 1949년 4월 28일 재일코리안의 청원권 및 국적에 관해 최고재판소 사무총장이 참의원법제국장 앞으로 보내는 회답에는 "종전 전부터 계속해서 일본에 재주在住하는 조선인은 강화조약 체결까지는 특별한 규정이 있는 경우를 제외하고 종전대로 일본 국적을 갖는 것으로 취급할 수밖에 없다."고 기록되어 있었다.

1950년 4월 19일, 제7회 국회 참의원 법무위원회에서는 법무성의 민사국장 무라카미 도모카즈村上朝一가 "소위 제3국인이라고 해야 할까요? 조선인 및 대만인 말입니다만, 조선인의 국적 문제도 결국에는 강화조약에 의해 결정되기 때문에 그때까지는 일본 국적을 갖는 것으로 해석하고 있습니다. 포츠담 선언으로 일본 영토에서 제외될 것이 확정적으로 예정되어 있고, 사실상 외국인에 준해 취급하는 것이 타당하기 때문에 우리 국내법 안에서, 예컨대 외국인등록령에서도 조선인 및 대만인은 외국인으로 간주하는 것으로 되어있습니다만, 국적법의 해석으로서는 여전히 일본 국적을 갖는 것으로 해석하고 있습니다."라고 답변함으로써[19] 일본 정부도 애매하게 판단하고 있음을 폭로했다. 결국, 1948년에 한반도에 조선민주주의인민공화국과 대한민국 두 정부가 병립하는 상황에서 재일코리안은 '일본국적을 유지하는 외국인'이라는 지위를 부여받았다.

이렇게 애매한 취급은 일본의 국내법 적용에 관해 혼란을 초래했다. 예를 들면 당시의 나병예방법癩予防法에는 도주를 꾀하거나 직원에게 반항하는 등 요양소의 규율을 거스른 환자에게는 소장의 판단으로 감금, 근신 등의 처벌을 가하는 것이 허용되는 징계검속

규정懲戒檢束規定이 존재했었는데, 이러한 처벌을 앞으로 재일코리안 환자에게 적용해도 되는가 하는 의문을 나가시마 아이세이엔長島愛 生園이 후생성厚生省에 제출했다. 이에 대해 1949년 3월 1일, 후생성 의무국장은 전국의 국립한센병 요양소장에게 "법무청의 견해에 따르면 현재 일본은 독립국이 아니므로 조선이 가령 독립한 것과 같은 상태를 갖춘 현재도 일본인으로서는 이를 승인할 권한이 없 다. 따라서 현실적인 문제로 일본에 거주하는 조선인에 대해서는 일본인과 완전히 동일한 취급을 하는 것이 당연하며 징계검속규정 의 적용도 지장이 없다는 취지이다."라고 지시했다[20]. 이로써 격리 된 재일코리안 환자는 이후에도 징계·검속의 대상으로 간주되었 을 뿐만 아니라, 민족차별감정으로 인해 그 존재 자체가 위험시되 어 갔다.

## '제3국인'이라는 차별

덧붙여 재일코리안과 대만인이 '제3국인'이라고 불리고 있는 점 에 관해 유의하고자 한다. '제3국인'이란 본래 전쟁 당사자, 즉 승 전국 국민도 패전국 국민도 아닌 '제3국'의 국민이라는 의미로 말 자체에 특정 국가의 국민을 차별하는 의미는 없었다. 그러나 패전 직후의 일본에서는 특히 재일코리안에 대한 차별어로 사용되게 되 었다.

1951년 9월 8일에 샌프란시스코강화조약이 조인되고 일본은 미 국 등의 자유주의 진영과 '단독강화'를 실현했다. 이 조약에는 "일본국은 조선의 독립을 승인하고 제주도, 거문도 및 울릉도를 포함한 조선에 대한 모든 권리, 권원權原 및 청구권을 방기한다. 일본국은 대만 및 펑후澎湖 제도에 대한 모든 권리, 권원 및 청구권을 방기한다."고 명기되었고, 이로써 패전 후의 일본의 영토가 명확히 규정되었다.

이 조약이 조인된 후 10월 4일에 출입국관리령이 공포되었는데, 일본 영토로 상륙을 금지하는 대상으로는 전염병예방법·나병예방법 적용자, 빈곤자·방랑자, 1년 이상의 징역·금고경험자·마약·매춘관계자 등이, 그리고 일본 영토로부터의 강제퇴거 대상으로는 나병예방법·정신위생법적용자, 출입국관리령을 위반한 입국자, 외국인등록령 위반자 등이 각각 규정되었다. 1952년 4월 28일, 샌프란시스코강화조약이 발효되자 이날을 기하여 재일코리안, 대만인은 외국인으로 결정하는 출입국관리령이 법률화되었다. 외국인등록령은 외국인등록법이 되었는데, 그 제14조에 외국인의 지문날인이 규정되어 있다. 재일코리안은 결국 외국인으로서 지문날인을 강요받게 된다. 다만 일본이 항복문서에 조인한 1945년 9월 2일 이전부터 일본에 재류 중이었던 재일코리안과 대만인은 당장 재류자격을 갖지 못해도 일본에 재류하는 것을 인정받았다.

이렇게 해서 재일코리안의 지위는 간신히 안정된 것처럼 보였지만, 한편으로는 이들이 일본의 패전 후 식민지 해방을 기뻐하는 것에 대한 반감에서 민족차별감정이 고조되어 있었다. 또 재일코리안 유력 단체인 재일본조선인연맹在日本朝鮮人聯盟 멤버는 일본공산당의 유력 구성원이기도 해서 치안대책 상으로도 재일코리안은 위험시되고 있었다. 이러한 가운데 재일코리안=범죄자라는 차별관이 격렬하게 일어나게 되었다.

1946년 7월 23일, 제1차 요시다 시게루 내각의 내무대신 오무라 세이이치大村淸一는 제90회 제국의회 중의원 본회의에서 재일코리안을 '상궤를 벗어나는 불법행위'를 하고, '사회 인심을 불안에 빠뜨리는' 존재라는 발언을 했다.[21] 그리고 이러한 인식은 야당도 마찬가지였다. 1954년 5월 26일, 제19회 국회 중의원 법무위원회에서 일본사회당 우파인 쓰쓰미 쓰루요堤ツルヨ는 재일코리안을 '제3국인'이라고 부르며, 필로폰 밀조密造와 후술할 '아카센赤線', 즉 정부가 매춘을 묵인했던 '특수음식점' 경영 등에 종사하는 반사회집단인 것처럼 계속 비난했다[22].

그러나 쓰쓰미의 이 발언은 사실이 아니다. 1947년 6월에 내무성 경보국警保局이 실시한 '행정경찰집무자료조사'에서 '특수음식점' 경영자 수는 일본인이 6031명임에 비해 '조선인'으로 기록된 사람은 40명에 불과했다[23]. 조사가 이루어진 1947년부터 쓰쓰미의 발언이 있었던 1954년까지 몇 년 사이에 다소의 변화가 있었다 해도 쓰쓰미의 발언이 사실에 기초하지 않은 예단과 편견에 찬 주장이었음은 의심할 여지가 없다.

다음으로 재일코리안은 의료·위생 면에서도 공포와 차별의 대상이 되었다. 앞에서 언급한 출입국관리령에 따르면 나병예방법 대상자, 즉 한센병 환자는 국외 퇴거의 대상이었다. 1952년 4월 22일, 입국관리청 심판조사부장 스즈키 마사카쓰鈴木政勝는 제13회 국회 참의원 외무·법무 연합위원회에서 재일코리안 한센병 환자의 처우에 대해 "이전부터 일본에 있으면서 한센병 환자가 된 사람들 중에 특히 한센병 요양소나 그 밖의 곳에서 난폭하고 거친 행동, 특히 질서를 어지럽힌다든지 한센병 이외에 특별히 해독害毒을 일으키고 있는 사람들에게는 역시 돌아가라고 할 수밖에 없다"고 단언했다[24]. 결과적으로 한센병 요양소에 격리된 재일한국·조선인 환자는 그대로 재류를 인정받기는 했지만 "난폭하고 거친 행동, 특히 질서를 어지럽힌다든지 한센병 외에도 특별히 해독을 일으키고" 있는 환자는 국외추방이 가능하다고 하는 국가의 입장이 제시됨으로써 재일코리안 환자에게는 큰 압박이 되었다.

특히 재일코리안 한센병 환자에게는 '한국나韓国癩'라는 멸칭을 사용해 더욱 공포를 부추김으로써 격리정책을 유지하려 했다. 1950년 2월 15일, 제7회 국회 중의원 후생위원회에서 한센병 환자 국립격리요양소인 오카야마 현岡山県 나가시마아이세이엔長島愛生園의 원장 미쓰다 겐스케光田健輔는 한반도 정세가 긴박한 가운데 동란이 무서워 한반도에서 많은 한센병 환자가 일본으로 밀입국하고 있다고 강조했다. 미쓰다는 군마 현群馬県 구사쓰마치草津町에 있는 국립한센병 격리요양소 구리우라쿠센엔栗生楽泉園에서 발생한 북한 국적 재일코리안 환자에 의한 살인사건을 이용해 마치 모든 재일코리안 환자가 살인을 저지를 우려가 있는 것처럼 이야기했다[25].

미쓰다는 또 1951년에는 '국제나대책의견国際癩対策意見'을 후생성에 제출하고 '한국나의 범죄'를 호소하며 같은 해 5월 18일에 제10회 국회중의원행정감찰특별위원회에서, 그리고 11월 8일에는 제12회 국회참의원후생위원회에서도 '한국나'에 대한 경계를 강조했다.

한반도에서 악질 한센병 환자가 밀입국하기 때문에 격리정책을 더욱 강화하고 요양소의 환자 관리를 엄격하게 해야 한다는 것이 미쓰다의 주장이었다.

그러나 같은 해 3월 27일 출입국관리청 제1부장인 다나카 미쓰오田中三男가 제10회 국회중의원행정감찰특별위원회에서 답변한 내용에 따르면, 출입국관리청에서 이 해에 처리한 사안 가운데 한반도에서 밀입국한 한센병 환자는 단 두 명에 불과했다[26]. 같은 해 11월 27일 출입국관리청 장관 스즈키 하지메鈴木一는 미쓰다 겐스케에게 일제시대에 만들어져 한국으로 승계된 소록도小鹿島의 한센병 요양소에 수용 중인 약 6천 명의 환자는 "아무 변동 없이 오늘도 그대로 엄중한 감시하에 요양 중이다."라고 보고하면서 일본에 대량으로 밀입국하고 있다는 따위의 사안에 대해서는 언급하지 않았다[27]. 재일코리안을 향한 차별감정이 한센병 환자에 대한 격리와 관리의 강화라는 차별정책의 추진에 이용된 것이다.

2000년 4월 9일 도쿄 도지사 이시하라 신타로石原慎太郎는 육상자위대 제1사단 창설기념식전에서 "요즘 도쿄를 보면 말이죠, 불법입국한 많은 제3국인, 외국인들이 아주 흉악한 범죄를 되풀이하고 있습니다. 이제 도쿄의 범죄 형태는 과거와 달라졌어요. 이런 상황을 보면 만약 큰 재해가 일어났을 때는 말이죠, 아주 더 큰 소요사건도 상정해볼 수 있습니다."라고 연설했다. 이것은 민족 차별 발언으로 크게 문제가 되었는데[28], 이 발언은 전후 초기 재일코리안을 범죄자로 간주했던 차별의식이 현재까지도 이어져 오고 있음을 명백히 보여 준다.

## 3. 잔존하는 봉건제

### 남겨진 피차별부락

1945년 10월 4일 이른바 인권지령을 계기로 논의가 분출되었던 천황제 문제는 패전으로부터 얼마 지나지 않은 1946년 2월 19일에 부락해방전국위원회로 재출발한 부락해방운동 안에서도 논의를 불러일으키지 않을 수 없었다. 특히 부락해방운동에 있어서 전시 중 탄압으로 좌절될 수밖에 없었다고는 하지만 코민테른에서 32년 테제가 발표된 이래 절대주의적 천황제야말로 신분차별의 근원이라 여겨졌기 때문에 천황제에 대한 관심은 유달리 강했다. 그러나 이 시기에 분출된 천황제론의 태반이 그러했듯이 부락해방운동에 있어서 천황제는 봉건적 반동세력의 상징으로 이해되었기 때문에 제도로서의 천황제 타도로 일관했다. 그와 연결되어 있는 부락 문제에 대한 이해도 마찬가지여서 당시 '피압박부락민'이라는 호칭이 다용되고 있었던 점에도 잘 나타나 있듯이 경제적 정치적인 지배에 의한 '압박'이 중시되어 어디까지나 그러한 관점에서 천황제와의 관계가 파악되고 있었다.

한편 봉건제 타도라는 분위기도 사회를 광범위하게 뒤덮고 있었는데, 그러한 상황 속에서 시마자키 도손島崎藤村의『파계破戒』(1906년)가 영화와 연극을 통해 재차 각광을 받게 되었다. 1948년 12월, 감독 기노시타 게이스케木下惠介의 지휘 하에 쇼치쿠쿄토松竹京都에 의해 영화화된 이 작품은 "자유와 평등 그리고 인권 존중 — 오늘날

새 헌법은 이것들을 보증한다고 한다. 그럼에도 불구하고 봉건시대의 망령은 여전히 우리 주변을 떠돌고 있지는 않은가?"라는 질문으로 첫 장면이 시작된다. 이어서 영화는 "메이지明治가 되어 신분이 철폐되고 사민평등의 세상이 되기는 했지만 오랜 동안의 인습과 무지로 인해 부락민에 대한 이유 없는 멸시와 편견, 박해는 여전히 계속되었다."고 말한다. 소설 속에서 대비되었던 '봉건' 대 '문명개화'의 도식은 영화 속 '봉건시대의 망령'과 '자유평등의 정신'이라는 대항구도와 중첩된다. 이러한 태도는 '봉건시대의 망령'이라 일컬어지는 봉건적 차별의 문제를, 그 차별을 내포한 전후민주주의 자체에 근본적인 질문을 던져서 부각시키는 것이 아니라, 여전히 극복하지 못한 채 남아있는 잔재로 접근하는 방식이었다. 그것은 부락차별을 고발하면서도 결국은 가까운 미래에 극복될 것이라는 낙관적 시각이 저변에 자리하고 있었음을 의미하는 것이리라[29].

그러나 현실은 이하에 기술한 바와 같이 그리 낙관할 수 있는 것만은 아니었다. 패전 후 피차별부락의 실태와 생활은 나가사키長崎에 투하된 원자폭탄으로 인해 모든 것이 초토화된 곳[30], 공습으로 폐허가 된 곳, 혹은 그대로 살아남은 곳 등 다양했다.

공습 같은 직접적인 피해를 입지 않았던 시가 현滋賀県 야스 군野洲郡 야스 초野洲町(현 야스 시野洲市)의 피차별부락 사람들에게 있어서 패전이란 그저 전후의 식량난 등으로 인해 일상생활이 곤궁해져간 시작점에 불과했다. 당시 12세였던 한 남성은 학도동원근로봉사를 위해 제관공장製缶工場에서 일을 하다 주위의 분위기와 갑작스러운 업무 중단으로 패전을 알게 되었고 '총탄'이 날아오지 않게 된 것에 안도했다고 한다[31].

야스 초의 피차별부락은 67호로 이루어져 있는데, 그 중 31호인 46.2%가 비농가였다. 그 들은 양돈養豚과 박箔·장막 제조, 운송업 등에 종사하며 생계를 유지해왔다[32]. 그런 까닭에 1946년부터 2차에 걸쳐 이루어진 농지개혁 혜택을 받지 못한 사람들도 많았다. 3단보* 이하의 영세한 소작지는 애초부터 농지개혁의 대상에서 제외되었기 때문에 피차별부락에는 혜택을 받지 못한 사람이 적지 않았다. 야스 초의 피차별부락처럼 농지를 양수받은 15명 중 농작지가 3단보 이하여서 대상 외로 취급당한 이들의 수가 절반 이상인 마을도 있었고, 기타 농지개혁으로 자작농이 대폭 증가한 곳도 적지 않았다. 그러나 대체적으로 보았을 때 피차별부락 농민들의 경우 대부분이 '3단보 이하'라는 제외 규정으로 인해 농지개혁의 시혜를 입지 못했다는 것이 이 시기 부락해방동맹(부락해방전국위원회가 1955년에 재편)의 견해였다[33].

지바 현千葉県 세키야도 초関宿町(현 노다 시野田市)의 피차별부락 사람들은 패전 후 물자가 부족한 가운데 배급품이었던 담배가 귀했기 때문에 이바라키茨城로 가서 매입한 잎담배를 파는 소위 암 거래상을 하며 생계를 유지했다고 한다. 4년 동안 시베리아에 억류되어 있다가 1949년에 고향인 세키야도로 돌아갔던 1921년생의 한 청년은 농지개혁으로 피차별부락의 생활도 좋아졌다고 실감은 했지만 5단보**

---

* 0.3헥타르.
** 0.5헥타르.

의 농지만으로는 먹고살 수가 없어 제방 증축공사장에서 흙짐을 져나르면서 일군 두 명 몫의 일을 했다고 한다[34]. 그들은 이렇게 갖은 고생 끝에 양식을 마련하며 전후를 꿋꿋이 살아내었다.

시대가 약간 후대로 내려가기는 하지만 부락해방동맹 기관지인 『해방신문解放新聞』이 동화대책사업同和対策事業이 시행되기 이전인 1960년경 이 지역의 모습을 취재한 보도에 따르면, 피차별부락은 38호 40세대 215명으로 이루어져 있었으며, 그 중 5~6단보의 토지를 소유한 가구는 여섯 호였다고 한다. 그 이외에는 1단보 미만이거나 땅이 전혀 없어서 도쿄의 피혁 공장으로 통근하는 사람들이 많았고 장기결석 아동도 소학교에 12명, 중학교에 6명으로 거의 대부분 생활이 곤란한 가정이었다고 한다. 또 그 생활은 '원시적'이어서 '아직도 움막식이다'라고 묘사되어 있다[35].

이러한 자료들에 명백히 드러나 있듯이 피차별부락은 농지개혁으로 자작지를 갖게 된 곳도 실제로는 적지 않았으나, 농사만으로 생계를 유지할 수 있을 정도의 규모는 아니었다. 이들은 차별로 인해 안정된 일자리를 구할 수 있는 길이 여전히 가로막힌 채, 전후 부흥의 한가운데서 부락 외부와의 격차가 차츰 커져가면서 점차 도태되고 낙후되어 갔다고 할 수 있을 것이다.

## 농촌 여성들

1947년 민법의 대폭적인 개정에 따라 '이에' 제도는 폐지되었다. 그러나 '이에'가 의식의 차원에서 소멸되는 것은 쉽지 않았으며,

기혼 여성의 '며느리嫁' 의식 또한 자타 공히 오래도록 유지되었다. 한편 '어머니'의 경우는 전전과 많이 달라져 '생명을 낳는 어머니는 생명을 키워내고, 생명을 지킬 권리를 가지고 있습니다.[36]라고 촉구했던 어머니대회를 통해 알 수 있듯이 평화운동의 주체로 자리매김 되기도 했다. 그러나 뒤에서도 기술하겠지만 여자는 아이를 '낳아야 한다.'는 규범이 무겁게 내리누르며 여전히 여성들을 옭아매는 역할을 했던 것도 부정할 수 없다[37].

때마침 1958년 10월의 소중학교학습지도요령개정小中学校学習指導要領改訂을 계기로 가정과목家庭科은 핵심사항인 '가정의 민주화'는 쏙 빼놓은 채 기능 중심으로 편성되었고, 중학교에서는 '기술·가정과'라는 과목명 하에 남학생·여학생으로 교육 대상을 구분했다[38]. 이리하여 고도 경제성장 시대를 향해 성性의 역할분담을 강화하는 준비 작업이 이루어지고 있었다.

고도 경제성장 이전의 일본은 대부분이 농촌이었고, 농가를 떠받치고 있던 여성들은 여전히 '이에'의 억압 하에서 신음하고 있었다. 시마네 대학島根大学 교원으로 마쓰에松江에 부임했던 미조우에 야스코溝上泰子는 "농촌에서 자란 저에게는 평생을 가장 낮은 자리에서 묵묵히 살아온 어머니, 특히 농촌의 어머니가 문제였기 때문에 적어도 시마네 현 전체를 연구실로 삼고자 결심하고 이 침묵의 지대에서 살아가는 사람들과 소통하기 위해 각지를 다니며"[39], 1958년에 『일본의 저변 — 산인 농촌부인의 생활』[40]이라는 책을 세상에 내놓았다. 난바라 시게루南原繁는 그 서문에 "패전의 결과 수많은 재래의 도덕과 습관은 구시대의 정치 사회제도와 더불어 붕괴

되었다. 일본이 이제부터 진정으로 자유 민주와 문화적 평화국가로 성장할 수 있을지 여부는 이러한 지방 농촌 대중 한 명 한 명의 마음속에 그것이 잘 싹트고 자라날 수 있느냐에 달려있을 것이다." 라고 기술했다.

빈고備後 지방 농촌 여성의 실태를 『감제풀 우거질 때까지いたどりの茂るまで』(1950년), 『오카네 씨おかねさん』(1953년), 『짐수레의 노래荷車の歌』(1956년) 등의 소설을 통해 묘사한 야마시로 도모에山代巴는 "자칫 진보적 여성 운동이, 오카네 같은 시어머니를 비난함으로써 마치 자신의 민주성 또는 진보성을 증명하는 듯하는 내음을 발산하는 것에 나는 혐오마저 느낍니다. [중략] 나는 고집스럽고 때로는 얄미울 정도인 농촌의 시어머니들까지도 애정을 가지고 형상화하지 않는다면 뿌리깊은 일본의 봉건적 잔재를 근절할 수 없다고 생각합니다."라고 기술한다[41]. 마키하라 노리오牧原憲夫가 지적하고 있듯이 야마시로는 오카네 같은 이들을 '괴물鬼'로 만든 원인을 '이에' 제도나 며느리―시어머니의 중압에서만 찾는 것이 아니라, "이웃 사람이 힘들어지면 이불 속에서 박수를 치는' 이웃의 존재, 즉 '표면적으로는 참으로 순박하고 가까운 이웃이 서로 화목하게 지내며 굳게 단결하고 있는 것처럼 보이지만, 그 무풍지대 밑에서는 서로를 끌어내리는 자가사리[지기 싫어하고 밤에만 바위 밑에서 활동하는]같은 바람이 소용돌이치고 있는"[42] 농촌공동체 안에서도 발견해 낸다[43].

야마시로는 농촌 여성의 고뇌를 반드시 남자 대 여자의 문제로만 그린 것은 아닐 것이다. 그녀는 "내가 만약 강자의 위치에 있으면서 약자가 품고있는 인권의식을 읽어내지 못했다면 나 역시 고

대 민중들의 온순함을 미화하면서 그 시대로 돌아가는 것이 근대
의 파쇼fascio를 벗어나는 길이라 생각했을지도 모릅니다. 하지만
나는 미요시三次 형무소와 와카야마和歌山 형무소에 있던 4년 동안
공동체 안에서 여봐란 듯 과시하는 약자의 고민을 봐왔기 때문에
그런 감각은 가질 수가 없습니다. 나카이 마사카즈中井正一 선생님이
일본의 역사에 입각해, 거기에 뿌리 내린 체념 근성, 좀 봐달라는
근성, 남을 몰래 따돌리고 앞지르는 근성의 끈질긴 뿌리가 일본인
들을 괴롭히고 있고, 이 근성을 극복하려는 의식의 혁명 없이는 그
어떤 민주주의 헌법으로도 인민들이 행복한 민주주의는 될 수 없다
고 하신 말씀에 완전히 동감했습니다.”[44]라고 이야기했듯이 민주화
를 가로막는 중요한 요소로서 공동체 안에 잠재된 민중의 의식과
정면으로 마주하고 있었던 것이다. 그것은 마루야마 마사오丸山眞男가
주목했던, 그리고 후쿠자와 유키치福沢諭吉가 ‘원망怨望’이라 칭했던
것과 일맥상통하는 것은 아닐까?

　마루야마는 후쿠자와 유키치의 『학문의 권장学問のすゝめ』 제13편
‘원망하는 인간에게 유해함을 논하다.’에 관해 언급하며 다음과 같
이 말한다. “후쿠자와가 모든 악 중에서 가장 나쁜 악으로 규정했
던 것이 원망이라는 것입니다. [중략] 원망이라는 것은 [중략] 외부
적 상황으로 인해 자신에게 불평을 품고 자신을 돌아보지 않고 타
인에게 많은 것을 바라며, 자신에게는 너그럽고 오로지 타인에게
기대며 요구를 합니다. 그리고 자신의 불평을 만족시키는 방법은,
나를 유익하게 하는 데 있지 않고 타인을 상하게 하는 데 있으며,
타인에게 손상을 주어 자신을 만족시키는, 자신의 상황을 진전시

켜 만족하는 방법을 찾지 않고, 도리어 타인을 불행에 빠뜨려 타인
의 상황을 낮춤으로써 피아彼我의 평균을 맞추고자 하는 것과 같습
니다. 이것이 그가 말하는 '원망'인데, 타인을 끌어내려 자신과 평
등하게 만드는 것입니다."⁴⁵

물론 공동체 안에서 약한 입장의 여성에게 억압이 집중되는 것
이며, 여기에는 젠더가 깊숙이 개입되어 있다. 야마시로는 힘들게
농민 집회에 나와서도 공동체의 장벽으로 인해 말을 할 수 없는 여
성들의 문제를 드러내는 노력을 계속해갔다.

야마시로가 소개한 일화 중에 다음과 같은 이야기가 있다. "농사
는 편치 않았다. 시어머니에게 끌려나가 물거름 지는 법을 익히고,
소달구지를 끄는 것도 배워서 임신 중에도 수레를 끌었다. 임신 7개
월이 지난 후에 소달구지를 끌고 언덕길을 오를 때 소가 날뛰어서
벼랑에서 떨어졌다. 그래도 허리를 움직일 수조차 없었던 일주일
정도만 아무 일 없이 쉬었을 뿐, 해산하는 날까지 일을 했다. 출산
은 수월했지만, 아기를 낳고 보니 이마에 반점이 있었다. 그녀는 그
반점이 벼랑에서 떨어졌을 때 생겼을 것이라고 생각했다. 그러나
가족들은 그것을 이해해주지 않고 시어머니는 '이제 애한테는 아
이를 낳아달라고 할 수 없겠네. 도대체 할 줄 아는 게 뭔지 모르겠
어.'라고 말했다. 남편에게 의논했지만 남편은 부모에게 월급을 다
가져다주고 있었기 때문에 반점을 치료할 돈이 없었다. 시어머니
와 중매인 모두 그녀의 부모에게 치료비를 내게 하려고 했다. 그녀
는 부모에게 걱정을 끼칠 수 없어 공사장에 나가 치료비를 벌었지
만 그 돈도 빼앗기고 말았다. 이런 사정을 공사장 동료에게 이야기

하자, 동료는 동정해주는 것 같았지만 그마저 순식간에 시어머니의 귀에 들어가고 말았다. 그래서 그녀는 아무리 집회에서 생각하고 있는 것들을 말해보라고 해도 잠자코 있는 것이다."라고 야마시로는 기록했다[46]. 야마시로 자신도 아직 문제 해결의 전망을 충분히 찾아냈다고는 할 수 없을 것이다. 그러나 이러한 문제를 공론화했다는 점에서 그 의미는 크다고 할 수 있을 것이다.

## 4. 팔려간 아이들과 여성

### 계속되는 '성적위안'

포츠담 선언 수락을 국민에게 발표한지 3일 후인 1945년 8월 18일 내무성 경보국장은 각 청부현庁府県 장관들에게 일본 점령을 위해 진주하는 연합국군, 실질적으로는 미군 장병에 대한 성적 위안시설의 설치가 필요하다고 타전打電했다. 이 날 도쿄에서는 경시청이 즉각 가시자시키貸座敷*업자들을 모아 요시와라吉原 가시자시키업 조합장인 나루카와 사토시成川敏의 의견에 따라 가시자시키를 비롯해 전쟁 피해를 입지 않은 매춘시설을 이용한다는 방침을 정했다. 그리고 8월 21일 히가시쿠니노미야 나루히코東久邇宮稔彦 내각의 내

---

* 원래는 접객을 위해 대여하는 다타미(畳)를 깔아놓은 방이라는 의미이지만, 1872년의 창기해방령(娼妓解放令) 이후에는 메이지 정부의 공창유곽제도(公娼遊廓制度) 하의 유곽을 가리키는 공식명칭이었다.

각회의에서도 국무대신 고노에 후미마로近衛文麿가 일본 여성을 미군 장병의 성적폭력으로부터 지키기 위한 시책이 필요하다고 주장하며 특수위안시설협회(RAA)의 설치를 결정했다. 국책으로서 미군 장병에 대한 '위안부'제도의 설치를 결정한 것이다. 여성을 장병의 '성적위안'을 위한 희생물로 바친다고 하는 전시 하 '위안부' 설치에 대한 국가의 생각은 전후에도 달라지지 않았다. 다만 '성적위안'을 주는 대상이 일본군 장병에서 연합국군, 실질적으로는 미군 장병으로 바뀐 것뿐이다.

8월 23일에는 도쿄 긴자銀座에 특수위안시설협회 창립사무소가 개설되어 종업 여성을 모집하기 시작했다. 여기에는 이른바 '전쟁미망인'과 전쟁 재난으로 부모를 잃고 고아가 된 어린 여성 등 매춘 경험이 없는 여성들도 살기 위해 응모를 했다. 최초의 위안소로는 도쿄 오모리大森의 요정料亭 고마치엔小町園이 선정되어 8월 28일에는 진주해 들어온 미군을 받아들였다[47].

그 후 1946년 3월 27일 GHQ는 성감염증의 만연을 이유로 RAA의 매춘시설의 폐쇄를 명했는데, 이후 그곳에서 일하는 여성들은 길거리에 나와 호객을 하는 거리의 창부가 되는 경우가 많았다. 그녀들에게는 '팡팡'이라고 멸칭이 사용되었고, 일본기독교부인교풍회日本基督教婦人矯風会는 그녀들이 미군을 유혹하는 존재라고 비난하며 길거리의 매춘부를 철저히 단속할 것을 주장했다. 그 바탕에는 폐창운동廢娼運動을 하는 이들이 매춘하는 여성들을 '추한 일을 하는 여자醜業婦'로 간주하는 태평양전쟁 전부터 이어져온 차별관이 명료했다[48].

그리고 여성을 남성의 '성적위안'의 대상으로 생각하는 국가의 차별의식이 전후의 민주주의 개혁 속에서도 사실상 공창公娼제도가 온존하게 된 결과를 초래했다[49]. 1945년 12월 11일, GHQ의 공중위생복지국(PHW) 법규 과장인 맥도널드MacDonald 중좌가 폐창을 제언했고, 1946년 1월 7일에 GHQ가 일본 정부에 폐창 준비를 요청했다. 그 후 1월 21일 GHQ 고급부관부 보좌 엘런H.W.Allen 대좌의 이름으로 일본 정부에 대한 각서 '일본의 공창폐지'를 발표한 후 공창제도는 민주주의의 이상에 위반되며 개인의 자유 발달과 모순된다는 이유로 그 폐지를 명했다. 그래서 메이지유신 이래 가시자시키라는 명칭으로 존재를 허용 받아 왔던 공창제도는 형식상 종언을 맞이하게 되었다. 2월 2일 내무성 경보국장이 '공창제도폐지에 관한 건'이라는 통첩을 발표해 공창제도에 관한 규정인 창기단속규칙娼妓取締規則을 폐지함으로써 폐창이 결정되었다.

그러나 폐창이 곧바로 매매춘의 금지를 의미하는 것은 아니었다. 폐창각서가 발표되기 직전인 1월 12일 경시청 보안부장으로부터 '공창제도폐지에 관한 건'이라는 통지가 관내 각 경찰서로 발부되어 공창제도는 폐지하더라도 사창私娼으로서 존속은 인정한다는 내용을 표명했기 때문이다. 그리고 11월 14일, 제1차 요시다 시게루 내각 차관회의는 매매춘을 '필요악'이라 규정하고 가시자시키 같은 기존의 유곽이나 사창 행위를 하던 요리점 등을 '특수음식점'이라고 칭하며, 그곳에서의 매매춘 행위를 인정하는 결정을 내림으로써 '도쿠인가이特飮街' '아카센赤線' 등으로 통칭되던 매춘가가 성립되었다[50]. 이리하여 공창제도는 폐지되었지만 '도쿠인가이'

'아카센'은 묵인함으로써 여성을 남성의 '성적위안'의 대상으로 삼는 차별의식은 전후로 이어져 갔고 인신매매 또한 묵인되어갔다.

1952년 1월 아이치 현愛知県 도요하시 시豊橋市가 '도쿠인가이' 외에서의 매춘을 처벌하는 조례를 제정하려고 하자, 지방자치청 행정과는 1월 29일자로 아이치 현 총무부장 앞으로 '매춘행위의 금지를 시의 조례로 제정하는 것의 가부可否에 관하여'라는 문서를 보내, 이 조례가 '도쿠인가이'를 공창제도로 인정하는 셈이라며 반대했다.[51] 이 기록에도 전후 일본에서 공창제도가 사실상 존속되고 있었음이 드러나 있다. 전후의 민주화는 여성 해방의 기치를 높게 내세우고 있었음에도 불구하고 공창제도의 폐지는 명목만으로 끝이 났다.

## 아동복지법 하의 어린이 매매

이와 같이 여성의 인권은 전후 민주주의로부터 소외되어 있었다. 그러나 소외되어 있던 것은 여성만이 아니다. 인권이 고려되지 못한 사각지대의 어린이들도 무수히 많았다.

분명 전후 일본은 어린이의 인권을 존중한 것처럼 보인다. 1947년 3월 후생성에는 아동국児童局이, 9월에는 노동성에 부인소년국婦人少年局이 각각 개설되었고 부인소년국의 초대국장으로는 야마카와 기쿠에山川菊栄가 취임했다. 그리고 12월에는 아동복지법이 공포되었는데 "전 국민은 아동이 심신 모두 건강하게 태어나고 또한 육성될 수 있도록 노력해야 한다.", "전 아동은 동등하게 그 생활을 보장받

으며 사랑받고 보호받아야만 한다.", "국가 및 지방 공공 단체는 아동의 보호자와 함께 아동을 심신 모두 건강하게 육성할 책임을 진다." 등의 내용이 담겼다. 그리고 1948년 7월에 '어린이날'이 제정되었고, 같은 해 10월 4일 후생사무차관 통지인 '수양부모 등 가정 양육 운영에 관하여里親等家庭養育の運営に関して'가 발표되어, "가정환경이 좋지 못한 아동을 자신의 가정에서 맡아 양육하려는 의지가 있는 자로서 도도부현都道府県의 지사知事·지정 도시의 시장이 양육자로 적당하다고 인정한 자에게 양호養護가 부족한 아동의 양육을 위탁해 따뜻한 애정과 가정적 분위기 속에서 아동의 건전한 양육을 도모하는" 수양부모里親 제도가 확립되었다[52].

또한 1951년 어린이날에는 "아동은 사람으로서 존중받는다.", "아동은 사회의 일원으로서 존중받는다.", "아동은 좋은 환경 속에서 양육받는다."라고 명기된 '아동헌장'도 제정되었다. 패전 직후부터 '전재고아戰災孤兒'는 큰 사회 문제였는데, 이렇게 아동복지가 정책화되어 가던 시점에 어린이 인신매매사건이 잇따라 발각되었다. 수양부모 제도는 인신매매 사실을 은폐하기 위해 악용되는 경우도 있었다.

이 시기 어린이 매매가 가장 먼저 문제화되었던 곳은 태평양전쟁 전부터 이러한 행태가 관습화되어 왔던 어촌에서였다. 전국 각지의 어촌에서는 '양자'라든가 '얻어온 아이'라는 명목으로 다른 집 아이를 어업 노동에 종사시키는 일이 관습적으로 행해지고 있었다. 그러나 전후 일본국헌법을 비롯해 아동복지법, 노동기준법, 직업안정법 등이 시행되자 이러한 관습은 그 위법성이 명료해짐으로써 사실상 인신매매와 그에 수반되는 어린이 학대 문제로 여겨지게 되었다.

이러한 어린이 매매와 강제노동의 사례로는 1948년 7월에 학대를 견디다 못한 어린이가 도주함으로써 알려지게 된 야마구치 현山口県 오시마 군大島郡 유다 촌油田村 나사케지마情島의 '가지코梶子(舵子)' 사건을 들 수 있다. 또, 1949년 4월에는 야마가타 현山形県 아쿠미 군飽海郡 도비시마무라飛島村로 팔려가 일을 했던 '난킨코조南京小僧*'의 실태가 현지 교사에 의해 공표되기도 했다. 1954년 12월 오키나와에서도 아이가 학대를 견디다 못해 도주한 '이치만우이糸満売り**' 같은 사례가 있었는데, 경우에 따라서는 형사사건이 되기도 했다.

또, 어촌만이 아니라 농촌에서도 농업노동력과 가내노동력으로 아이를 이용하기 위해 매매가 행해졌다. 나사케지마의 '가지코'가 문제가 되었을 무렵, 1948년 9월 6일자 『아사히신문朝日新聞』에는 "불경기 맞은 농촌 각지, 여기저기서 방적업 관계 중개인 출몰 시작, 농촌자녀들 연기봉공年期奉公도 시작되나?"라는 제목으로 인신매매의 격화를 경계하는 기사가 게재됐는데, 같은 해 12월 3일자 신문에 마치 그 기사를 뒷받침하는 듯한 제목의 기사가 실려 전국에 큰 충격을 주었다. 이 기사는 정부가 나서서 어린이 인신매매 문제에 대처하지 않을 수 없게 만드는 계기가 되었다. 그것은 『마이니치신문每日新聞』12월 3일자에 실린 '아이를 팔러 다니는 남자'라

---

* 야마가타 현 도비시마에 팔려가 어업에 종사하던 아이들을 말한다.
** 10세 전후의 빈곤층 소년들이 가불금을 받고 오키나와 본섬 남부인 이치만(糸満)의 어부 밑에서 고용살이를 했던 사건.

는 제목의 기사였다. 이에 따르면 도쿄 우에노 역上野駅 지하도에 사는 24세 남성이 이바라키 현茨城県 출신 11세 소년을 비롯해 10대 전반의 아이들을 유괴하여 도치기 현栃木県의 농가에 팔아넘겼다는 것인데, 팔려간 세 아이들 중에는 '전재고아'도 포함되어 있었다. 이 사건은 "외신에도 보도됨으로써 국내외 여론에 반향을 불러일으켜[53], "그때까지 잠재되어 있던 인신매매 문제가 급속히 부상"되게 되었다[54].

GHQ는 이 사건을 "Child Slavery"라는 중대한 문제로 간주하고, 도호쿠東北 각 현은 물론 각지에서 어린이 인신매매에 관한 조사가 시작되었고, 일본사회에서 관습적으로 어린이 매매가 허용되고 있다는 사실이 밝혀졌다. 1951년 7월에는 야마가타 현山形県 미나미무라야마 군南村山郡의 농촌에서 가나가와 현神奈川県 고자 군高座郡 등의 농가로 200명이 넘는 아이들이 팔려간 사실이 발각되어 사회에 충격을 주었다(고자사건高座事件).

그 후 일본이 고도경제성장으로 향해 나아가는 전야였던 1953년, 홋카이도와 도호쿠 지방, 그리고 호쿠리쿠北陸 지방에 냉해로 인한 큰 흉년이 덮쳤는데 홋카이도와 아오모리 현青森県은 그 이듬해도 냉해를 입었다. 또 같은 시기에 석탄에서 석유로 에너지를 전환하는 국가 정책에 따라 탄광 합리화가 추진되었는데, '특수'경기의 반동까지 더해져 탄광의 불황은 심화되고 있었다. 이러한 현상은 인신매매를 더욱 격화시켰다.

1953년 11월, 중앙청소년문제협의회에서는 '흉년으로 인한 이른바 인신매매사건의 방지에 관하여'라는 통첩을 각 도도부현 청소년문제협의회장 앞으로 발송했고, 1954년 초, 국가지방경찰본부 형사부장 나카가와 시게하루中川董治도 냉해로 인한 흉년의 여파로 '농촌에서의 인신매매의 격증'에 대한 우려를 표명했다[55].

그러나 나카가와의 우려대로, 경찰청 형사부 방범과의 조사에 따르면, 1954년 인신매매 피의자 검거 총수는 5,511명, 피해자 총수는 8,635명이었고, 피해자 중 20세 미만이 33.5%인 2,897명, 20세 이상이 66.5%인 5,738명으로 인신매매의 주된 대상이 성인으로 이행되었음이 분명해졌다. 그리고 팔려간 곳도 '접대부 등 음란행위와 관계있는 곳'이 84.6%로 7,301명, 농어촌의 노동력으로 팔려간 사람은 0.9%인 80명이었다[56].

이 숫자는 1950년대에 농어촌의 노동력 확보를 위한 어린이 인신매매는 현저히 감소하고 매춘목적의 인신매매가 격증했음을 알 수 있다. 어린이 인신매매가 감소한 이유로는 집단취직의 확대가 크게 작용했다고 생각된다[57].

한편 매춘 목적의 여성 인신매매가 증가한 배경에 '특수음식점'의 존재가 있었음은 두말할 나위가 없다. 국제연합 가맹을 서둘렀던 제3차 하토야마 이치로鳩山一郎 내각 하에서 1956년에 매춘방지법이 공포되기까지 1950년대에는 국회에 몇 번이나 '아카센' 금지를 요구하는 매춘 등의 처벌 법안이 초당파超党派의 의원 입법안으로 제출되어 매춘과 인신매매의 관계가 논의되었다. 그러나 '아카센'은 매춘방지법이 완전히 시행된 1958년 4월 1일 전날까지는 사실상 존재가 허용되고 있었고, 법이 완전히 시행된 후에도 다양하게 위장한 매춘영업은 계속되었다.

# 5. 기지와 여성 — 점령하의 오키나와

## 미군이 요구한 매매춘

여성에 대한 성차별은 미군의 직접 점령 하에 놓여있던 오키나와에서 더 현저했다. 오키나와는 미군에게 있어서 많은 병사들의 생명과 맞바꿔 얻은 점령지이다. 그곳에는 '본토' 이상의 성차별과 성폭력이 항상화恒常化하게 된다.

또, 전후 오키나와에서는 전쟁으로 양친과 남편을 잃은 여성들 중에 살기 위해 미군 병사를 상대로 매춘을 하는 케이스가 증가했었다. 그것은 공습으로 파괴된 '본토'에서도 마찬가지였지만, 유일한 지상전地上戦의 무대가 되었던 오키나와에서는 '본토' 이상으로 그 현상이 현저했다. 1949년, 미군 정부가 그런 창부들을 모아 '환락가'를 설치한다는 계획을 발표하자 이 정책을 둘러싸고 큰 논쟁이 일게 된다.

9월 30일 오키나와부인연합회沖縄婦人連合会가 주최한 '환락가' 설치 문제를 둘러싼 간담회에서 오키나와민경찰부沖縄民警察部의 나카소네仲宗根 보안과장이 '댄스홀'의 설치 안건에 관해 설명하자, 오키나와인민당沖縄人民党의 세나가 가메지로瀬長亀次郎는 "댄스홀은 미명에 불과하다. 그곳은 검미제検黴制*를 실시하기 때문에 명백히 매춘가이다. 우리는 인권옹호와 부인해방의 입장에서 절대 반대"임을 표명했다. 이에 반해 구스쿠마城間 고에쿠 촌越来村 촌장과 이토카즈糸数

---

* 근대 일본에서 화류병의 감염 확대와 창기(娼妓)의 건강보호라는 목적을 내세워 매독 및 화류병의 감염 유무와 기타 건강상태를 강제적으로 검진한 제도.

고자胡差 서장 등은 "청소년의 타락과 자유민의 위난 방지를 위한 방책으로 곳곳에 산재해 있는 매춘부들을 한 구획에 모아 사회의 안녕을 유지하는 방벽을 세우자"며 설치론을 강조했다. 이 회의는 끝내 결론을 내지 못하고 산회散會했지만[58], 결국 고자 야에시마八重島 지구의 제1호를 필두로 '환락가' 설치는 강행되었다.

1951년 2월 22일 처음으로 야시마를 방문한 기노완宜野湾의 전 촌장이자 오키나와군도 공안위원인 도바루 가메로桃原亀郎는 그날의 일기에서 "정말로 부득이한 조처라고 생각하지만 대중의 희생양이 되어 야시마에서 일하는 젊은 여자들, 팡팡무스메パンパン娘. 이들을 옥죄는 악마 같은 노파들과 남자들. 이 곳은 오키나와의 축소판이라 해야 할까? 식민지화의 한 현상이라고 해야 할 것이다."라며 개탄한다[59]. 도바루의 이런 탄식이야말로 매매춘을 '필요악'으로서 용인하며 '성적인 위안'이라는 성차별을 유지하는 여론 그 자체였다.

물론 전후 오키나와에 매매춘을 금지하는 법령이 없었던 것은 아니다. 1947년 2월 14일, 전 구역이 미군에 접수되어 있던 기타나카구스쿠촌北中城村 즈케란瑞慶覧 지구 안에 있는 폐업상태의 스낵바에서 미군 병사나 필리핀 병사를 상대로 매춘이 행해지고 있다는 보고를 받은 미군 정부 공안국장 폴 스큐즈Paul H.Skuse는 군정부 부장관에게 일본의 형법에도 군정부의 포고에도 매춘을 금지하는 규정이 없음을 전하고 규제법령 작성을 서두르게 했다[60].

그 결과 3월 1일 "어떤 여성이든 점령 군원軍員에게 창부로서 행동하거나 혹은 몸을 파는 일에 종사하는 것을 금함", "그 누구든 매매춘 알선자 또는 뚜쟁이로 행동하며 점령군에게 창부를 중개하는 것을 금함"등을 내용으로 하는 미군정부특별포고 제14호 '점령군인에 대한 매음금지'가 발포되었고, 위반자에게는 만 엔 이하의 벌금이나 10년 이하의 징역을 부과하게 되었다.

그러나 이것은 미군 정부가 여성의 인권을 위해 발포한 것이 아니다. 왜냐하면 같은 날 군정부는 특별포고 제15호 '화류병 단속'을 발포하고, 타인을 감염시킬 수 있는 성감염증환자의 격리를 명하여 성감염증을 타인에게 감염시키는 것을 금하고 있기 때문이다. 여기에서도 위반자에게는 만 엔 이하의 벌금, 10년 이하의 징역을 부과했다.

같은 날 발포된 이 두 가지 '특별포고'는 표리일체를 이루는 것으로 미군정부가 매춘을 통해 장병이 성감염증에 감염될까 우려해 취한 조치였음이 분명하다. 관점을 달리해보면 이러한 '특별포고'를 발포하지 않으면 안될 만큼 오키나와에서는 매매춘이 증가해 미군장병에게 성감염증이 만연해있었던 셈이다(또한 성감염증 대책으로는 그 후에도 1950년 7월 13일 류큐열도미군정본부는 다시 포령 제39호 '성병단속규제'를 발포하여 벌칙을 폐지하고 치료에 중점을 둔 시책을 제시해갔다).

미국의 지배가 군정에서 민정民政으로 형식상의 전환을 이룬 후인 1952년 7월 22일, 미국민정부 후생교육국厚生教育局이 '매춘 등 단속법안'을 입안한다. 법안에서는 매춘한 자와 그 상대에게는 모두 5천 엔 이하의 벌금 혹은 구류, 매춘 상습자에게는 6개월 이하의 징역 또는 만 엔 이하의 벌금, 도로 등의 공공장소에서 매춘목적으로 권유한 자에게는 3천 엔 이하의 벌금 혹은 구류, 매춘에 대한 장소제공자, 관리매춘과 유객誘客을 한 자에게는 1년 이하의 징역 또는 2만 엔 이하의 벌금을 부과하게 되어 있었다[61].

그러나 이 법안은 류큐입법원琉球立法院(1952년 4월 1일 설치)에 그대로 제출되지 않고, 1953년 입법원 제3회 의회에 '부녀자에게 매음을 시킨 자 등의 처벌에 관한 입법안'이 제출되기에 이른다. 이것은 일본 '본토'에서 여성에게 매춘을 강제한 자를 처벌한다고 하는 1947년 1월 15일의 포츠담 칙령 제9호가 1952년 4월 28일 샌프란시스코강화조약의 발효를 앞두고 법률화된 것을 받아들인 것으로, '본토'의 법에 준한 내용이다. 법안은 8월 17일에 공포되었는데, 어디까지나 여성을 곤혹케 하여 매춘을 시키거나 매춘 계약을 한 경우 등 매춘의 강제가 처벌의 대상이며, 여성이 자유의지로 매춘을 하는 것은 그 대상이 아니었다. 따라서 '본토'의 법과 마찬가지로 형식상 자유의지라고 하면 사실상으로는 강제라고 할지라도 법망을 빠져나가 처벌받지 않을 수 있는 방도를 보증받고 있었다[62].

### A사인 제도와 '오프 리밋츠'

또한 1953년부터 A사인제도가 도입된다. 이것은 미군 장병이 출입하는 음식점이나 이발소에 대한 영업허가를 군이 부여하는 제도이다. 군의 허가를 받은 가게는 미군의 허가를 표시하는 'A'(Approved for US Forces를 의미)를 표기한 허가증을 게시해야 했다. 그리고 이 제도는 1956년 5월 10일부터 바 등 매매춘이 수반되는 풍속영업점에도 적용되었다[63]. 특히 미군 장병을 상대로 매매춘을 하는 가게는 여성종업원 전원 주1회 성감염증검진이 의무화되었다[64]. 실로 '미군의 자기보전제일주의적인 공중위생정책'이라 하지 않을 수 없다[65].

또, 1955년 3월 16일에 민정부령 제144호로 공포된 '형법 및 소송절차법전' 안에 미군 장병에 대한 매춘을 '도덕에 반하는 죄'라고 한 규정이 있다. 위반자에게는 만 엔 이하의 벌금이나 1년 이하의 징역 혹은 그 두 가지 모두가 부과되었다. 이밖에도 18세 미만의 소녀에게 매춘을 강제하는 행위 등도 금지했는데 위반자에게는 10년 이하의 징역이 부과되었지만, 미군 장병과 오키나와 여성 사이의 매매춘을 금지하는 사안일 경우, 상대방은 군대 요원이고 류큐경찰에게는 수사취조권이 없기 때문에 사실상 매춘買春을 한 남성 쪽에게는 조서를 받을 수 없어 매춘을 입증하기 곤란하다는 큰 장벽이 있었다. 이처럼 오키나와에서는 미국 군인·군속과 오키나와 여성 간의 매매춘 단속이 주가 되었고, '부녀자에세 매음을 시킨 자 등의 처벌에 관한 입법'이라 할지라도 자유의지에 의한 것으로 간주되는 매춘賣春은 방임되었다.

그리고 미국 국민정부는 A사인 제도를 도입하는 한편 매춘을 하면서 미군 장병에게 성감염증을 감염시킨 것으로 간주된 가게에는 미국 장병의 출입을 금지하는 조치도 실시했다. 이것이 이른바 '오프 리밋츠Off Limits'*이다. 그 대상은 매춘만이 아니라 미군 장병을

---

* 미군이 미국 군인·군속·가족이 민간지역에 출입하는 것을 금지하기 위해 발령한 지령.

상대로 부당하게 비싼 음식비를 청구하거나 폭리를 탐한 전당포 등도 포함되었는데, '오프 리밋츠'는 매춘업자들만이 아니라, 매매춘가를 포함한 지역 전체에 있어서도 사활이 걸린 문제였다. 고자의 야에시마 지구는 쇠퇴하고 요시와라吉原 지구는 미군 장병을 상대로 한 매춘에서 오키나와 현지주민들을 상대로 하는 매춘으로 전환되어 갔다[66].

나아가 민정부는 '오프 리밋츠'만이 아니라 1959년 5월 18일에는 민정부령 제144호를 개정해, 미군요원에 대해 매춘한 자는 1,250달러의 벌금이나 징역 5년 이하의 형에 처하는 것으로 처벌을 강화했다[67].

이러한 가운데, 류큐정부(1952년 4월 1일 설치)도 매춘방지법 제정을 요청하기에 이른다. 이미 1월에 고자 지구 교육장 이나미네 모리야스稻嶺盛康는 "매춘방지법은 민주국가로서 당연한 조치"라는 견해를 표명했었는데[68], 12월 4일 류큐정부의 초청으로 강연을 온 평론가 사카니시 시호坂西志保는 오키나와에 대한 인상을 묻자 "사회문제인 매춘부를 거리에서 일소하기 위해 매춘방지법을 제정하고, 또한 갱생지도를 위한 시설을 만들어 진지하게 대책을 논의해 주기 바란다."고 말했다[69]. 이 발언을 받아 12월 5일 자 『오키나와 타임스沖縄タイムス』 석간의 컬럼도 매춘방지법의 조기 입법화를 촉구했다.

그러나 오키나와 매춘방지법은 곧바로 성립되지는 못했다. 그 배경에는 '본토'의 법과 마찬가지로 매춘업자들의 저항이 있었다. 또 업자들의 업종전환에 대한 보상, 창부들의 '갱생' 등 구체적인 대책들을 실시해야 하는 점도 큰 부담이었다. '오프 리밋츠'를 남발하는 민정부의 입장에서도 업자들에게 "오프 리밋츠의 해제 조건으로 성병 예방에 노력하라"고 통보하여 여성 종업원들을 자주적으로 검진받게 했듯이, 이것의 주요 목적은 장병들 사이에 성감염증이 만연하지 않도록 방지하는 것이었으며 매매춘을 일소한다는 것은 표면상의 방침에 지나지 않았다는 점도 무시할 수 없다[70]. 결국 오키나와에 '본토'법을 기준으로 한 매춘방지법이 성립된 것은 '복귀' 직전인 1970년이었다.

## 6. 존속하는 우생사상

### 우생보호법의 성립

패전 직후의 일본은 식량부족, 주택의 결핍이라는 생활난을 안고 있던 만큼 인구의 억제가 긴급한 과제였다. 바로 여기에 태평양전쟁 전의 우생정책이 살아남을 수 있는 여지가 있었던 것이다. 즉, 특정한 병자·장애인에 대한 차별이 정당화된 것이다.

1947년 8월 2일 제1회 국회참의원에 일본의사회부회장이었던 민주당의 다니구치 야사부로谷口彌三郎가 '산아제한에 관한 질문주의서'를 제출해, 인구증가와 식량난에 대처하기 위해 국민우생법을 적극적으로 활용하여 '불량분자의 출생'을 방지할 것을 요청했다. 이에 대해 가타야마 테쓰片山哲 내각은 8월 8일에 '답변서'를 참의원에 보내 "국민우생법은 악질분자의 출생을 방지하는 것이 목적이므로 이 법률로 인구문제를 근본적으로 해결하는 것은 불가능"하다고 언명했다. 그리하여 인구의 증식을 전제로 한 국민우생법의 개정이 필요하게 되었다.

그래서 국민우생법을 대신할 법안으로서 우생보호법안이 의원입법안으로서 제1회 국회에 제출된 것이다. 제출의원으로는 일본 사회당의 가토 시즈에加藤シヅェ, 오타 덴레이太田典礼, 후쿠다 마사코福田昌子 등이 이름을 올리고 있는데, 이 법안의 목적은 "모체의 생명건강을 보호하고 또한 불량한 자손의 출생을 방지함으로써 문화국가건설에 기여하는 것"임을 주창했다. 모체 보호를 제1의 목적, 그리고 불량한 자손의 출생방지라는 우생정책을 제2의 목적으로 표방하며, '문화국가건설'이라는 전후 부흥에 대한 기여를 궁극의 과제로 삼아 단종斷種*만이 아니라 피임, 낙태를 합법화했다. 모체보호나 '문화국가건설'이라는 미명으로 우생정책 법안의 실태를 은폐한 것이다.

법안은 단종에 관해서 임의를 원칙으로 하며 그 대상은 "임신, 분만이 모체의 생명 또는 건강에 위험을 끼칠 우려가 있을 때, 본인 또는 배우자·근친자가 악질 유전성 소질을 지녀 자손에게 그것이 유전될 우려가 있을 때, 본인 또는 배우자가 악질의 병적 성격, 알콜 중독, 완치하기 힘든 매독을 가지고 있어서 태어날 아이에게 악영향을 줄 우려가 있을 때, 병약자, 다산자 또는 빈곤자여서 태어날 아이가 병약해지거나 혹은 불량한 환경으로 인해 열악해질 우려가

---

* 단종이란 정관이나 난관 절제 수술 등으로 생식능력을 없애는 것을 의미한다. 19세기에 우생학 등의 발전과 더불어 미국, 독일, 일본 등에서 법제화되었다.

있을 때"라고 규정하고 있다. 그리고 법안은 강제단종에 관한 규정
도 두었는데, 그 대상은 상습성범죄자, 정신장애인, 그리고 한센병
환자였다. 또 "모체의 생명 또는 건강에 위험을 끼치거나 혹은 자
손에게 나쁜 양향을 주어 열악해질 우려가 있을 때, 임부가 강간 기
타 부당한 원인에 의해 자기의 자유 의지에 반하여 수태한 경우여
서 태어날 아이가 필연적으로 불행한 환경에 놓여 그로 인해 열악
해질 우려가 있다고 생각될 때"에는 낙태도 인정했다. 실로 여성의
인권을 보호하는 것과 장애인이나 한센병 환자의 인권 박탈을 병
기한 법안이었다. 가토 등 법안 제출자들에게 있어서 장애인이나
한센병 환자는 '문화국가건설'이라는 전후부흥의 과제를 저해하
는 존재로 간주되었던 것이다. 특히 노동자의 생활방위와 모체의
보호라는 관점에 서서 태평양전쟁 전부터 산아조절운동에 참가해
왔던 가토는 낙태 합법화를 목표로 이 법안을 입안했는데, 그것이
한편으로는 장애인, 한센병 환자에 대한 차별법이 되기도 한다는
점을 경시하고 있었다. 1947년 12월 1일 중의원 후생위원회에서
법안을 설명하기 위해 일어선 가토는 "모체를 보호하고 우량한 자
손을 낳고 싶다"고 법안의 취지를 설명했다[71].

　당시 법안은 시간이 종료되어 심의를 마치지 못했고, 수정을 거
친 후 이듬해인 1948년 6월에 제2회 국회에 초당파 의원입법안으
로 제출되었다. 이때의 법안에는 법의 목적이 '우생상의 견지에서
불량한 자손의 출생을 방지함과 아울러 모성의 생명 건강을 보호
하는 것'이라고 명기되어 있어서, 이전 법안에서 제시했던 모체보
호와 우생정책의 순서가 역전되어 있었다. 초당파의 법안이 되는

과정에서 우생정책이 제1의 목적으로 수정된 것이다. 또한 단종의 대상을 임신, 분만이 모체의 생명에 위험을 끼칠 우려가 있는 자, 다산으로 인해 분만이 모체의 건강을 현저히 저하시킬 우려가 있는 자 외에, 본인 또는 배우자, 혹은 사촌 이내의 혈족이 유전성 질환을 가지고 있어 자손에게 유전될 우려가 있는 자, 본인 또는 배우자가 한센병에 감염되어 자손에게 감염시킬 우려가 있는 자로 규정해, 유전성으로 간주된 병자·장애인과 한센병 환자는 그 배우자까지 단종의 대상으로 여겨졌다. 낙태도 임의로 취급되어 빈번한 임신, 다산자의 임신, 강간에 의한 임신과 아울러 유전성으로 간주된 병자·장애인, 한센병 환자의 임신이 대상으로 간주되었다.

6월 19일에 열린 참의원 후생위원회에서 법안 설명에 나선 다니구치 야사부로는 단종의 목적에 관해서 모체의 보호는 언급하지 않고 "선천성 유전병의 출생을 억제하는 것이 국민의 급속한 증가를 방지하는 데 있어서도, 그리고 민족의 역도태를 방지하는 점에서도 극히 필요"하다고 역설하며 우생정책임을 강조했다[72]. 그리고나서 이 법안은 가결, 성립되었다.

우생보호법은 1949년 제5회 국회에서 개정된다. 이때의 개정으로 낙태의 조건에 '경제적 이유'를 부가한 사실이 잘 알려지게 되는데, 이후 이 점에 있어서 우생보호법은 여성이 자신의 뜻에 반한 임신을 한 경우의 낙태를 인정한 여성의 인권을 지키는 법률이라는 평가가 지배적이었다. 그러나 사실 이때의 개정에서는 단종의 강제성이 강화되고, 낙태의 대상이 되는 질병과 장애도 확대됨과 아울러 대상자도 정신장애인, 지적장애인의 배우자에게까지 확대된 것이었다[73].

우생보호법에 대해서는 GHQ도 반대하지 않았다. 당시에는 "아직 우생학에 대해 일반적으로 현재와 같이 부정적인 시각은 없었고, 국가가 국민의 질을 관리하고 향상시키기 위해 정책적으로 개입하는 것은 자명하고 정당한 일이며 오히려 바람직한 것으로 받아들여지고 있었기" 때문이다[74].

이렇게 해서 정신장애인, 지적 장애인 그리고 한센병 환자는 법적으로 '문화국가건설'이라는 국가의 목적에 반하는 존재로 간주되었다. 특히 그때까지 법적 근거도 없이 이루어져 왔던 한센병 환자에 대한 단종과 낙태는 이후 '합법적'이 되었다. 법률이 성립된 7년 후인 1955년, 이 법에 의거한 단종 건수는 1년간에 4만 3,255건이었다. 그 가운데 임의 단종은 유전성 질환을 이유로 하는 것이 391건, 한센병을 이유로 하는 것이 129건이었다. 강제로 단종을 당한 경우는 유전성 질환을 이유로 한 840건이었다. 또 같은 해의 낙태 건수도 총수 117만 143건 중 유전성 질환을 이유로 하는 것이 1,492건, 한센병을 이유로 하는 것은 303건이었다[75].

전체 숫자로 보면 장애인이나 한센병 환자 건수의 비율은 낮다. 그러나 1년간 3천 명 이상의 사람들이 병이나 장애를 이유로 국가에 의해 아이를 낳을 자유를 빼앗긴 셈이다. 문제가 되는 것은 이러한 사실을 경시하고 이 법률을 여성의 인권을 보호하는 법으로만 평가해온 정치와 사회의 책임이다.

우생보호법을 둘러싼 논평을 보더라도 그 사상적 입장, 정치적 입장 차이를 막론하고, 단종이나 낙태에 관여해 온 사람들 사이에서는 우생보호법을 지지하는 의견이 명백하고 장애인과 한센병 환자의 인권에 배려하는 의견은 찾아볼 수가 없었다.

## 오키나와와 '본토'

1956년 류큐입법원에서도 우생보호법안이 심의되었다. 오키나와의 법은 임의의 낙태에 관해 본인의 동의 외에 우생심사회優生審査会의 결정을 필요로 한다는 점 외에는 거의 일본 '본토'의 법을 답습한 것이었다. 6월 15일, 류큐입법원의 제8회 의회 문교사회위원회文教社会委員会에서 법안을 설명한 사회국 차장 야마시로 아쓰토시山城篤俊는 "현재 비합법적인 낙태가 연 만 건 이상이나 이루어지고 있을 것으로 추정되며, 또한 정신병 환자도 해마다 증가하고 있습니다. 이와 같은 객관적 상황으로 보아 모체 보호, 우생유전의 견지에서도 낙태를 합법화할 필요가 있기 때문에 우생보호법을 입법 요청하게 됐다"고 발언하며, 우생정책이라는 점뿐만 아니라 비합법적인 낙태를 막아 모체를 보호한다는 점도 강조했다. 그러나 이 법은 장애인까지도 주요 대상으로 삼고 있었다는 것 또한 사실이며, 강제적 단종의 조건으로 '공익상의 필요'를 든 의미에 대해서 '성질이 열악한 것'을 대상으로 한다는 것이 류큐 정부의 설명이었다. 7월 2일에는 참고인으로 의사회 회장 오기미 조케이大宜見朝計, 조산부회助産婦会의 회장 도야마 미쓰当山美津, 오키나와부인연합회 부회장 요시다 쓰루吉田つる, 공중위생간호부회 대표 와쿠가와 후사코湧川房子가 의견을 진술했는데, 이들 전원이 법안에 찬성했다[76].

이렇게 해서 우생보호법은 7월 27일에 성립되었다. 그러나 공포 전날인 8월 30일, 미국민정부는 포령 제158호로써 이 법의 무효를 선언해 이 법은 폐지되었다. 무효의 이유에 관해 미국민정부는 이 법에는 "류큐의 복지와 최대의 이익에 반하는 조치와 규정이 포함되어 있으며, 기본적으로 필요한 의학적 및 법적 보호조치를 마련하지 않은 채 의료행위를 허가하면 개인의 생명과 복리에 위험을 초래한다."고 설명하며, "류큐 주민의 생명, 보건 및 복지를 옹호하기 위해" 법을 무효로 한다고 결론지었다[77].

미국민정부가 이와 같은 판단을 한 이유로는 이 법이 실질적으로 낙태의 합법화를 의미하고 있다는 점에 대한 우려와, 유전성으로 간주된 병의 판단에 대한 의학적 타당성에 대한 염려, 그리고 시정권施政權을 가진 오키나와의 인구억제정책에 미국이 관여하는 것에 대한 국제적인 비판이 일 것이라는 우려가 있었던 것으로 보인다. 미국은 간접통치하에 있는 일본 본토의 인구정책에 관해서는 '중립성'을 지키는 입장을 유지하며 개입하지 않았기 때문에 GHQ는 일본 본토의 우생보호법에 대해서는 반대하지 않았지만, 직접통치를 계속하는 오키나와에 대해서는 독자적인 판단을 우선해 반대한 것이었다.[78]

그 후, 1957년 9월 3일, 류큐입법원의 국민우생법 개정안 가결 이후 오키나와에서는 1972년 '복귀'가 이루어질 때까지 태평양전쟁 전의 개정국민우생법 하에 유전으로 간주한 장애인에 대한 단종과 낙태를 실시했다.

이리하여 전후에도 일본 본토와 오키나와에서 전전과 마찬가지로 우생정책이 계속되었다. 그리고 장애인, 한센병 환자의 인권에 대한 사회의 무관심이 우생보호법의 폭주를 허용해간다. 지적장애 여성의 자궁적출, 한센병 환자에 대한 단종, 낙태의 강제와 낙태한 태아의 표본화 등은 이러한 법의 폭주가 낳은 결과이다.

 '우생'이라는 가치관을 명실상부하게 내건 이 법률은 1996년에 모체보호법으로 개정될 때까지 존속했다. 이 법 아래에서 수많은 장애인과 한센병 환자가 아이를 낳을 자유를 빼앗겼는데 그에 대해 국가는 아직 반성과 사죄는 물론 보상도 하지 않고 있다.

 1998년 11월 5일, 국제연합규약인권위원회가 우생보호법에 의해 여성장애인이 '강제불임수술'을 받은 사건에 대한 보상법의 제정을 일본 정부에 권고한 것을 계기로 2004년 3월 24일, 제159회 국회 참의원 후생노동위원회에서 사회민주당의 후쿠시마 미즈호福島瑞穂는 이 권고에 대한 정부의 견해를 물었는데, 후생노동성 고용균등·아동가정국장 고토 다다하루伍藤忠春는 수술이 "법률에 의거해 이루어진 조치"이므로 법적인 보상은 곤란하지 않겠냐고 답변했다. 또 후생노동장관 사카구치 지카라坂口力도 "그런 일은 일어나서는 안 되는 것이었다."라고 하면서도 "법률에 대해서는 충실하게 행해나가는 것이 후생노동성의 입장"이라며 법적 보상에 대해서는 소극적인 자세를 보였다[79]. 나병예방법이라는 법아래 자행된 한센병 환자에 대한 강제격리정책에 대해서는 국가배상청구소송에서 원고 측이 승소해 법적 보상이 이루어졌지만, 우생보호법 하에서 행해진 '강제 불임수술'에 대해서는 아직도 국가의 책임은 묻지 않은 채로 남아있다.

1　渡辺俊雄「占領期の部落問題」『部落解放史ふくおか』58号、1990、p.32.
2　渡辺俊雄「知られざる憲法制定史――ゴードンさんの証言から」『部落解放』278号、1988、p.77.
3　部落解放研究所近現代史部会「占領政策の根本原則と部落問題――元民生局次長ケーディス氏に聞く」『部落解放研究』69号、1989、p.17.
4　『第九十回帝国議会衆議院帝国憲法改正案委員会議録』14回.
5　戒能通孝『市民の自由――基本的人権と公共の福祉』日本評論社、1951.
6　坂本孝治郎「まえがき」『象徴天皇制へのパフォーマンス――昭和期の天皇行幸の変遷』山川出版社、1989.
7　鈴木しづ子「天皇行幸と象徴天皇制の確立」『歴史評論』298号、1975、p.59, pp.64-65.
8　福島県編・刊『御巡幸録』1948.
9　上野英信『追われゆく坑夫たち』岩波新書、1960.
10　『福島民報』1947年8月6日.
11　『福島民友新聞』1947年8月11日.
12　「九州巡幸を繞めぐる關係各方面の動向について」「昭和24年行幸啓録」13、宮内公文書館所蔵.
13　厚生省『援護50年史』1997; 井出孫六『中国残留邦人――置き去られた60余年』岩波新書、2008、p.82.
14　井出孫六『中国残留邦人――置き去られた60余年』岩波新書、2008.
15　猪股祐介「コラム満洲移民女性と戦時性暴力」福間良明ほか編『戦争社会学の構想――制度・体験・メディア』勉誠出版、2013.
16　小川津根子・石井小夜子『国に棄てられるということ――「中国残留婦人」はなぜ国を訴えたか』岩波ブックレット、2005; 東志津『「中国残留婦人」を知っていますか』岩波ジュニア新書、2011.
17　外村大「日本帝国と朝鮮人の移動――議論と政策」蘭信三編『帝国崩壊とひとの再移動――引揚げ、送還、そして残留』勉誠出版、2011、pp.19-20.
18　飯島真理子「フィリピン日本人移民の戦争体験と引揚げ――沖縄出身者を中心に」蘭信三編『帝国崩壊とひとの再移動――引揚げ、送還、そして残留』勉誠出版飯島、2011、pp.144-145.
19　『第7回国会参議院法務委員会会議録』27号.
20　栗生楽泉園事務分館「処分者書類綴昭和25年以降」栗生楽泉園入所者自治会所蔵.
21　『第90回帝国議会衆議院議事速記録』19号.
22　『第19回国会衆議院法務委員会議録』62号.
23　内務省警保局保安係「公娼制度廃止関係起案綴」国立公文書館所蔵.
24　『第13回国会参議院外務・法務連合委員会会議録』4号.
25　『第7回国会衆議院厚生委員会議録』5号.
26　『第10回国会衆議院行政監察特別委員会議録』3号.
27　出入国管理庁「韓国の癩患者調」;「光田健輔宛て鈴木1書簡」1951年11月27日、

長島愛生園所蔵.
28 『朝日新聞』2000年4月12日.
29 黒川みどり『描かれた被差別部落——映画の中の自画像と他者像』岩波書店、2011.
30 長崎県部落史研究所編『ふるさとは一瞬に消えた——長崎・浦上町の被爆といま』解放出版社、1995.
31 野洲町部落史編さん委員会編『野洲の部落史通史編・史料編』滋賀県野洲町、2000.
32 野洲町部落史編さん委員会編『野洲の部落史通史編・史料編』滋賀県野洲町、2000.
33 部落解放同盟「部落問題解決のため国策樹立に関する要望書」「部落問題解決のため農林省に対する要望書」1958年1月25日.
34 聴取資料.
35 『解放新聞』187号、1961年2月5日; 黒川みどり「千葉県の戦後被差別部落の生活と運動」『千葉県史研究』17号、2009.
36 「第2回日本母親大会宣言」1956年8月29日.
37 鹿野政直『現代日本女性史——フェミニズムを軸として』有斐閣、2004.
38 半田たつ子「手記家庭科教育とわたし」女たちの現在を問う会、1988.
39 溝上泰子「あとがき」『日本の底辺——山陰農村婦人の生活』未来社、1958.
40 溝上泰子『日本の底辺——山陰農村婦人の生活』未来社、1958.
41 山代巴「日本の女」『人民文学』3-5月号、1953年.
42 山代巴「現在の日本のなやみと女性」『広島教育』1953年10月.
43 牧原憲夫「解説」山代巴『おかねさん』径書房、1992.
44 山代巴「戦後の出発」『岩でできた列島』径書房、1990.
45 丸山眞男「福沢諭吉の人と思想」1995、『福沢諭吉の哲学 他6篇』岩波文庫、2001、pp.175-176.
46 山代巴「農民の文学意識(原題は「農民」)」『岩波講座文学2』1953. 後に『おかねさん』径書房、1992に収録.
47 ドウス昌代『敗者の贈物——国策慰安婦をめぐる占領下秘史』講談社、1979.
48 藤目ゆき『性の歴史学——公娼制度・堕胎罪体制から売春防止法・優生保護法体制へ』不二出版、1997、pp.329—330.
49 杉山章子「敗戦とR・A・A」『女性学年報』9号、1988、p.42.
50 奥田暁子「GHQの性政策——性病管理か禁欲政策か」恵泉女学園大学平和文化研究所編『占領と性——政策・実態・表象』インパクト出版会、pp.26-32.
51 愛知県総務部地方課「地方自治關係実例判例昭和22-28年 昭和31-33年」愛知県公文書館所蔵.
52 厚生省児童家庭局編『児童福祉30年の歩み』日本児童問題調査会、1978、pp.8-10、p.56.
53 「所謂「人身売買」事件の取締りについて」『労働時報』2巻4号、1949年4月.
54 『日本労働年鑑』1952年版.

55 中川董治「取締面より見た人身売買」『警察時報』9巻2号、1954年2月.

56 警察庁刑事部防犯課編『人身売買検挙状況(昭和二十九年)』.

57 山口覚「人身売買から集団就職へ——『1954年青森発、戦後最初の就職列車』をめ
ぐって」『関西学院史学』31号、2004、pp.144-145.

58 『うるま新報』1949年10月4日.

59 宜野湾市教育委員会文化課編『宜野湾市史別冊 戦後初期の宜野湾——桃原亀郎
日記』1997.

60 P.H.SKUSE「Prostitution in Sukiran Area」『Paul Skuse Paper』沖縄県公文
書館所蔵.

61 「GRI Laws: Prostitution(Act No.35)」『Records of the U.S.Civil Administration
of the Ryukyu Islands(US CAR)』沖縄県公文書館所蔵.

62 『第3回議会(定例)琉球立法院会議録』24号.

63 小野沢あかね「米軍統治下Aサインバーの変遷に関する一考察——女性従業員の
待遇を中心として」『日本東洋文化論集』11号、2005、p.9.

64 那覇市総務部女性室編『なは・女のあしあと——那覇女性史(戦後編)』琉球新報
社、2001、p.287.

65 沖縄市、浦添市、宜野湾市、具志川市、石川市及び中頭郡老人福祉センター運営
協議会編・刊『中部地区社会福祉の軌跡1総論』1986、p.64.

66 小野沢あかね「米軍統治下沖縄における性産業と女性たち——1960〜70年代コザ
市」『年報日本現代史18 戦後地域女性史再考』現代史料出版、2013、p.79.

67 『琉球新報』1959年5月18日.

68 『沖縄タイムス』1959年1月25日.

69 『沖縄タイムス』1959年12月5日.

70 「ことばにみる沖縄戦後史19」『琉球新報』1970年6月5日.

71 『第1回国会衆議院厚生委員会会議録』35号.

72 『第2回国会参議院厚生委員会会議録』13号.

73 石井美智子「優生保護法による堕胎合法化の問題点」『社会科学研究』34巻4号、
1982、pp.143-144.

74 荻野美穂『「家族計画」への道——近代日本の生殖をめぐる政治』岩波書店、2008、
p.172.

75 厚生省大臣官房統計情報部編『優生保護統計報告』1994年版.

76 琉球政府立法院「1956年第7回議会 第8回議会文教社会委員会々議録」沖縄県
議会図書室所蔵.

77 琉球政府『公報』72号、1956年9月7日.

78 澤田佳世『戦後沖縄の生殖をめぐるポリティクス——米軍統治下の出生力転換と女た
ちの交渉』大月書店、2014、pp.128-154.

79 『第159回国会参議院厚生労働委員会会議録』4号.

제5장

# '시민'으로의 포섭과 배제

전후 부흥을 거쳐 고도경제성장을 이룩해가는 가운데, 이 성장을 짊어질 노동력을 창출하기 위해 피차별부락이나 아이누인 등을 '시민'으로 포섭하려는 시도가 이루어졌다. 전자에 대해서는 동화대책사업同和對策事業 이 개시되었지만 그 대상에 대한 선긋기는 피차별부락 사람들에게 '마이너리티'임을 각인하게 만들었고, 그것이 더한 차별을 낳기도 했다.

경제성장은 여성의 고학력화와 사회진출을 촉진했지만 젠더의 벽은 두터웠으며 성별에 따른 역할의 분업은 한층 확대되었다. 또한 그 안에서 '주부'라는 '문제'도 점차 가시화되었다.

점령 후기부터 드러나기 시작했던 '피폭자'와 고도경제성장이 낳은 공해환자 문제도 고발을 통해 서서히 나타나기 시작했다. 이 문제들의 배후에는 봉건성이며 경제적 빈곤 등이 사슬처럼 연결되어 있었고, 유전이라는 학문적 지식 또한 그들에 대한 차별을 한층 강화하는 역할을 했다.

# 1. 그어지는 경계 ─ 격차의 고발

## '동화지구'라는 선 긋기

1956년, 『경제백서経済白書』에 실린 "이제 더는 전후戰後가 아니다."라는 말이 화제를 불러일으켰다. 이 말은 '전후' '아프레게르après-guerre*'따위에 의존한 사상적 퇴폐로부터의 탈피를 촉구하며 나카노 요시오中野好夫가 "이제 더는 '전후'가 아니다."[1]라고 표현했던 원래의 의도와는 달리, 전쟁 피해의 불식과 새로운 경제성장의 개막을 고하는 의미로 받아들여졌다. 그런 가운데 일본은 1950년대 후반부터 호황을 누리며 1960년 이후에는 안보투쟁으로 퇴진한 기시 노부스케岸信介 내각을 대신해 성립된 이케다 하야토池田勇人 내각 하에서 소득배증계획・고도경제성장정책이 추진되고 사람들의 생활도 큰 변화를 이루었다. 그러나 앞장에서 이미 살펴본 바와 같이 생활수준, 교육, 그리고 취직 등에 있어 불리한 상황에 놓여있던 피차별부락은 전후 부흥의 물결에서 뒤쳐진 채, 점점 더 뚜렷하게 부락 외부와의 격차가 표면화되어 갔다.

1961년 6월, 부락해방동맹 중앙위원회는 '부락해방 국책수립 청원운동 방침'에서 이 시기의 상황에 대한 인식에 대해 "전후 민주적 개혁을 통해 일본 사회가 민주화된 것처럼 말들을 한다. 그러나

---

* 제1차 세계대전 후 프랑스에서 일어난 아방가르드운동에 대한 반항으로 전개된 전후파(戰後派) 문학을 일컫는다. 예술・문학 등 문화면에서의 신경향을 의미하며, 일본에서는 제2차 세계대전 후 무궤도, 퇴폐적이라는 뜻으로 사용되었다.

부락 문제는 지금도 여전히 해결되지 않았다. 해결은커녕 차별은 점점 더 악질적으로 변했다."고 기술하고 있다. 그 구체적인 예로 법원·검찰관의 차별이 문제가 된 사건과, 결혼문제로 인한 자살의 증대를 든다. 또 생활상에 관해서는 "부락민의 생활은 점점 더 어려워졌다. 독점자본에 압도되어 부락의 중소기업은 몰락하고, 실업자는 한층 더 증가해 생활이 곤궁한 사람들이 급격히 증가했다. 농지해방의 혜택을 입지 못했던 부락 농민이 이번 농업기본법으로 또 다시 토지에서 분리되어 룸펜*화되는 것 외에는 길이 없다."고 고발하고 있다. 해당 시기는 부락해방운동과도 보조를 맞추며 피차별부락이 안고 있는 문제의 심각성을 고발하는 영화와 르포르타주 등의 작품이 세상을 향해 왕성하게 문제를 제기했던 시기이기도 하다. 1960년, 영화감독 가메이 후미오亀井文夫가 제작·상영한 영화「인간 모두 형제 부락차별의 기록人間みな兄弟 部落差別の記録」은 그 대표적인 작품 중의 하나이다. 여기에는 "역시 부락은 다르다는 특이한 느낌을 갖게 될지도 모른다."[2]등의 우려를 수반하면서도 동화대책사업이 시행되기 이전, 차별과 빈곤 속에서 살아가는 사람들의 삶과 일 등을 그리고 있다[3].

당시 오사카아사히신문의 사회부 기자였던 히라노 이치로平野 一郎가 쓴 「부락 3백만 명의 소송」[4]과 『주간아사히週刊朝日』[5]에 게재된 「부락을 해방하라—일본 안의 봉건제」(太田信男記)는 「인간 모두 형제」의 제작에도 적지 않은 영향을 준 르포르타주였다. 예를 들면

---

* 독일어로 부랑자 또는 실업자를 일컫는 말이다.

「부락을 해방하라」에서는 고치 현高知県의 방적회사가 회사 방침이라고 언명하며 부락 출신자를 배제했던 사실과, 표면적으로는 그렇게 말하지 않더라도 "부락 애들은 난폭해서 직장 동료들과 말썽을 일으키니까 ……"와 같은 이유로 배제하는 기업이 대다수라고 하는 부락 문제의 전형적인 양상을 폭로했다. 또 생활실태에 관해서도, 교토京都를 예로 들어 "다다미疊도 10조疊* 이하인 집이 3분의 1이며 부엌도 없는 집이 태반이다. 물을 공동 수도 또는 우물까지 기르러 나가야하는 집이 7할인데다, 8할 이상이 공동변소를 이용하고 있다. 조금이라도 비가 심하게 내리면 하수구가 넘쳐 변소의 오물과 섞여 온 골목에 흘러넘친다. [중략] 부락의 경우 대부분의 사람들은 부모 대부터 이 열악한 환경에 갇혀있는 것이다."라고 기술하며 도시부락의 곤궁한 실태를 고발한다. 니코욘(일용직 노동자. 실업대책사업에서 일급이 240엔이었던 시기가 있었기 때문에 생겨난 호칭)**과 도카타土方***, 행상, 고물상 등으로 생계를 유지하는 모습도 그려져 있다.

같은 해, 『강좌 부락講座部落』(전5권)6의 일환으로 간행된 『부락 후지카와 기요시 사진집部落 藤川清写真集』도 거의 같은 시각에서 피차

---

* 다다미란 일본식 주택의 방바닥에 까는 바닥재로, 일본에서는 지금도 방의 크기를 다다미의 장수인 '조(疊)'로 나타내는 경우가 많다. 1조의 크기는 지역마다 약간씩 다르지만 평균적으로 환산할 경우 10조는 약 1.62m²이다.
** 1949년의 실업대책사업에서 일용노동자의 일급 240엔을 100엔짜리 두 장과 40엔짜리 네 장으로 지급했기 때문에 '두 개'라는 의미의 '니코'와 '4'라는 의미의 '욘'을 합쳐 '니코욘'이라 부르게 되었다고 한다.
*** 공사판 막노동꾼.

별부락을 파악하고 있는데, 이들은 사회구조 시스템 속에서 피차
별부락이 가장 억압받고 소외당한 존재임을 강조했다. 그것은 또
한 이 시기에 국책수립을 위해 부락해방운동과 많은 피차별부락민
들이 필요로 했던 부락상部落像이기도 했다. 그런 까닭에 자칫 피차
별부락의 부정적 이미지를 증폭시키고 '특수성'을 각인하게 될 것
이라는 우려가 있기는 했으나 「인간 모두 형제」의 상영 운동 등도
각지에서 이루어졌다. 그러나 "부락은 역시 다르다는 특이한 느낌
을 갖게 될 것"이라는 우려가 어느 한 면에서는 현실적으로 뿌리
깊게 존재했다.

정부는 이렇게 고조되어 가는 국책수립 요구 운동에 압박을 받
으면서 1960년에 동화대책심의회를 총리부 부속기관으로 설치했
다. 이 시기는 전국민연금·전국민보험과 같은 일본형 사회보장체
제가 성립되어가던 때였고, 정부(기시 내각) 또한 그 일환으로 전
후 부흥을 이룩하고 고도경제성장으로 접어든 경제적 여유를 배경
으로 적극적으로 부락문제 대책에 착수했다. 한편으로는 우선 부
락의 노동력을 유동화하여 기업으로 흡수시킴으로써 실업대책사
업과 생활보호가 중요한 역할을 차지하는 부락의 생활실태를 개선
하고자 했고, 다른 한편으로는 그것을 보완하기 위한 특별대책으
로 환경개선·주거환경대책을 실시하는 방침을 내세웠다. 덧붙이
자면 1962년 동화대책심의회의 '전국기초조사보고' 결과에 따르
면 홋카이도北海道와 오키나와沖縄, 그리고 회답이 없었던 여섯 도현
都県 도쿄東京, 가나가와神奈川, 미야자키宮崎, 이와테岩手, 미야기宮城,
야마가타山形를 제외한 동화지구同和地區의 인구는 111만 명이었다[7].

216

1965년에 제출된 답신의 전문前文에서는 "말할 것도 없이 동화문제는 인류 보편의 원리인 인간의 자유와 평등에 관한 문제이며, 일본국헌법에 의해 보장된 기본적 인권과 관련된 과제이다."라고 서술함으로써 근대의 기본적인 이념에 비추어 "이것의 조급한 해결이야말로 국가의 책무이며 동시에 국민적 과제"임을 언명했다. 부락문제의 해결을 '국가의 책무'로 인정한 것은 이후의 정책들을 끌어내는 데 있어 큰 의미를 지님과 동시에, 부락문제 대책이 이제는 '체제 내부'의 문제가 되었음을 의미하는 것이었다.

아울러 유의하지 않으면 안 될 점은 "다만 세상 사람들의 편견을 타파하기 위해 분명히 말해 두어야 할 것은 동화지구의 주민은 다른 인종도 다른 민족도 아니며 의심의 여지없는 일본민족, 일본국민이라는 사실이다."라고 기술되어 있는 부분인데, 이는 당시 인종기원설이 여전히 일정한 영향력을 지니고 있었음을 보여주는 증좌이다. 답신은 그러한 '심리적 차별'과 '실태적 차별'의 상호보완작용을 지적하고, 그것을 단절하기 위해 "종종 사회문제로 제기되는 주관적인 차별 언동보다도 오히려 일반지구의 생활상태 및 사회, 경제적인 일반수준에 비해 동화지구라는 이유로 아무 해결책 없이 낙후되어 있는 환경 그 자체"에 전력을 다해 대응할 것임을 밝혔다. 그에 기하여 1969년 7월에 제정된 동화대책사업 특별조치법은 "동화대책사업의 목표는 대상지역의 생활환경 개선, 사회복지의 증진, 산업의 진흥, 직업의 안정, 충실한 교육, 인권옹호활동의 강화 등을 도모함으로써 대상지역 주민의 사회적, 경제적 지위의 향상을 부당하게 가로막는 모든 요인을 해소하는 데 있다."(제5조)고

217

강조했다.

동화대책사업은 대체로 속지주의屬地主義를 토대로 진행되어 사업 대상지구로 지정을 받을 것인가 여부에 대해서는 선택의 여지가 있었지만, 사업 대상이 된다는 것은 그 지역이 피차별부락임을 공언하는 것이기도 했다. 즉 차별을 해소하기 위해 추진되어 온 동화대책사업의 실시가 '시민' 속에 '동화지구' 주민이라는 새로운 경계를 만들어내는 것이기도 했다. 그러나 당시 피차별부락의 태반이 그 방법 외에는 달리 생활을 꾸려나갈 길이 없는 상황이었기 때문에 대부분의 지역은 지구로 지정받는 길을 택했다. 동화대책사업 특별조치법에 따른 정책들은 용이하게 착수되지 못했지만 부락해방동맹이 지방자치체와 치열한 절충을 거듭한 끝에 마침내 전국각지에서 사업이 진전된 것은 1970년대 중반 이후의 일이었다.

### 부상하는 '우타리 대책'

동화대책사업 실시가 목전으로 다가오자 '우타리* 대책'이라고 칭하며 아이누 민족에게도 동일한 대책을 시행해야 한다는 논의가 불거졌다. 이에 동화대책사업 특별조치법이 제정되기 직전 중의원 의원 아키타 다이스케秋田大助는 홋카이도우타리협회 이사장 노무라 기이치野村義一 등 3명과 면담을 거쳐 이 법을 '우타리'에게도 준

---

* 아이누어로 인민. 친족. 동포. 동료.

용한다는 취지의 규정에 대한 의견을 물었다. 이 건에 관해 당시 홋카이도 도지사였던 마치무라 긴고町村金五는 "동화 문제와 우타리 문제는 본질적으로 달라 이 법의 부칙으로 규정하는 것은 적당하지 않다. 우타리 문제는 홋카이도의 문제로 다루어야 하며, 홋카이도만의 특색이 있는 시책을 강구하는 것이 적당하다."고 회답했기 때문에 '부칙'에 '우타리 대책'과 관련된 사항을 넣는 것은 중지되었다. 아이누 민족 또한 동화와 이화異化 사이에 흔들리는 정책에 농락당하며 한 걸음씩 앞으로 나아가야만 했다[8].

그러한 가운데 홋카이도우타리협회도 교육·주택대책·생활기반 정비를 주요한 운동 목표로 내세우며 '우타리 대책'을 정부에 요구했다. 그 결과 1974년에는 홋카이도 도청을 창구로 하여 '제1차 홋카이도우타리복지대책'이 7개년 계획으로 책정되었는데, 그 내용은 대부분 생활환경대책과 농림업대책이었다[9]. 그 이유는 고도경제성장의 파장이 아이누 사람들의 삶에도 영향을 미치게 되어 '우타리의 생활권'이 확대되고 도시로 진출하는 경우도 생기게 되었기 때문에 '취직기회의 균등화'가 가장 절실하게 요구되었고, 아울러 그 전제가 되는 교육과 생활기반의 문제가 부상했기 때문일 것이다. 또 학력을 갖추지 못한 중년이나 노년의 사람들에게는 '오직 육체노동 하나로 살아가야 한다.'는 현실이 닥쳐왔던 것이다. 아이누 민족의 아이덴티티를 추구하며 이러한 '우타리 대책'의 일면성을 비판하는 목소리가 대두되기까지는 세월이 한참 더 흘러야 했다.

## 버림받은 장애인

국민들을 고도경제성장을 짊어질 노동의 역군으로 포섭하겠다는 정부의 목표는 장애인들에게도 적용되어 갔다. 1963년, 장애인 문제에 관해 경제심의회가 내어놓은 답신에는 정부의 그러한 태도가 잘 나타나있는데, "인적능력을 노동력으로 간주하고 이를 경제발전과 관련"지어 파악하는 입장에서 "교육에 있어서나 사회에 있어서나 철저하게 능력주의를 추진해갈 것"을 주장하고 있다. 그것은 고도성장기의 청년층 노동력 부족 현상을 보완할 대책으로 내세운 '인적능력개발정책'의 일환이었으며, 바로 장애인을 '열등자'로 간주하고 장애인의 발달 가능성에 관해서는 전혀 고려하지 않거나, 또는 고정적·한정적으로 간주하는 시각과 표리일체를 이루고 있었다[10].

1953년에 재일코리안 2세로 오사카에서 태어난 김만리金滿里는 3세 때 소아마비에 걸려 1961년에 장애인 시설에 입소하게 됐는데, 당시 장애인 수용시설의 실태를 시설 내부의 시선으로 바라볼 수 있었다. 시설에서 보낸 그녀의 10년간의 생활은 "나는 조선인인데도 일본 이름밖에 적지 않았다. 조선인은 원래 그렇다며 아무런 이유도 없이 그냥 처음부터 낙인이 찍힌 채 강렬한 인상"[11]을 가지고 시작하게 되기 때문이라고 한다. 장애인이 되기 전부터 국민국가에서 배제된 존재였기 때문이었을까? 그녀는 초등학생 시절과 중학생 시절을 보냈던 1960년대 당시 장애인 시설이 안고 있던 문제들을 냉철하리만큼 예리하게 파헤쳐 기록으로 남겼다.

　김만리는 "시설에서 보낸 10년간의 생활을 떠올릴 때마다 잊을 수 없는 것은 당시 제대로 갖춰지지 않은 시설로 인해 처음에는 그리 중증도 아니었던 아이가 볼 때마다 상태가 눈에 띄게 나빠져 가다가 결국엔 누운 채 움직이지도 못하는 상태가 되거나, 죽어가는 모습을 눈앞에서 지켜볼 수밖에 없었던 일이다."라고 술회한다. 그리고 "그 후에도 시설 직원들의 태도를 관찰해보면 만약에 중증장애에 지적장애까지 있고, 게다가 부모마저 없거나 부모가 있어도 거의 면회를 오지 않아서 방치된 상태에 놓여있는 아이에게는 직원들도 이지메에 가까운 취급을 한다는 것을 분명히 알게 되었다. 이제는 몰라볼 정도로 여건이 개선되기는 했지만, 당시에는 시설 설비며 근무상태 모두 열악했다. 직원들은 아마 그런 악조건의 영향을 정통으로 받고 있었을 것이다. 그러나 여기에서 주목해야 할 점은 그 여파가 결국은 시설 안의 더 약하고 힘없는 이들을 덮쳤다는 사실이다."라고 지적하며, 내부의 더 '약한 이들'에게 모순이 집중되는 상황을 간파한다. 그녀는 또 "나는 죽은 아이의 침대를 정리하는 그 어머니의 뒷모습을 바라보면서 '그 아이는 직원들에게 살해당한 거예요.'라고 말하고 싶은 충동에 강하게 휩싸였던 기억이 또렷하다."며 자신의 직접적 경험을 통해 문제의 본질로 파고든다. "이런 일이 일어나면 으레 나오는 소리가 시설의 설비가 어떻느니 직원들의 대우가 어떻다느니 하는 말들이다. 그리곤 논의는 결국 다시 복지정책 문제로 귀결된다. 분명 그 문제는 예나 지금이나 엄연히 존재하며 그 문제들이 충분히 개선되어야 함은 물론이다. 그러나 겨우 일곱 살이라는 어린 나이부터 그런 곳에 내던져진 사람에게 있어서 그것은 단순한 복지의 문제를 넘어 인간의 본질과 관련된, 보다 더 깊은 문제라는 생각이 든다. 그런 상황의 한복판에 있으면서 내가 느꼈던 것은 '나는 지금 극한상황에서 드러나는 인간의 에고Ego라고 하는, 인간의 본질을 직시하고 있다.'는 자각이었다. 그리고 그 본질은 내 안에도 있다고 생각했다. 내 안에도 어느새 직원들에게 동조하며 가장 배제당하는 사람을 멸시하는 마음이 생겨버렸던 것이다." "시설이란 곳은 결코 낙원이 될 수 없으며, 결국은 일반사회에서 자행되는 차별의 축소판을 보다 거친, 날것의 형태로 당사자에게 들이대는 곳일 뿐이다." "우리는 모두 시설이라는 이름의, 숙식을 함께 하는 집단생활 속에서 도망치지 못한 어린 애들이었다. 어느 날 그곳에 있던 아이가 홀연히 사라진다. 어른들은 그것에 대해 아무 일도 없었던 듯이 입을 다문다. 무엇인가 석연치 않은 느낌을 지닌 채, 전할 수 없는 말은 아이들 사이에서도 입에 올려서는 안 되는 금기어가 된다. 우리 같은 아이들에게 그것은 가슴에 얹혀 있는 큰 돌덩이처럼 어두운 그림자를 드리우게 된다는 것을 어른들은 몰랐다."[12]라고 말이다.

김만리의 이야기는 당시 장애인 문제의 실체를 여실히 보여준다. 그녀는 복지 대책만으로는 결코 장애인 문제를 모두 해결할 수 없으며 '시설'은 절대로 낙원일 수 없다는 현실과 더불어, 감시가 미치지 않는 곳에서 이루어진 직원들의 방치와 차별, 나아가 장애인 내부의, 더 약한 이들에 대한 차별의 문제를 낱낱이 드러내었다. 그러나 당시에는 그런 일들이 아직 문제로서 공론화되지 못한 채, 직접 그것을 겪은 김만리 등에 의해 '시설'이라는 틀을 벗어난 새로운 운동으로 전개되어 간 것이다.

## 일어난 병자들

장애인뿐만 아니라, 장기요양이 불가피한 병자들이 요양 생활의 개선, 충실한 의료, 나아가 병자에 대한 차별의 극복을 요구하며 조직을 만들고 운동을 벌이는 과정에서, 운동의 주체가 되는 병자는 자신의 육체적인 고통은 물론 사회로부터 격리되고 단절된 환경 안에서 정신적 고통도 겪게 된다. 그러한 어려움에도 불구하고 태평양전쟁 이전인 1920년대 후반부터 한센병 요양소에서는 환자 자치회가 결성되어 환자 운동이 전개되었다. 그러나 전시하에서는 이런 운동도 소멸하고 말았다. 그 후 환자 운동이 본격적으로 조직화된 것은 태평양전쟁 후인데, 그것은 일본국헌법 제25조에서 주창하는 "모든 국민은 건강하고 문화적인 최저한도의 생활을 영위할 권리를 가진다.", "국가는 모든 생활 영역에 대해 사회복지, 사회보장, 공중위생의 향상 및 증진에 노력해야 한다."라는 문구를 구체화하고자 한 행동이었다.

전후 일찌감치 운동을 일으킨 것은 결핵 환자들이었다. 1947년에 탄생한 전일본환자생활옹호동맹全日本患者生活擁護同盟과 국립요양소전국환자동맹国立療養所全国患者同盟이 통합되어 일본국립사립요양소환자동맹日本国立私立療養所患者同盟이 된 것은 1948년 3월 31일의 일이다. 이 조직은 다음 해에 일본환자동맹日本患者同盟으로 개칭하고 전후 일본의 결핵 환자 요양 생활 개선, 요양소의 민주화를 요구하며

223

중심적 조직으로 발전해간다[13].

　이러한 환자 운동이 탄생하게 된 배경에는 태평양전쟁 당시부터 계속되어 온 요양소의 열악한 식량 사정, 의료상황에 대한 불만과 더불어 환자에 대한 요양소 직원들의 차별을 향한 분노가 있었다. 상이군인요양소傷病軍人療養所가 개편된 국립요양소에서는, 전직 군인이었던 환자들을 비인격적으로 대하는 요양소 당국에 대한 분노가 환자자치회를 결성하는 강한 동기가 되었다[14].

　또 도쿄의 사립병원 조후엔浄風園에서는 기독교 신자인 원장이 매주 환자들을 대상으로 설교를 했는데, 이야기 중에 번번이 직원이며 환자들을 비방하곤 했다. 이를 견디다 못한 환자들이 1945년 10월에 원장에게 병원경영 개선을 요구하는 '요청서'를 제출하며 대립하자, 이듬해 5월 원장은 일방적으로 병원폐쇄를 통보했고 환자들은 단식투쟁으로 대항했다. 그래서 후생성이 조정에 나서 병원 측과 환자 측의 협의회를 구성해 대화로 해결하도록 권고했다. 이를 계기로 후생성이 병원·요양원의 환자 자치회를 인정함으로써 환자 운동의 조직화가 가속화되었다고 한다[15].

　이렇게 해서, 일본환자동맹이 탄생하게 되었다. 이 일본환자동맹이 앞장섰던 반反차별 투쟁으로는 아사히 시게루朝日茂가 생활보호비의 개선을 요구한 소송인 '아사히소송朝日訴訟'에 대한 전면지원을 들 수 있다. 1956년 7월, 아사히는 결핵으로 오카야마岡山 요양소에 입소해 생활보호를 받고 있었는데, 쓰야마 시津山市 사회복지사무소는 그의 형에게 매월 1,500엔씩을 송금하도록 요구하였다. 당시 동생과 오랫동안 소식불통 상태였던 형이 그 요구에 응하자, 그 다음 달부터 아사히는 생활 보조로 지급받던 일용품 비 600엔을 삭감당한다. 게다가 형이 보내주는 돈 1,500엔 중 600엔을 차감한 잔액 900엔은 의료비의 일부를 본인이 부담하는 비용에 충당하는 것으로 처리됐다. 이런 조처에 대해 아사히는 일용품 비를 1,000엔으로 증액할 것과 생활보호법 전체의 개선을 요구하며 헌법 제25조에 의거해 1957년 8월 도쿄지방법원東京地裁에 소송을 제기했다. 1960년 10월 19일 1심에서는 승소했지만, 1963년 11월 4일 2심인 도쿄고등법원東京高裁은 일용품 비 월액 600엔은 대단히 낮은 금액이지만 위법은 아니라는 판결을 내렸다. 아사히는 최고재판소*에 상고했지만 1964년 2월 14일에 세상을 떠나고 말았다. 그의 양자養子 부부가 소송을 승계했지만 1967년 5월 24일, 최고재판소는 본인의 사망을 이유로 소송 종료를 선언했다.

이 재판은 헌법 제25조를 토대로 생활보호법 기준의 타당성을 묻는 소송으로서 '인간재판'이라 불렸다. 원고인 아사히는 전국에서 많은 지원을 받기도 했지만, 한편으로는 그에게 격심한 차별적 언사도 쏟아졌다. 아사히는 자신의 수기에서 "너는 피 같은 세금을 받으면서 계란 값이 부족하니 어쩌니, 정말 세상 물정을 모르는 것도 정도가 있지. 날마다 힘들게 땀 흘려가며 목숨 걸고 일하는 사람들 생각 좀 해라! 하늘이 천벌이 내려 불치병을 준 거야!", "제 몸 하나 돌보지 못해 폐병에 걸리고 사회를 위해서는 아무것도 안 했으면서 이제 와서 헌법 25조니 뭐니 잘도 운운하니 기가 막히네. 왜

---

* 한국의 대법원에 해당.

얼른 안 죽는 거야!"와 같은 차별적 내용이 담긴 엽서며 투서를 받았음을 언급하며, 이러한 차별은 부락 차별과 마찬가지로 "일본의 권력자들이 교묘하게 이용하고 있는 민중의 상호 반목이다."라고 지적했다[16]. 또 이 수기에는 국비나 공공의 비용으로 요양하는 병자에게는 헌법으로 보장된 기본적 인권이 당연히 적용되지 않는다는 차별의식이 명백히 나타나 있다.

이러한 차별은 결핵 환자와 마찬가지로 장기요양을 강요당하던 한센병 환자를 향해서도 이루어졌다. 태평양전쟁 후 군마 현群馬県 구사쓰마치草津町에 있는 국립요양소 구리우라쿠센엔栗生楽泉園에 반항적인 환자를 장기간에 걸쳐 감금하기 위해 설치되었던 '특별병실'(重監房)의 존재가 밝혀졌다. 이 사건을 계기로 이 구리우라쿠센엔에는 환자 자치회가 결성되었고, 또한 한센병의 특효약 프로민이 미국에서 들어오자, 약의 획득을 요구하며 각 요양소에서 환자운동이 고양되었다. 이러한 가운데 1948년 1월 1일, 호시즈카케이아이엔星塚敬愛園(가고시마鹿児島), 기쿠치케이후엔菊池恵楓園(구마모토熊本), 스루가駿河요양소(시즈오카静岡), 도호쿠신세이엔東北新生園(미야기宮城), 마쓰오카호요엔松丘保養園(아모모리青森)의 자치회에 의해 5개 요양소 환자연맹이 결성되었다. 1951년 1월 11일에는 여기에 다마젠쇼엔多磨全生園(도쿄), 구리우라쿠센엔의 자치회도 가세해 전국국립나요양소환자협의회全国国立癩療養所患者協議会(약칭은 全癩患協, 후에 全患協)가 결성되었다(그 후 명칭은 전국국립한센씨병환자협의회全国国立ハンセン氏病患者協議会, 전국한센병환자협의회全国ハンセン病患者協議会로 바뀌었다가, 현재는 전국한센병요양소입소자협의회全国ハンセ

ン病療養所入所者協議会). 그 후 같은 해 6월 10일에는 나가시마아이세이
엔長島愛生園(오카야마), 오쿠코묘엔邑久光明園(오카야마), 오시마세이
쇼엔大島青松園(가가와)의 자치회도 참여했다. 이로써 미국이 일부
행정권을 정지시킨 오키나와·아마미奄美를 제외한 전국의 국립한
센병요양소 입원자入園者 자치회의 전국조직이 탄생했다. 이렇게 해
서 나예방법癩予防法은 인권을 무시하는 위헌적 법이므로 개정해야
한다는 주장이 급속히 확산되어갔다[17].

1952년, 제3차 요시다 시게루吉田茂 내각이, 격리를 강화하기 위
해서 나예방법을 개정하려고 했을 때, 전환협은 치유자의 퇴소를
인정할 것 등을 요구하며 반대 투쟁을 전개하지만, 이에 대해 후생
성은 강경한 자세로 일관했다. 10월 23일 다마젠쇼엔에서 후생성
과 전나환협의 간담회가 열렸는데, 그때 남긴 '나예방법 개정에 관
한 간담회' 기록에 따르면 그 자리에서 후생성 의무국 국립요양소
과의 한 기술직 직원이 "국민은 공공의 복지를 내세우며 입소를 거
부하는 사람들을 수용하라고 할 것이다."고 발언했다. 이는 '공공
의 복지'를 근거로 한센병 환자의 강제격리를 정당화한 것인데, 실
제로 한센병 환자는 정책상으로도 헌법에 보장된 기본적 인권의
예외로 여겨졌다.

또 나가시마아이세이엔이 정리한 '나예방법 개정을 둘러싼 입원
자의 동향'에 따르면, 1952년 9월 23일에 이 요양원을 방문한 후생
성 국립요양소 과장 오무라 히데히사尾村尚久는 입소자들을 앞에 두
고 "나병이 혐오의 대상이 되는 것은…이 병에 대한 인간의 본능적
인 감정에서 비롯된 것이며…의학적으로 나균을 박멸할 수 없는

현재로서는 나균 보균자가 싫다고 할 사람들이 국민의 90%는 되지 않을까 생각한다."고 말해 '인간의 본능'을 이유로 한센병 환자에 대한 차별을 긍정하고, 격리 정책의 지속을 정당화했다. 그리고 1953년 8월 나예방법癩予防法은 라이예방법らい予防法으로 개정되었고 격리 정책은 존치되었다.

이렇게 어쩔 수 없이 장기요양의 대상이 되어 국비와 공공의 비용으로 요양 생활을 유지하며, 또한 사회적으로 차별의 대상이 되었던 결핵 환자나 한센병 환자는 헌법에 보장된 인권의 범위 밖으로 쫓겨났다.

## 2. 고도경제성장 하의 여성

### 가아짱 농업 — 남겨진 농촌 여성

고도 경제성장을 향한 거국적인 매진은 농촌에 극적인 변화를 초래했다. 노동력에 대한 수요가 증대됨으로써 겸업농가가 늘어나 남성들이 돈을 벌러 외지로 나가거나, 도시 근교에서 임시공臨時工 등으로 고용되어 농업 외의 노동에 종사하게 됨에 따라 농촌에 남겨진 여성들은 농업노동을 떠맡게 되었다. 이른바 '가아짱* 농업' 등으로 불렸던 이것의 실상은 여성들에게 가사노동 위에 농사라는 부

---

* '가아짱(かあちゃん)'은 속어, 유아어로 '엄마'를 의미하므로 가아짱 농업이란 엄마, 즉 주부의 노동력에 의존하는 농사를 지칭한다.

담까지 더함으로써 건강 악화가 진행되어 어깨 결림·요통·손발
저림 등의 '농부증農夫症'을 앓는 여성들이 증가했다는 지적도 있다[18].

이렇게 새로운 어려움이 초래된 한편, 여성들이 농사를 부담하
면서도 현금수입을 얻기 위해 농업 외의 노동에도 종사해 자신이
자유롭게 쓸 수 있는 수입을 얻게 됨으로써 가정 안에서 남편이나
시어머니와의 관계에도 변화가 생겨났다. 그러나 세대 단위를 전
제로 하는 농지법하에서 대부분의 여성들은 여전히 농지 소유를
전제로 한 사회보장제도의 적용이나, 농업협동조합에의 가입·임
원선출 등의 기회를 저지당하며 '비非권리' 상태에 놓여 있었다[19].
이에 대해서, 전후 여성 농업인의 지위에 관해 상세한 연구를 한 아
마노 히로코天野寬子는 다음과 같이 말한다.

> 농지개혁 이전의 농가 생활은 가난했다. [중략] 그런 생활 속에서
> 며느리는 '뿔 없는 소'라 불리며 아침에는 누구보다도 일찍 일어나 하
> 루종일 일하고, 늦게까지 집안일을 떠맡고, 밤에는 누구보다도 늦게
> 자는, 그저 일꾼으로서의 존재였다. 직계를 중히 여기는 가족주의 안
> 에서 농가의 며느리는 생활에 관해서나 육아에 관해서나 아무런 발
> 언권도 없이 하루하루 견뎌내고 있었다. [중략] 제2차 세계대전 후,
> 농지개혁이 실시되면서 지주와 소작이라는 관계는 없어졌지만, 전후
> 의 식량난 해소를 위해 혹독한 '공출供出'이 부과되어 농가의 생활은
> 여전히 가난했다. '농가의 젊은 아내'란, 그 가난과 가난 속에서 왜곡
> 된 사람의 욕망이며 가치관, 그리고 인간관계 속에서 '계속 견뎌내고
> 있는' 사람의 대명사임에는 변함이 없었다. 고도 경제 성장기 이후에

사정은 점차 달라졌지만, 기본적인 문제들이 해결됐다고 하기는 힘들다[20].

**참**고로 아마노는 1962년에 농림성 진흥국 생활개선과가 펴낸『농가생활백서』를 바탕으로 '고도경제성장기의 농가 생활 진단'을 실시했는데, '바쁘기만 하고 능률이 오르지 않는 가사작업'은 "최대한 줄여 잡아"도 4시간 39분이었으며, 전국도모노카이全国友の会(하니 모토코羽仁もと子의 사상에 공명한 사람들로 이루어진 단체)의 조사로는 1일 평균 7시간 19분이라고 한다(농업 작업은 8시간 20분). 또 '문화적 활동'에 관해서 자유시간은 1일 평균 1시간 9분에 불과한데(도모노카이 조사로는 3시간 34분) 이 시간 안에는 집안의 자질구레한 용무나 육아도 포함되어 있다고 한다. "낡은 가족관계가 지배하고 있는" 농가의 사람들 사이에 오락이며 문화는 불필요한 사치라는 생각이 지배적이며 "현재도 그와 같은 자취가 강하게 남아"있다. "마을 사람들과의 사교를 위해 어쩔 수 없는 사정으로 취미 생활을 하는 경우가 많은데, 그 경우에는 다분히 부락 안에서의 집안끼리의 관계나 가부장제적 가족관계가 반영되게 되는" 것이다. 이런 상황 때문에 유아 사망률이 감소 경향에 있기는 하지만 "건강 수준이 낮은 나라와 같은 정도"이며, 그 3대 원인 중 하나인 선천성 약질은 "임신 중 모체의 무리와 영양 장애"에 기인하는 경우가 많다고 한다[21]. 이처럼 고도 경제성장이 농촌 여성이 직면한 문제를 근본적인 토대부터 변화시키는 데까지는 아직도 많은 시간을 요했다.

## '여학생망국론'

전반적으로 여성의 직업진출이 진행되고 여성의 고학력화도 작용하여, 직장을 가진 여성을 특별시하는 의미가 담겨있던 '부인婦人'이라는 말은 점차 사어死語가 되어갔다[22]. 그런 가운데 1962년에는 와세다대학교 문학부의 교수였던 데루오카 야스타카暉峻康隆에 의해 '여학생망국론'이 설파되었다. 그것은 "결혼을 위한 교양반 학생들이 학과 성적이 좋다는 이유만으로 매년 대학에 입학해 과반수를 차지한다. 그 수만큼 직장이 없으면 낙오자가 될 수밖에 없는 남학생들이 밀려나고 마는 남녀공학의 실상"은 문제이며, 이대로 가면 여학생이 3분의 2 이상을 차지해, "학자와 사회인의 양성을 목적으로 하는 대학의 기능에 금이 갈 우려가 있으므로 나 개인으로서는 적어도 50 대 50 정도로 남녀 학생 수를 조정하는 편이 좋다고 생각한다."는 것이었다[23]. 여학생 '흥국'론자, 즉 긍정파는 취직하지 않고 '교양있는 어머니'에 머물면 된다는 입장이었다. 이 주장은, '어머니' 즉 '주부'라는 처지에 대한 전면적 긍정을 전제로 하는 것으로, 후술할 주부 논쟁과 관련된 측면을 가지고 있다.

1961년부터 여자대학의 신설 행진이 시작되었는데, 그러한 상황에 점점 더 박차를 가하게 된 것은 성심여자대학聖心女子大学을 졸업한 황태자비의 탄생으로 인한 1959년의 밋치붐*이었다고들 한

---

* 밋치붐이란 1958년부터 1959년에 걸쳐 평민 출신인 쇼다 미치코(正田美智子)가 당시 일본의 황태자였던 아키히토 친왕과 연애로 맺어져 약혼함으로써 발생한 사회현상. 밋치는 미치코의 애칭.

다. 그 당시 교토대학교 문학부 학생이었던 가노 미키요加納実紀代는
이 '망국론'을 되새기며 다음과 같이 서술한다.

　　　전후 남녀평등이라는 말들을 하면서 일본 남자들은 여자를 대등한
　　존재로서 평가하지는 않았다. 가정은 물론 직장에서도 남녀 사이에
　　울타리를 세워 남자의 영역으로 침입을 허락하지 않는 체제를 구축하
　　고 있었다. 그러나 학교는 그럴 수 없다. 여자든 남자든 같은 시험으
　　로 성적이 측정된다. 노력하면 보답 받는, 남자와 대등하게 경쟁할 수
　　있는 12년을 보낸 소녀들이 그 연장선상에서 남자들의 아성이었던
　　'명문'대학에 도전하는 것—그것은 당연한 일이다.

　이어서 가노는 '여학생망국론'을 "처음으로 무시할 수 없는 세
력으로서 남자의 아성을 비집고 들어오는 여학생, 그것도 특별히
힘을 들이지도 않고 아무렇지도 않게 들어오는 여학생들에 대해서
남성 사회가 보인 강렬한 알레르기 반응이었을 것이다."라고 분석
한다[24].

　그렇게 해서 남자의 아성에 뛰어든 여학생들이 기업사회로 진출
했던 초창기에 그녀들을 기다리고 있던 것은, 결혼퇴직제·출산퇴
직제 등의 차별적 처우였다. 후에 여성학 연구자가 된 이노우에 데
루코井上輝子는 "대학원에 입학하는 것을 가족이나 여자 친구들도
상당히 반대했습니다. [중략] 그 무렵 저는 결혼을 생각하고 있었
는데 결혼할 거라면 대학원은 그만두라고, 그만두고 결혼할 사람
을 위해 돈을 버는 편이 좋지 않겠냐고 교수님도 은근히 반대하셨

다."고 한다.[25]

그러한 상황 속에 결혼해서도 직장인으로 남고자 애쓰다 장벽에 부딪혀 불가피하게 퇴직을 할 수밖에 없었던 경험을 엮은 오키후지 노리코沖藤典子의『여자가 직장을 떠나는 날』[26]이 1979년 세상에 나왔고, 같은 해 텔레비전 드라마(후지TV)로도 만들어져 화제를 불러일으켰다. 1960년대의 경험을 그린 작품이 1970년대 말에 그 정도로 주목을 받은 것은 그녀가 경험한 것과 비슷한 문제들이 크게 달라지지 않고 여전히 존속되고 있었다는 증거일 것이다.

### '주부'라는 입장

고도경제성장의 그늘에 뒤쳐져 있는 농촌과는 달리 도시 지역에서 남성은 기업 전사가 되고, 여성에게는 그것을 떠받쳐주는 '주부'의 역할이 요구되며 성별의 역할분업이 진행되었다. 이러한 배경 아래 전개된 주부 논쟁은 마루오카 히데코丸岡秀子가 편찬하고 해설한『일본 부인 문제 자료집성 제9권 사조思潮(하)』[27] 및 우에노 지즈코上野千鶴子의『주부 논쟁을 읽는 전기록 Ⅰ·Ⅱ』[28]에 수록되어 있는데, 이 논쟁이 지닌 의미에 대해서는 가노 마사나오鹿野政直의 분석이 가장 참고가 되리라 생각한다[29]. 이 자료들을 통해 배운 내용을 정리하면 다음과 같다.

우에노의 구분에 따르면 제1차 논쟁은 1955-59년, 제2차는 1960-61년, 제3차는 1972년이다. 발단이 된 것은 이시가키 아야코石垣綾子의「주부라는 제2직업론」[30]인데, 그것을 받아 시미즈 게이코清水慶子

233

「주부의 시대는 시작되었다」[31], 사카니시 시호坂西志保「'주부 제2직업론'의 맹점」[32]이 발표되었다. 전쟁 전부터 미국으로 건너가 사회적으로 활약해 온 이시가키는, "엉거주춤 이도 저도 아니게 일하는 여성이 많아 성실하게 직장 여성으로 살고자 하는 소수의 여성은 큰 손해를 입고 있다. 그러나 현재로서는 일하는 여성의 대다수가 결혼할 때까지 몇 년의 공백을 메우기 위해 일을 하고, 시집가는 데 드는 비용을 모으려고 일을 할 뿐이면서 직장인 행세를 하기 때문에, 직업을 최우선으로 삼아 살아가려는 소수의 여성은 희생당하고 있다."라며 도발적으로 보일 만큼 "여자는 자신에게 준엄해야 함"을 촉구했다. 그 배경으로는 고도경제성장 하에 '3종의 신기三種の 神器'*로 상징되는 가전제품의 보급으로 인한 가사노동의 경감을 들 수 있다. "잡다한 집안일은 할머니 시대보다 줄었지만, 그렇게 해서 남게 된 주부의 정력을 낭비하고 있는 것은 아닐까? 우리는 주부라는 제2의 직업에 안주하고 있는 것은 아닐까?"라고 이시가키는 말한다. 이미 '주부'로서 가정에 안주하고 있는 사람들에 대해서 그녀는 탁아소를 개설하거나 근처의 아이들을 모아 책을 읽어 주는 등의 '창의성'을 가져야 한다고 하면서도, 그 본심은 "주부로서의 고민은 소일거리 정도의 임무로 근본적인 문제가 해결되는 것이 아니다. 가정의 잡일이 사회의 직무가 되어 가는 이상, 여자는

---

* 본래의 의미는 일본 신화 상, 천황 지위의 정통성을 상징하는 세 가지 보물인 신성한 거울, 검, 구슬을 가리키는데, 현대에는 가정생활에서 필수적인 세 가지 가전제품을 지칭하기도 한다. 1950년대에는 흑백TV·세탁기·전기냉장고를, 1960년대에는 컬러TV·승용차·에어컨을 3종의 신기로 꼽았다.

직장이라는 첫 번째 직업과 주부라는 두 번째 직업을 겸해가야 한다."라는 데에 있었다. 여기에서는 '주부라는 두 번째 직업'을 '주부'가 해야할 일 속에 쑤셔 넣은 채, 아직 가사노동의 분업이라는 지점까지는 논의가 미치지 못했지만 이시가키의 의도는 여성도 사회에 진출하여 직업을 가져야 한다는 것에 있었다.

이에 대해 사카니시는 여성은 결혼, 남성은 일이라는 성별 역할 분업을 고집하는 입장에 반발했고, 다른 한편 시미즈는 '주부'는 일에 구속받고 있지 않기 때문에 '사회를 살기 좋게 만드는 활동'에 종사할 수 있다면서, 그 점을 내세워 기존의 '주부' 자리를 지키려고 했다.

사카니시 등의 여성들이 주부를 '직업'이라고 평가하는 것을 거부하는 것은 아니었는데, '주부를 직업 이상의 것=여성에게 있어서의 천직'이라고 평가하는 후쿠다 쓰네아리福田恒存 등은, 이에 대해 강하게 반발했다. 가노는 이 점에 주목하면서, '주부'에 하나의 '직업'이라는 위치를 부여한 것은 "여성의 인생에서 '주부'에 대한 구속력을 완화"하는 것이었다고 하면서, '주부'의 부상 그 자체가 '주부'라는 지위의 동요를 향한 계기를 내포하고 있었다고 본다. 분명 '주부'를 '직업'으로 자리매김하고 가시화한 것은, '주부'의 역할이 여성에게는 언제나 자명한 것으로서 따라다녔다는 점에서 보면, 어느 정도는 의미가 있을 것이다. 또 그런 가운데 사회와 유대를 가져야 한다는, 즉 시민운동 등에 관심을 갖는 '전일제全日制*

---

* 학교의 교육과정 중 원칙적으로 매일 평일 주간(晝間)에 수업을 실시하는 과정.

시민'으로서의 '주부'의 가능성이 모색되어 간 것도 새바람을 일으 킨 하나의 계기로서 의미가 있었다고 할 수 있을 것이다.

그러나 그렇게 진행되어 간 '전일제 시민'으로서의 '주부'와 '전 업주부'의 차별화는 좀처럼 성별 역할분업의 해체로 이어지지 않 았다. 특히 고학력 여성에게 있어서 이런 사회활동 참가가 '주부' 에 머무르는 것에 대한 면죄부가 되어 성별 역할분업을 계속 지탱 해 온 측면이 있다는 점도 간과할 수 없을 것이다.

## 3. '피폭자'라는 문제

### '이 세상 끝에서'

일본이 행한 15년에 걸친 침략전쟁은 여러 가지 상흔을 남겼고, 그로 인한 차별을 낳았다. 그 중에는 곧바로 만천하에 드러난 것도 있지만, 문제로 인식하고 고발을 하기까지 많은 세월을 요한 것도 있다. 피폭자 문제도 후자 중 하나라고 할 수 있을 것이다.

야마시로 토모에山代巴는 '히로시마연구 모임'을 구심점으로 삼 아 피폭자 문제를 철저히 파고들어 『이 세계의 끝에서』[33]를 펴냈 다. 그 안에서 그녀는 "지금은 '원폭을 팔아 장사를 한다.'는 소리 까지 듣는 히로시마 피폭자들의 호소도, 지표면으로 나오기까지는 무시당하고 억압받은 긴 노력의 시기를 지나왔습니다."라고 기록 한다[34]. 애당초 점령군이 원폭에 관한 보도를 어떻게 막아 왔는지는 호리바 기요코堀場淸子의 연구35에 상세하며, 점령 말기부터 오사다 아키라長田新가 편찬한『원폭의 아이 ― 히로시마 소년소녀의 호소』36, 도게 산키치峠三吉의『원폭시집』37 등 지금은 널리 알려진 작품들을 효시로 하여 피폭자들의 목소리가 차츰 세상에 나오게 되었다. 그러나 '피폭자'도 처음부터 그렇게 불렸던 것이 아니라 패전 후 십몇 년 동안은 '원폭 피재자被災者', '피폭 생존자', '원폭 장애인', '원폭증 환자', '원폭 피해자', '피폭자' 등의 다양한 호칭으로 지칭했는데, 그 호칭 자체가 본래 다종다양한 피해 양상을 하나의 척도로 서열화하는 것과 연결되어 있었다38.

『원폭의 아이』와『원폭시집』이 출판되고 강화조약이 조인되어 신문 윤리강령이 해제되어도 원폭을 둘러싼 어른들의 수기는 쉽게 모이지 않았다. 야마시로 등은 1948년부터 '원폭피해자수기'를 모으는 작업에 착수했는데 구체적으로 일이 진척되기 시작한 것은 그로부터 4년 후였으며, 1953년에 간신히 원폭피해자 수기편찬위원회 이름으로『원폭에 살며 ― 원폭피해자의 수기』39가 간행되기에 이르렀다. 이 수기를 통해 밝혀진 것은 그때 이미 많은 이들이 죽고 말았고, 피폭 이후 7년간 투병 생활을 이어오며 살아남은 경우는 그나마 여유 있는 가정의 사람이 많았는데, 그들조차도 주위 사람들의 신세를 질 수밖에 없다는 부담이 있어서 하고 싶은 말을 밖으로 드러낼 수 없는 슬픔을 안고 있던 것이었다. 조금이라도 오래 살기 위해 영양가 많은 것을 먹으면 주위 사람들은 "좋겠네, 돈 있는 사람들은"이라고 했다. 그런가 하면 또 한편에서는 투병하고 있는 환자가 이제 얼마 살지 못할 것을 알고 "조만간 창고를 팔고

논을 팔 것이라는 소문을 퍼뜨리고 가격을 후려쳐서 매입하려는 농간을 꾸미는 자"도 있었다. 그래서 "활자화되어 누가 읽을지 모르는 문장으로 그 진실을 쓸 수는 없다."는 것이다.

야마시로는 그러한 피폭자들의 현실에 직면하면서 일본 사회가 앓고 있는 "진실한 분노를 말할 수 없는 병", "원폭 환자의 입에 보이지 않는 재갈을 물리고 있는" 사회의 병을 고쳐 나가기 위한 투쟁을 벌였다. 그렇게 해야만 그와 비례하여 "환자들의 호소도 강해질 것"이라고 생각했기 때문이었다. 또 야마시로는 "이 약한 수기의 저변에는 수기조차 쓸 수 없는 슬픈 환자들이 있음을 생각해주시기 바란다."라는 서술도 잊지 않았다.

## '죽음의 재를 지고'

1957년 드디어 원폭의료법(원자폭탄피폭자 의료 등에 관한 법률原子爆弾被爆者の医療等に関する法律)이 제정되고 피폭자 건강수첩이 교부되었는데, 교부 첫 해 당시 교부에 응한 사람은 1950년에 조사한 생존피폭자수의 6할에 불과했고, 그 중에 건강진단을 받은 사람은 그 4분의 1에도 미치지 못했다. 그 이유는 선전 부족과 더불어 수첩 취득의 메리트가 적고 차별당할 것이 두려워 굳이 취득하지 않는 사람도 있었기 때문이었다. 또 원폭증으로 진단받는 것은 '죽음의 선고'를 의미하기 것이기도 했기 때문에 진찰을 주저하는 사람도 있었다[40].

1954년 3월 1일에 태평양의 비키니 환초Bikini 環礁에서 미국이 행

한 수소폭탄실험으로 인해 참치 어선 다이고후쿠류마루第五福竜丸
가 '죽음의 재'를 뒤집어썼고, 승무원 23명에게 급성방사선장애가
발병했다. 약 반년 후에 배의 무선을 담당했던 구보야마 아이키치
久保山愛吉가 사망한 이 비키니 사건은 피폭자 문제에 대한 관심을 재
차 불러일으키는 계기가 되었다. 승무원 중의 한 사람이었던 오이
시 마타시치大石又七가 '피폭자'라는 자기인식 하에 체험을 사상화
한 발자취는 고자와 세쓰코小沢節子의 연구[41]에 상세히 기록되어 있다.

귀항 직후부터, 다른 승무원과 함께 입원 생활을 해야 했던 오이
시는 1955년 5월 국립도쿄제일병원을 퇴원했지만, "퇴원을 조금
씩 실감하게 되었을 무렵, 주위에 이상한 분위기가 감돌고 있음을
깨달았다."고 한다. 또한 "가까이 다가가려고 해도, 거기에는 뭔가
눈에 보이지 않는 선이 하나 있어서, 위로하면서도 그 말 깊은 곳에
는 내가 받은 위문금에 대한 시샘 같은 것을 언뜻언뜻 느꼈다. [중략]
상대가 갚을 방도가 없는 빚을 떠안은 이야기를 꺼낼 무렵에는 나
도 어느새 말이 적어지고 먼 산만 바라보게 되었다."고 말한다. 이
러한 주위의 시선과는 모순 되게도, 다이고후쿠류마루의 승무원이
었던 동료들의 상당수는 비키니 사건의 재난 피해자였음을 이야기
하지도 못한 채 암 등으로 잇따라 목숨을 잃어 갔다[42].

오이시는 1991년에 세상에 내놓은 책『죽음의 재를 지고 ― 내
인생을 바꾼 다이고후쿠류마루』안에서 처음으로 1960년에 첫째
아이가 사산되었음을 고백했다[43]. 그리고 그 아이가 '기형아'였음
을 말하기까지는 9년의 세월이 더 필요했고, 이 사실은 그때까지
아내에게도 말하지 못했다. 죽음의 공포뿐만 아니라 유전의 공포

가 그토록 무겁게 그를 짓누르고 있었던 것이며, 사회의 편견과 차별이 그것을 더욱 조장했음에 틀림이 없다. 실제로 오이시의 딸은 그의 피폭을 이유로 결혼 차별에도 직면했다고 한다. 고자와는 '죽음의 재'가 가진 유전적 영향의 가공할만한 위력은 핵실험의 위협을 호소하는 측에서도 강조하는 경우가 있어, "유전이나 생식에 대한 영향을 들어 핵·방사선의 공포가 언젠가는 피폭에 의한 유전의 공포, 나아가 피폭자에 대한 차별로 바뀔 수도 있는 구조가 현재까지도 계속되고 있다."고 지적한다[44].

### 이중의 깊은 상처

본절 첫머리에서 언급한 『이 세상 끝에서』는 피폭자 문제를 단순히 반미反米의식으로 접근하는 것과는 달리, 히로시마에서 살아가는 사람들에게 초점을 맞추면서 차별을 낳고 있는 사회를 도마에 올려 그 변혁을 전망한 작품으로 볼 수 있을 것이다.

책 1절에서는 '후쿠시마 초福島町'를 들고 있다. 후쿠시마 초(히로시마 시広島市)는 수평사水平社 창립 이전에 후쿠시마초일치협회福島町一致協会라는 단체를 만들어 부락개선운동을 일으킨 것으로도 알려진 피차별부락이다. 이곳을 취재해 집필한 극작가 다지 에이이치多地映一는 "내가 후쿠시마 초에서 놀란 것은 부락 차별이 현재도 여전히 살아있다는 것이었습니다. 그러나 그 밑바닥으로부터 '인간을 차별하는 자'에 대한, 실로 적확하고 준엄한 비판 정신이 자라고 있다는 것이 차별이 존속되고 있다는 사실보다 더 놀라웠습니다.

그리고 부락 차별을 없애고자 하는 투쟁이 그대로 피폭자의 평화
운동으로 직결되고 있다는 것은 원폭금지투쟁을 하는 데 있어 큰
시사점이 되리라 생각했습니다."라고 야마시로에게 이야기했다고
한다[45].

거기에 등장하는 히로시마의 번화가에서 구두수선을 하며 부락
해방운동에 나섰던 기사키 히사오木崎久夫의 이야기 중에 "병원의
건설, 백미터 도로 퇴거 투쟁* 등 착착 성과를 거둬가는 부락해방
운동에 비해 피폭자 문제는 이 지역에서도 까마득히 뒤처져 있었
습니다. 무엇보다 우선, 후쿠시마 초 지역에 2천 명 정도로 추정되
는 피폭자들 스스로가 자신이 피폭자라는 사실을 이야기하고 싶어
하지 않는 상태였습니다. 취직이나 결혼에 있어 피폭자를 차별하
는 경향이 나타나기 시작했을 시기부터 '내가 이 이상 더 차별당할
까 보냐?'라는 심정이었겠죠."라는 내용이 있다. 1965년의 동화대
책심의회 답신을 앞두고 운동이 고양되어 있던 시기에 기사키는
주저 없이 "이중으로 깊은 상처를 입은 우리야말로 가장 먼저 손을
잡을 필요가 있습니다."라고 전향적인 전망을 보여주었지만[46], 그
것은 다른 말로 '이중의 깊은 상처'로 인한 어려움이 가로놓여 있

---

* 100m도로 건설 당시 강제 퇴거당한 사람들의 투쟁. 100m도로는 히로시마 현
(広島県) 히로시마 시(広島市) 중심부를 동서로 횡단하는 헤이와오도리(平和大
通り)의 다른 이름. 태평양전쟁 패전후 공습으로 피해를 입은 일본 각도시의 부
흥을 위해 주요 간선도로의 폭을 대도시의 경우 50m이상, 중소도시는 36m이
상으로 정했는데, 필요한 경우 녹지대와 방화지대를 겸하도록 계획한 것이
100m폭의 도로였다. 그러나 GHQ의 반대와 돗지·라인에 의거한 긴축재정 등
으로 인해 이 계획이 실현된 곳은 나고야 시(名古屋市)에 두 곳과 이곳 히로시마
의 헤이와도리뿐이다.

다는 의미이기도 했다.

## 체내피폭아

또한 이 책은 '인 유테로IN UTERO'라는 제목으로 체내피폭아 문제에도 접근한다. 체내피폭으로 소두아小頭兒가 태어날 수 있음을 미국 정부 원자력위원회가 발표한 것은 1965년이다. ABCC(미국이 설치한 원폭상해조사위원회)와 일본의 관계자들도 그 사실을 주지하고 있었을 터임에도 불구하고 그때까지 논의조차 하지 않은 채 방치해 왔다. ABCC의 설명은 "원폭 방사능의 후유증이 신문에서 강조될 때마다 친족의 가정이나 일반 피폭자들에게 큰 파탄을 초래하는 경험을 했다. 소두아 문제 역시 이것은 이미 일어난 일이지, 앞으로 새로 발현될 것이라든가 지금 발현되고 있다는 것이 아니므로, 새삼스럽게 이 문제를 거론해 피폭자에게 불필요한 심리적 부담을 차마 가할 수 없다."는 것이었다.

보도기자였던 가자하야 고지風早晃治(아키노부 도시히코秋信利彦)*는 히로시마대학에 남아있던 자료에서 체내피폭으로 인한 소두아 9명을 '탐정 같은 행동을 통해' 간신히 찾아낸다. 그 아이들의 가정은 대체로 가난했는데 지능지수가 너무 낮아 집단생활을 할 수 없다는 이유로 아이들 가운데 한 명을 제외하고는 시설에도 보내지 못하고 있었다. 모두 ABCC의 의사로부터 "원폭 탓이 아니다."라

---

\* 가자하야 고지는 아키노부 도시히코의 필명.

는 말을 들었고, 어떤 아이의 어머니는 "전부 영양실조 때문이니 안됐긴 하지만 부모와 자식이 짊어져야 할 십자가라고 생각하고 애한테 잘해주세요."라는 이야기를 듣고 ABCC와는 관계를 끊었다. 그런데 그 후 ABCC가 "피폭당한 아동들에게 정신박약이 많은 듯하니 학교성적을 좀 보고 싶다."며 부모의 승낙을 얻으러 왔기에 냉담히 되돌려 보냈다. "신문에 투서라도 할까 몇 번이나 생각했는지 모른다." 하지만 아이에 관해서 "세상에 알려지는 것이 무서워서 하지 못했다."고 한다[47]. 원폭 피해를 은폐하려는 압력과, 그것을 고발하려고 해도 그 앞을 가로막는 사회적인 차별 속에서 신음할 수밖에 없었던 것이다. 게다가 ABCC는 그것을 역으로 이용하듯 피폭자의 심리적 부담을 '배려한다'는 제스처를 보이며, 점점 더 체내피폭 문제를 보이지 않는 곳으로 밀어 넣으려 하고 있었다.

야마시로 등은 "지금까지의 원폭 금지 운동은 소두아를 가진 부모의 요구조차 국가적 차원에서 정치문제로 다루게 할 힘도 없었습니다. 게다가 피폭자가 낳는 아이가 모두 신체장애를 수반하기라도 하는 양 여기는 편견은 피폭자의 결혼난結婚難까지 야기하고 있는 상황입니다. 원폭증에 대한 정확한 인식도 없이 피폭 문제에 임하는 것처럼 위험한 일은 없습니다."라고 호소하며 소두아를 가진 부모들의 모임인 '기노코카이きのこ会'를 발족시켰다[48].

체내피폭 문제는 그 문제의 양상이 후술할 태아성 미나마타병 胎児性水俣病과 상통하는 점이 있다. 실제로 문학작품을 통해 미나마타병을 고발한 이시무레 미치코石牟礼道子가 '기노코카이'를 알게 되자, 야마시로는 두 운동을 연결하고자 생각했다[49].

243

1994년, 원폭의료법原爆医療法과 1968년에 제정된 원폭특별조치법原爆特別措置法(원자폭탄 피폭자에 대한 특별조치에 관한 법률)을 일체화하여 피폭자원호법被爆者援護法(원자폭탄 피해자에 대한 원호에 관한 법)이 제정되었다. 여기에 국적조항은 없지만 재일한국·조선인을 비롯한 '외국인'피폭자는 후생생이 속지주의를 채택했기 때문에 오랜 세월 동안 재외피폭자가 법의 제공을 받을 수 없는 문제를 안고 있었다[50]. 이러한 귀국 후의 수당 지급 중단에 대해 주한駐韓 피폭자, 뒤이어 미국과 브라질의 피폭자들도 소송을 제기했는데 2008년에 드디어 법이 개정되어 현지에서 신청할 수 있게 되었다[51]. 야마시로의 전게서는 그때까지 배제 대상으로 여겨졌던 오키나와 피폭자의 문제에 관해서도 이른 시기에 조명했다.

## 4. '발견'된 공해

### 이타이이타이병의 '발견'

고도경제성장 과정에 있던 1967년, 사토 에이사쿠佐藤栄作 내각은 '공해대책기본법公害對策基本法'을 공포하고, 1971년에는 공해 행정 관청으로 환경청(현 환경성環境省)을 개설했다. 또 같은 시기 미나마타병, 이타이이타이병, 니가타미나마타병新潟水俣病, 욧카이치천식四日市喘息 등의 위중한 공해병에 대해서도 법정에서 기업과 지자체, 국가의 책임을 묻고 피해자에 대한 배상도 실현했다. 이 가운데서 미나마타병에 대해서는 다음 장에서 언급하기로 하고 여기에서는 후생성이 처음으로 공해병으로 인정한 이타이이타이병에 관해 기술하고자 한다.

이타이이타이병의 원인은 카드뮴에 있다. 카드뮴이 체내에 다량으로 섭취되면 그것은 신장에 축적되어 요세관尿細管에 장애를 일으켜(카드뮴 신증腎症), 요중의 칼슘 등의 재흡수를 방해한다. 그 때문에 뼛속의 칼슘을 보충할 수 없게 되어 골다공증을 수반하는 골연화증骨軟化症이 발병하게 되는데 이것이 바로 이타이이타이병이다. 환자는, 처음에는 신경통과 같은 통증을 느낄 뿐이지만 점차 고관절의 통증이 심해지고, 넘어진 것만으로 골절상을 입게 되어 결국은 보행이 불가능하게 된다. 그러다 병이 더욱 진행되면 몸을 뒤척이기만 해도 골절상을 입게 되어 '아파, 아파'*라고 계속 호소하다 영양실조나 그 외의 합병증으로 사망한다. 여성은 임신으로 인해 뼛속의 칼슘이 태아에게 공급되어 뼛속의 칼슘이 현저하게 부족해지므로, 이타이이타이병은 출산을 경험한 여성에게 특히 많이 발생했다.

이타이이타이병은 도야마 현富山県 진즈강神通川 유역의 한정된 지역, 즉 진즈강이 계곡을 이루고 있는 지역에는 발생하지 않고, 진즈강이 도야마 평야로 흘러나와서 그 물이 농업용수나 생활용수, 음용으로 사용되던 지역에서 집중적으로 발생했다. 그 지역에서는 이 병을 여성이 걸리는 숙명적인 병='업병業病'이라는 식으로 계속

---

\* 일본어 '이타이(痛い)'는 '아프다'라는 의미.

말해 왔다. 병의 원인이 카드뮴이며, 그것이 기후 현岐阜県 가미오카
초神岡町(현 히다시飛驒市)에 있는 미쓰이금속광업카미오카광업소
三井金属鉱業神岡鉱業所에서 유출된 광독鉱毒임이 밝혀진 것은 1961년이
다. 후생성이 1968년에 그것을 인정함으로써 이타이이타이병은
공해병으로 인정받은 제1호가 되었다. 그러나 미쓰이 측은 그 원인
을 영양장애라고 반론하며 환자가 제기한 손해배상청구소송에서
도 영양장애설을 계속 주장하였다. 소송은 1971년 6월 30일 도야
마 지방법원 판결로 원고 측인 환자가 승소했고, 1972년 8월 9일 나
고야名古屋 고등법원가나자와지부金沢支部의 판결에서도 원고가 승소
해 미쓰이 측도 마침내 배상에 응했다.

이타이이타이병은 원인도 밝혀지고 배상도 이루어져 일견 종식
된 것처럼 보인다. 그러나 이타이이타이병 소송을 담당한 변호인
단 중 한 명인 마쓰나미 준이치松波淳一는 "이타이이타이병 문제는
아직도 거의 매년 환자가 발생하고 있으며 간호하고 있는 가족도
있는데 이미 풍화되어 버린 일처럼 다루어지고 있다"는 점을 우려
하고 있다[52]. 매년처럼 환자가 발생하고 있음에도 불구하고, 그 사
람들은 도야마 현의 공해건강피해인정심사회의 기준에 충족되지
않는 것으로 여겨져 환자로 인정받지 못한다. 게다가 미쓰이 및 일
본광업협회日本鉱業協会와 자민당은 1974년경부터 이른바 '반격'을
하면서 부정당했던 영양장애설을 부활시켜 판결을 비판했고 환경
청의 자세도 흔들리게 되었다. 이타이이타이병은 아직 끝나지 않
았다.

이타이이타이병에는 두 가지 차별이 관련되어 있다. 하나는 이

병을 유전병이라든가 '업병'으로 간주해 환자와 그 가족을 향해 행한 차별인데, 그것은 환자 가족과의 혼인 기피에 뚜렷이 드러나 있다[53].

그리고 또 한 가지는 전후의 민주주의 체제하에서도 유포되었던 '빈곤', '봉건적'이라는 도야마 현 농촌을 향해 가해진 지역차별의식이다. 이것은 영양장애설의 근거가 되고 있기도 하다. 이타이이타이병이 문제화된 시기는 고도경제성장의 와중이었다. 바로 이 시기에 호쿠리쿠北陸는 경제발전에 뒤처진 지역으로 의식되어 '우라니혼裏日本'*이라는 호칭이 널리 사용되었다[54]. 낙후된 '우라니혼'의 농촌에서 많이 발생하는 '기이한 병'이라는 이타이이타이병에 대한 이미지는 이렇게 사회에 각인되었다.

이타이이타이병의 원인을 해명하고 치료에 임한 것은 현지인 네이 군婦負郡 구마노무라熊野村(현 도야마 시)에 있는 하기노병원萩野病院 원장 하기노 노보루萩野昇였다.

1950년 8월 12일 오전 9시부터 하기노병원에서 이타이이타이병의 종합조사와 진단을 개시했는데, 여기에 200명이 넘는 주민이 쇄도하여 도야마 현 당국도 경악했다. 하기노는 이 검진에 참가한 류머티즘의 권위자 고노 미노루河野稔와 이타이이타이병의 원인 규명에 나섰는데, 그 결론은 영양장애설이었다.

---

* 일본의 국토 혼슈(本州) 중 태평양을 면하고 있는 지역을 오모테니혼(表日本), 한반도 쪽인 동해를 면하고 있는 지역을 우라니혼(裏日本)이라 한다. '우라(裏)'라는 말에 원래는 부정적인 함의가 없었지만 메이지明治 이후 일본의 근대화과정에서 선진적인 오모테니혼과 대비되는 용어로 사용되기 시작하면서 차츰 차별적이고 모멸적인 이미지를 지니게 되었다.

1955년 10월, 두 사람은 정형외과집담회도쿄지방회整形外科集談会東京地方会에서 "이타이이타이병은 골연화증과 유사하지만 다소 소견이 다른 새로운 종류의 골계통질환이며 영양불량과 과로에 의한 것이다."라고 보고했다. 11월의 호쿠리쿠의학회北陸医学会에서도 하기노는 같은 보고를 했다[55]. 또 하기노는 도야마현립중앙병원의 다가 이치로田賀一郎・무라타 이사무村田勇 등과도 공동연구를 진행하여 1957년 4월 나고야 시에서 개최된 일본정형외과학회 제30회 총회에서 연구발표를 했는데, 여기서도 "다산계의 갱년기 여성에서의 식생활을 포함한 나쁜 환경이 그 발병원인"이라고 결론지었다[56]. 이 '나쁜 환경'에는 주거・기후도 포함되어 있다[57].

또 하기노는 고노 등과의 연구 성과를 '이른바 이타이이타이병의 실태와 그 치료 경과'라는 제목으로 1956년 『임상영양臨床栄養』에 연재했다. 그 첫머리에 "농촌의 봉건성, 농촌 부인의 전세기적前世紀的 생활 상태"에서 유래한 "마소와 같은 생활을 영위하며 인간다운 생활을 하고 있지 않은 것"을 이타이이타이병의 원인으로 간주하고 있다.

즉, 도야마 평야라는 쌀 단작지대単作地帯인 까닭에 쌀을 과식하는 것, 농번기의 과노동, 그로 인한 산전산후産前産後의 휴양 부족, 그리고 적은 일조시간, 미신에 사로잡힌 식생활, 임신 중인 여성에게 영양가 있는 음식을 주지 않는 시부모 기질을 원인으로 들고, 덧붙여 '성생활의 무지'를 지적했다. 그것은 즐거움이 적은 농촌에서는 수면을 4-6시간밖에 취할 수 없는 농번기 때조차 아내는 남편의 성교 상대를 해야 하므로 수면시간이 한층 줄어들어 피로를 높인다는 것이다.

아울러 1955-56년에 도야마 현 후생부 공중위생과는 이타이이
타이병 발생지역 주민들에 대한 영양조사를 실시했는데, 그 보고
서인 '쇼와30, 31년 현지영양조사 성적昭和30,31年の現地栄養調査成績'에
는 "뿌리 깊은 봉건제와 인습, 과로가 이 질환의 원인이 되고 있음
은 사실이다."라고 명시되어 있었다[58].

바야흐로 당시, "이타이이타이병이란 도야마 현의 '봉건적 농
촌'에 사는 사람들의 영양과 위생에 대한 무지와 여성에 대한 차별
의식이 초래한 영양부족이 원인인 골연화증"이라는 인식이 정착
되려고 하고 있었다. 하기노는 당시 이 결론에는 의문을 품었지만,
권위 있는 고노가 하는 말이라 듣지 않을 수 없었다고 후회를 담아
술회하고 있다[59]. 그리고 결론에 의문을 품은 하기노는 이후에도
독자적으로 원인 규명을 계속해 가미오카광업소의 카드뮴이 원인
임을 밝혀내는 데 이르렀다.

## '봉건적'이라는 차별

그러나 미쓰이 측은 법정에서 고노를 증인으로 세워 차별의식으
로 가득 찬 영양장애설을 토대로 기업의 책임을 인정하지 않고 반
론을 제기했다. 그뿐만이 아니다. 1971년 8월 28-29일, 일본공중위
생협회가 개최한 '이타이이타이병 및 카드뮴중독에 관한 학술 심
포지엄'에서도 고노는 1956년 당시와 마찬가지로 진즈강 유역 농
촌의 후진성과 봉건성을 영양장애설의 근거로 삼았다. 고노가 자

신의 설을 전개하자 가미오카광업소 가미오카광산병원神岡鉱山病院의 의사 도미타 구니오富田国男는 고노의 설에 찬성의 뜻을 표하며 "이타이이타이병의 원인으로서 카드뮴 단독으로 골장애로까지 진전되는 것은 무리이며, 골증상의 발현에는 저영양이 불가결한 인자로서 관여한다고 여겨지고 있다."고 발언했다.[60] 영양장애설은 도야마 현의 농촌에 대한 '후진적'이라든가 '봉건적'이라는 편견을 전제로 하는 것이다. 1971년에도 이러한 편견은 여전히 존속해 있었다.

게다가 고등법원 판결이 임박한 1972년 5월 25일, 제68회 국회 중의원 공해대책 및 환경보전특별위원회에 참고인으로 출석한 가나자와대학의 다케우치 주고로武内重五郎는 이타이이타이병과 카드뮴의 관계를 명확히 부정하며, 비타민D 부족으로 골연화증이 나타나고 치료를 위해 비타민D를 대량 투여하면서 신장기능 장애가 발생하였다는 설을 전개했다[61]. 그리고, 카드뮴설에 의거해 공해임을 인정한 고등법원 판결이 나온 후에도 카드뮴설을 부정하는 즉, 가미오카광업소의 광독설을 부정하는 영양장애설은 살아남는다. 아니, 한층 더 소리 높여 부르짖으며 부활해갔다고 해야 할 것이다.

1975년 2월『문예춘추文藝春秋』53권 2호에 고다마 다카야児玉隆也의 「이타이이타이 병은 환상의 공해병인가?イタイイタイ病は幻の公害病か」라는 르포르타주가 게재된다. 그것은 이타이이타이병의 주원인은 비타민D의 결핍이라는 설을 상세하게 소개하며 카드뮴설을 '마녀사냥'에 비유한 것으로, 실로 이타이이타이병은 하기노와 원고·변호인단에 의해 날조된 '환상의 공해병'이었다고 결론짓는 것이었다.

또『문예춘추』는 같은 해 12월에 출간된 53권 12호에도 '그룹 1984년グループ1984年'이라는 복면그룹의 이름으로「현대의 마녀사냥― 일본 사회는 미쳐있지 않은가?現代の魔女狩り――日本社会は狂っていないか」라 는 제목의 르포르타주를 게재하여 공해를 고발했다. 그들은 기업 에 배상을 요구하는 행위를 '현대의 공갈'이라 표현하며, 이타이이 타이병 재판을 "완전히 비과학적인 여러 기준과 규제치를 만들어 내어 막대한 경제적 부담을 일본 사회에 지우면서 일부의 공해 고 발꾼, 마녀사냥꾼들만 부유하게 만드는 결과가 되었다."며 전면 부 정했다.

일본광업협회는 고다마의 르포르타주가 게재된『문예춘추』를 대량으로 구입해 배포했다. 2월 26일 제75회 국회중의원예산위원 회 제1분과회에서 자민당의 고사카 젠타로小坂善太郎는 고다마의 르 포르타주를 근거로 1968년 후생성 견해에 대한 환경청의 인식을 물었다. 이에 대해 환경청 장관 오자와 다쓰오小沢辰男는, 후생성의 견해는 이타이이타이병에는 카드뮴이 얽혀있지만 그것만이 아니 라 노화현상이라든가 영양부족 등의 복합적인 원인도 인정하고 있 다고 답변했다. 그리고 "카드뮴이 얼마만큼 관여하고 있는가에 대 해서는 아직도 학문적 논쟁이 있습니다."며 회의적으로 답했다. 오 자와의 이 답변은 '이타이이타이병의 실태'는 카드뮴의 만성중독 에 의한 신장장애에 기인하는 골연화증이라 규정하고, 그 카드뮴 은 가미오카광업소에서 배출된 것이라고 지적한 후생성의 견해를 부정하는 것이었다. 즉 1968년에 후생성이 발표한 견해를 1975년 환경청이 부정한 것이다. 오자와는 "후생성의 견해라는 것이 실은 학문적으로 완전히 규명된 결과라고 말씀드릴 수는 없다고 생각합니다."라고까지 단언했다[62]. 그리고 이후에도 환경청은 이 자세를 견지한다. 판결에서는 원고가 승리했다. 그러나 그 후의 정치는 판결을 의문시하는 조류를 의도적으로 만들어내고 그것을 어느 정도 정착시키고 말았다. 그것을 가능케 한 것은 이른바 '우라니혼'의 농촌에 대한 '후진적', '봉건적'이라는 차별과 편견이었다. 자신들의 책임을 은폐하기 위해 공해 피해지역의 '후진성'을 강조하는 기업의 차별적 논리는 후술한 바와 같이 미나마타병의 경우에서도 마찬가지였다.

1 『文藝春秋』1956年2月.

2 『部落』125号.

3 黒川みどり『描かれた被差別部落——映画の中の自画像と他者像』岩波書店、2011.

4 『朝日新聞』大阪版、1956年12月1-7日.

5 『週刊朝日』1957年9月29日.

6 部落問題研究所 編『講座部落』三一書房、1960.

7 鈴木良「日本社会の変動と同和行政の動向——同和対策審議会から同和対策事業特別措置法へ」部落問題研究所編・刊『部落問題解決過程の研究1 歴史篇』2010、p.215、pp.228-229.

8 榎森進『アイヌ民族の歴史』草風館、2007、pp.557-558.

9 榎森進、위의 책, pp.558-559.

10 児島美都子・真田是・秦安雄編『選書現代の生活と社会保障障害者と社会保障』法律文化社、1987、p.10、p.12.

11 金満里『生きることのはじまり』筑摩書房、1996、p.32.

12 金満里、위의 책, pp.43-51.

13 日本患者同盟40年史編集委員会『日本患者同盟40年の軌跡』法律文化社、1991、pp.12-24.

14 菅沼隆「被占領期の生活保護運動——日本患者同盟の組織と運動思想を中心に」『社会事業史研究』30号、2002、p.39.

15 青木純一「患者運動の存立基盤を探る——戦中から戦後にいたる日本患者同盟の動きを中心に」『専修大学社会科学年報』45号、2011、p.8.

16 朝日訴訟記念事業実行委員会編『人間裁判——朝日茂の手記』大月書店、2004.

17 全国ハンセン氏病患者協議会編『全患協運動史——ハンセン氏病患者のたたかいの記録』一光社、1977.

18 山辺恵巳子「農業の曲り角を支えた女たち——農業基本法がもたらしたもの」；女たちの現在を問う会編『銃後史ノート戦後篇6 高度成長の時代 女たちは』インパクト出版会、1992.

19 鹿野政直『現代日本女性史——フェミニズムを軸として』有斐閣、2004.

20 天野寛子『戦後日本の女性農業者の地位——男女平等の生活文化の創造へ』ドメス出版、2001、p.7.

21 天野寛子、위의 책.

22 鹿野政直、앞의 책, p.27.

23 加納実紀代「自分史のなかの「女子学生亡国論」」1992；女たちの現在を問う会編、앞의 책.

24 加納実紀代、위의 책.

25 「座談会 東大闘争からリブ、そして女性学、フェミニズム」；女たちの現在を問う会編『銃後史ノート戦後篇8 全共闘からリブへ』インパクト出版会、1996.

26 沖藤典子『女が職場を去る日』新潮社、1979.

27 丸岡秀子編『日本婦人問題資料集成9 思潮(下)』ドメス出版、1981.

28 上野千鶴子編『主婦論争を読む 全記録Ⅰ・Ⅱ』勁草書房、1982.

29 鹿野政直, 앞의 책.

30 『婦人公論』1955年2月号.

31 『婦人公論』1955年4月号.

32 『婦人公論』1955年4月号.

33 山代巴編『この世界の片隅で』岩波新書、1965.

34 山代巴編、위의 책、ii項.

35 堀場清子『禁じられた原爆体験』岩波書店、1995; 堀場清子『原爆表現と検閲——日本人はどう対応したか』朝日新聞社、1995.

36 長田新編『原爆の子——広島の少年少女のうったえ』岩波書店、1951.

37 峠三吉『原爆詩集』青木書店、1952.

38 直野章子『被ばくと補償——広島、長崎、そして福島』平凡社、2011、p.73.

39 原爆被害者の手記編纂委員会編『原爆に生きて——原爆被害者の手記』三一書房、1953. 후에 山代巴『原爆に生きて』径書房、1991.

40 直野章子、위의 책、p.105.

41 小沢節子『第五福竜丸から「3・11」後へ——被爆者大石又七の旅路』岩波書店、2011; 小沢節子「大石又七の思想——「核」の時代を生きる」『戦後知識人と民衆観』影書房、2014.

42 大石又七『死の灰を背負って——私の人生を変えた第五福竜丸』新潮社、1991.

43 大石又七、위의 책.

44 小沢節子、앞의 책、pp.160-161.

45 山代巴編、앞의 책、xi項.

46 山代巴編、앞의 책、p.49.

47 山代巴編、앞의 책.

48 山代巴編、앞의 책.

49 原爆被害者の手記編纂委員会編、앞의 책.

50 直野章子、위의 책、p.81.

51 「在外被爆者の裁判」日本原爆被害者団体協議会HP.

52 松波淳一「まえがき」『新版イタイイタイ病の記憶——カドミウム中毒の過去・現在・未来』桂書房、2006.

53 渡邉伸一ほか『イタイイタイ病およびカドミウム中毒の被害と社会的影響に関わる環境社会学的研究』科学研究費補助金 基盤研究(B)(1)研究成果報告書、2004、pp.62-65.

54 古厩忠夫『裏日本——近代日本を問いなおす』岩波新書、1997、p.153.

55 萩野昇『イタイイタイ病との闘い』朝日新聞社、1968.

56 『日本整形外科学会雑誌』31巻 4号、1957年7月.

57 萩野昇 外「富山県熊野村に発生せる日風土病について」『日本整形外科学会雑誌』30巻3号、1956年8月.

58 富山県「富山県地方特殊病対策委員会報告」1967.

59 萩野昇、앞의 책.

60 『環境保健レポート』11号、1972年4月.

61 『第68回国会衆議院公害対策並びに環境保全特別委員会議録』22号.

62 『第75回国会衆議院予算委員会第1分科会議録』3号.

### 제6장

# '인권'의 시대

저성장시대에 돌입하는 1970년대 이후, 공해반대투쟁이나 각종 마이너리티 운동이 고양되는 가운데 '인권'에 대한 관심은 높아졌지만 장애인 등 목소리를 내기 어려운 '약자'의 인권은 고려되지 않았다. 또한 오키나와는 본토 '복귀'를 이루었지만 미군의 주둔이 계속되는 등 부담이 경감되는 일은 없었다. 또한 미일안보체제 하에서 본토측으로부터 오키나와가 문제시 되는 일도 없었다. 부락차별도 마이너리티 운동 등의 고양이 문제 해결로 직접 이어지지 않았고 이들 운동은 '시민적규범'='공통의 문화'로부터의 일탈로 보여져 행동양식이나 생활습관을 이유로 배제되었다. 그것은 재일한국·조선인이나 다른 마이너리티에 대해서도 같았고 문화적 인종주의가 그것을 지탱하였다.

한편 '여자'임을 드러내며 사회의 실상을 추궁하는 운동이나 사상이 고조되어 여성의 사회진출도 진전되는 가운데 일이나 육아를 둘러싸고 젠더의 비대칭성이 문제시되었다.

# 1. 복귀인가 독립인가 — 오키나와 차별론

## '조국복귀'에 대한 열망

1971년에 오키나와 반환협정이 체결되고 다음해인 1972년 오키나와의 일본복귀가 실현된다*. 그렇지만 반환 이전 즉 포츠담선언 수락 이래 내지는 1951년 샌프란시스코 강화조약 체결에 의해 미국의 통치하에 있던 긴 세월 동안 복귀운동이 전개되어 왔다. 그러나 오키나와 사람들의 생각은 결코 복귀 일변도가 아니라 일본에 대한 반문이나 반복귀 사상도 존재하고 있었던 것을 알아야 한다. 더욱이 복귀는 생활의 격변을 동반한 것이었고 그것은 '복귀불안'을 낳아 사람들의 아이덴티티를 흔들었다[1].

복귀운동은 1950년대 후반 군용 기지 문제에서 발단한 섬 차원의 투쟁[2]을 하나의 계기로 고양되었고 1960년 4월 교직원회, 노동조합, 정당, 교육·복지관계 단체 등이 참가하여 오키나와현 조국복귀협회(복귀협)가 결성되었다. 그러한 운동의 와중에 복귀협이 결성되고 바로 복귀협과 원수폭原水爆 금지 오키나와현협의회**가 1964년에 『오키나와현조국복귀운동사沖縄県祖国復帰運動史』를 편찬했

---

　* 오키나와 반환 : 제2차 세계대전 종전 후 1945년 10월부터 샌프란시스코 강화조약이 발효된 1952년 4월 28일까지 연합군 사령부는 일본을 간접통치하였고 1952년 4월 이후 일본 주변의 여러 섬들은 순차적으로 일본에 반환되었으나 오키나와는 1972년까지 미국 통치하에 있었다. 이후 1972년 5월 15일 오키나와 현은 정식으로 일본에 반환되었다.

　** 원수폭 금지 일본협의회 : 1955년 결성된 일본의 반핵, 평화 단체의 전국조직으로 도도부현(都道府縣)을 비롯하여 지역에 하부조직을 두고 있다.

다. 당시 복귀협 회장으로『오키나와현조국복귀운동사』의 편찬위
원장이었던 기얀 신에이喜屋武真栄는 "생각해 보면 조국을 가지고 있
으면서 조국에 돌아가는 것도 허락되지 않고 조국으로의 도항 자유
조차도 얻을 수 없는 인간의 연민은 이민족 지배하에 있는 우리들
이 아니면 실감할 수 없을 것이다. 올해도 강화조약 발효로부터 12년
째 굴욕의 날이 다가왔지만 왜 이러한 운명에 오키나와가 처하게
되었는지에 대하여 조국의 위정자나 9천만 동포는 생각해 본적이
있을까"라고 물었다.『오키나와현조국복귀운동사』는 이러한 '국민
여론의 계몽'과 자신들의 운동을 점검하기 위해 출판하게 되었다[3].

복귀협 결성 1년전 오키나와 인민당 위원장이었던 세나가 가메
지로瀬長亀次郎가『오키나와로부터의 보고沖縄からの報告』를 쓴 것은 완
곡한 표현이지만 "오키나와 사람들의 고통이나 고민을 일상생활
의 면에서 파악하여 파헤쳐 쓴 것은 의외로 적기" 때문이었다고 한
다. 세나가는 "오키나와는 의외로 부흥되어 밝아졌다"라는 '오키
나와 출신 학자'나, "조국복귀운동은 진전이 없어 실제적, 현실적
이지 않기 때문에 그만두는 편이 좋다"라고 하는 사람들이 있는 현
실에 직면하여 오키나와가 처해진 현실에 대하여 구체적인 숫자를
표시하면서 제시하였다[4].

그러한 상황하에 있었던 오키나와의 '복귀'가 현실성을 띠기 시
작한 때는 1967년경부터로 이 시기부터 오키나와 차별에 관한 논
의가 전개된다. 오키나와가 '복귀'할 나라는 정치적, 경제적, 문화
적, 그리고 군사적으로 오키나와를 차별해 왔던 '조국일본'이었기
때문이다. 결국 오키나와는 오키나와차별 안으로 돌아가게 된 것

이다. '복귀'함에 따른 여러 가지 불안 가운데 하나에 이 사실이 있었다. 특히 미일안보체제 하에서 방대한 미군기지와 핵병기가 남겨져 있는 상태로 '복귀'되는 것은 아닌가 하는 불안이었다. 이러한 불안을 가진 오키나와 사람들은 그 사실을 현대 오키나와 차별로 받아들이고 있다.

이러한 현실에 대한 불안을 구체적으로 지적한 것은 '일본'측이었다. 사회학자인 히다카 로쿠로日高六郎 는 '오키나와·전략체제 가운데에서의 차별[5]'에서 본래 오키나와 기지나 핵병기의 존재는 시정권施政權 유무에 관한 문제로, 차별의 결과가 아님을 지적하면서도 그것을 오키나와 사람들이 차별로 받아들이는 심정에 이해를 표시하였다. 그리고 일본과 핵기지가 있는 오키나와 간에 존재하는 위험부담의 차이는 차별이라기보다 상이相異지만 '과거의 역사, 태평양전쟁, 패전, 강화조약 제3조*, 토지투쟁과 그것에 대한 일본 정부의 냉담 그리고 핵기지의 완성'이 있었기 때문이고 이러한 사실에 '분노하고 비판하지는 않지만 의식의 바탕에는 역시 <차별>의식의 그림자가 드리워져 있지는 않을까. 기지와 시정권의 분리 반환방식은 실은 이 <구별> 혹은 <차별>의 고정화일 것이다'라고 핵기지를 남겨 놓은 상태에서의 '복귀'에 반대의사를 표시하였다. 히다카는 미국은 오키나와를 차별하여 핵기지를 설치한 것이 아니고 군사전략상 설치한 것이지만 그 존재에 일본 정부나 국민이 화

---

* 강화조약 3조란 샌프란시스코 강화조약을 말하녀 이는 태평양전쟁 이후 전후 처리를 위하여 48개국이 회의 후 일본과 연합국간에 협의한 조약을 말한다. 이 조약 제3조는 미국이 오키나와를 점령통치할 수 있는 근거 조항이다.

내지 않고 비판도 하지 않은 것에 오키나와 사람들은 '오키나와는 차별받고 있다'라고 느꼈다고 주장했다.

이러한 히다카의 주장에 이어 오키나와 타임즈사 사장 우에지 가즈시上地一史는 '본토와의 차별을 배제하라―오키나와는 이렇게 생각한다[6]'에서 핵을 포함하는가, 핵을 포함하지 않는가라는 '복귀'론을 검토하면 "발상의 근저에는 본의 아니게 오키나와는 차별해도 좋다는 전제가 깔려있다" "차별을 의식하고 있으면 그렇지 않음에도 상관없이 오키나와에 시점을 두고 생각하면 떨쳐버렸던 차별감이 밀려오는 것은 부정할 수 없는 사실이다" 라고 발언했다.

이러한 오키나와 핵기지를 둘러싼 논의 가운데 오키나와를 차별하여 오키나와에 핵기지를 설치한 것은 아니지만 오키나와 사람들 측에서 보자면 그것을 차별로 받아들이는 인식에 대해 사회과학자 오타 마사히데大田昌秀는 『추한 일본인醜い日本人―일본의 오키나와 인식』[7]에서 오키나와에 관해서 '일본인은 추하다'라고 분명히 말하였다. 또한 "오키나와가 그리고 오키나와 현민만이 법제도적으로 본토의 부현민府縣民과는 차별받고 있다"라고 단언하였다. 오타는 "본토와 오키나와의 결정적인 차이는 본토 사람들이 어찌하던간에 독립국으로서 평화헌법의 적용을 받으며 생활하고 있는 것에 비해 오키나와에서는 핵기지에 둘러싸여 헌법의 보호도 없이 외국 군대에 점령되어 인간으로서의 기본적 권리조차 거부되어 현재 생활하고 있다"라고 오키나와에 대한 차별은 단순히 심정적인 것이 아닌 법제도상의 차별임을 역설하였다. 분명히 미국이 오키나와에 기지를 확장하는 배경에는 "식민지나 속령屬領·속국이라면 기지를 설치해도 좋다"는 차별적인 의식이 있었던 것은 부정할 수 없다[8].

이러한 오키나와 차별을 둘러싼 논의가 활발하게 진행되는 가운데 아라카와 아키라新川明 등은 '복귀'가 아닌 오키나와 독립을 제기하였고[9] 나아가 오키나와 본섬과 주변섬과의 차별로까지 논의가 깊어졌다.

미야코섬宮古島 출신의 현대 시인 신조 다케카즈新城兵一는 류큐왕국 이래 오키나와 본섬의 사람들이 "사키시마先島-특히 미야코 사람宮古人에 대해 이질시·차별하는 의식을 깊이 반성하는 시간을 가질 수 없었다"라고 지적했다[10]. 또한 오키나와 주재의 저널리스트 이치무라 히코지市村彦二는 류큐정부가 '오키나와의 실업자대책으로서 아마미奄美출신자의 섬추방'을 생각했던 것을 들어 '일본정부를 향해 차별반대를 외치는 오키나와가 그 땅에서 일본인인 아마미 출신자를 차별대우 해왔던' 사실을 비판하였다[11]. 틀림없이 오키나와의 '내부차별'이 추궁받은 것이지만 신조는 나아가 '오키나와인 의식을 뿌리로 하는 부락·조선인의 역차별'의 존재까지 언급하였다. 신조의 이러한 언급의 배경에는 동화교육의 부독본副讀本 『인간』(중학생용)에 오키나와 차별 항목을 게재하는 것에 대한 시비를 둘러싼 논쟁이 있었다.

## 오키나와 차별과 부락 차별

전국해방교육연구회 편집위원회가 작성한 『인간』은 1970년부터 오사카부 오사카시내 초중학교에서 사용되기 시작하였다. 편집

작업에는 오사카부·시 교육위원회, 오사카부교직원조합, 부락해
방동맹 오사카부연합회 등도 참가하여 모든 초중학생에게 무상으
로 배포되었다. 1970년 3월 신문이『인간』(중학생용)에 오키나와
차별 항목이 게재된다고 보도하자 오사카의 오키나와현인회연합
회장이 반대의 뜻을 표명하고 오사카부·시 교육위원회에 게재반
대를 신청하였다. 이에 대하여 편집위원회는 이 항목의 집필을 오
키나와현민에게 의뢰하기로 하여 류큐대학 오타 마사히데가大田昌秀
집필하기로 하였다. 그러나 10월에는 류큐행정주석 야라 쵸뵤屋良朝苗
가 부府·시교육위원회에 오키나와 차별 항목의 삭제를 요청하기
에 이르렀다. 그 취지는 '오키나와 문제와 부락해방문제는「차별」
이라는 기본적 의미에 있어서는 동일하지만 종류나 질은 전혀 다
른 것이다. 따라서 양자를 동일병렬적으로 취급하는 것은 잘못'이
라는 점이었다. 이러한 가운데 오타가 집필을 사퇴하였고 1971년 1월
23일에는 오키나와 출신 초당파 국회의원이 부교육위원회에『인
간』의 사용금지를 신청함과 동시에 문부성에도 사용금지를 신청
하였다. 이에 대하여 편집위원회로서는 독자적으로「오키나와의
질문」이라는 원고를 작성『인간』(중학생용)을 발행하여 배포에 이
르게 되었다.

　「오키나와의 질문」은 선생님이 학생에게 쓴 편지 형식으로 류큐
처분*이후 오키나와가 받은 정치적 차별을 설명하고 오키나와 차

---

* 류큐처분: 메이지 정부의 집권하에 류큐왕국이 해체되고 일본의 한 현(縣)으로
　강제적으로 편입되는 일련의 과정으로 일반적으로 1872년 류큐번(琉球藩) 설
　치를 시작으로 1879년 오키나와을 설치하는 과정을 일컫는다.

별과 부락 차별과는 '역사성도 사회성도 확실한 차이'가 있지만 '우리들의 마음속에 과연 어느 정도의 거리가 있을까'라고 질문을 던져 오키나와에 대한 '대를 살리기 위해 소를 죽인다'라는 차별감을 지적하였다.

그렇다면 이러한 『인간』에 오키나와 차별 기재는 무엇이 문제인가? 1971년 2월 오사카, 오키나와현인회연합회의 「오키나와현민은 호소한다」라는 문서에서는 부락차별이 '심정적 차별'인 것에 대해 오키나와 차별은 패전의 결과로 생긴 '제도적 차별'이고 오키나와현민에게는 '심정적 차별에 내재하는 멸시관념'은 포함되지 않았음에도 불구하고 『인간』에 오키나와 차별을 기재한다면 '올오키나와*도 또한 미해방부락의 일종'이 된다고 기술하였다[12]. 오키나와가 피차별부락과 같이 취급될 수 있다는 우려가 게재 반대의 근본적 이유였다.

이러한 생각을 둘러싸고 오키나와나 관서지방에서 많은 논의가 벌어졌다. 효고현 오키나와현인회의 회장 가미에스 히사시上江洲久는 "『인간』에 오키나와도 포함하면 그로부터 오키나와에 대한 차별이 재현된다고 하는 사람들은 오키나와현민인 것에 자신이 없는 것입니다"라고 게재 지지를 표명[13]하였고 류큐대학 조교수 오카모토 게이토쿠岡本恵徳도 '오키나와문제와 부락문제를 극력 떨어뜨려 생각하려는 발상'을 비판하였다[14]. 또한 관서지방의 오키나와 출신자

---

* 올오키나와(all 沖縄) 자민당의 보수정치가 오카나 다케시(翁長雄志)가 나하(那覇)시장 재임중에 '오키나와 보수가 혁신을 감싸 안다', '보수와 혁신을 넘어선 오키나와', '보혁의 벽을 넘은 오키나와 현정' 등의 의미로 내세운 정치 슬로건.

의 뜻있는 사람들이 관서·오키나와현민 차별문제연구회를 결성하여 『오키나와차별』1호(1971년 4월), 동2호(1971년 8월)을 간행하였다. 그곳에는 많은 게재반대론에 대한 비판의견이 게재되어있다.

## 「과연 일본은 무엇인가 다시 묻는다(日本を問い返す)」

가노 마사나오鹿野政直는 복귀를 요구하는 운동이 내건 것은 자치, 반전, 인권 사상이며 그 가운데에서 '일본에 빠져드는 것'에 대해 경종을 울리는 '과연 일본은 무엇인가 다시 묻는다'는 사상, 나아가 '반복귀 사상', 그리고 '뿌리로서의 오키나와 의식화' 사상이 나타났다고 하였다[15]. 그 가운데 본토 복귀 다음해인 1973년 당시 오키나와타임즈 기자인 아라카와 아키라新川明가 쓴 『이민족異族과 천황의 국가-오키나와민중사의 시도』(2月社)의 맺음말의 일부분을 소개하였다. 이 책은 '1972년 오키나와 반환' 전야에 『오키나와 타임즈』에 연재한 작품이 원본이다. 이 책의 저자 아라카와는 "1879년(메이지12) 「류큐처분」을 프롤로그로 막이 오른 오키나와 근대 이후의 역사는 단적으로 말해 <국가로서의 야마토(일본)>에 의한 강제적인 차별지배와 식민지적 수탈 과정이었고 오키나와인은 반야마토의 격정을 불태우는 저항운동을 시작하였지만 종국에는 스스로 그리고 적극적으로 야마토화하는 동화의 노력이야 말로 그 차별과 수탈로부터 자신을 구제하는 방법이라고 생각하는 삶의 방식을 최상으로 여기는 흐름으로 집약되어 진행되어 왔다"고 주장하였다. 그리고 '반환'의 과정을 바라보는 가운데 "일본동화운동

의 한 형태로서 '복귀' 운동체 내부에 있어서도 '제3의 류큐처분'
이라고 표현되어 다시 다가오는 <국가로서의 일본>의 전횡에 대
한 경계와 반발의 기운이 높아지고 있다"고 보고 '일본'을 상대화
할 가능성을 찾아 '반환' 후에 이 책을 발표하여 세상 사람들에게
반문하였다고 말할 수 있다. 이러한 사상을 가지며 40여년이 경과
한 현재의 상황에 대해서는 「맺음말」에서 서술하기로 하겠다.

히야네 테루오比屋根照夫도 이미 언급하였지만[16] 기노시타 준지木下
順二의 희곡『오키나와』를 관람하고 쓴 마루야마 마사오丸山真男의 문
장을 소개하고자 한다. 마루야마는 일본과 오키나와 "쌍방이 자기
부정을 계기로 하지 않는 한, 쌍방의 결합은 있을 수 없다" "그것은
단순히 오키나와만의 문제는 아니다. 나는 지식인으로서 그리고
대중으로서 여러 관점에서 그것을 생각하고 있다"고 하면서 다음
과 같이 서술하였다.

> 일본 대 오키나와라는 문제만으로 한정하면 그것은 다른 의미에
> 있어서 국지주 또는 지방주의에 빠져버리게 된다. 세계적인 전망을
> 가질 수 없게 된다. 일본 대 오키나와라는 문제가 정치적 문제라고 해
> 도 더 깊게 파고 들어가면 국내에 있어서의 연대문제가 된다고 생각
> 한다. 그것은 우치(內)와 소토(外)라는 문제이다. (중략)우치와 소토
> 의 논리=사고양식이라는 것이 일본인의 상수동사(相手同士: 동료의
> 식)에 있다. 파벌이나 폐쇄적 집단, 우치(內)의 사람이나 소토(外)의
> 사람, 인사이드와 아웃사이드란 것을 끊지 않는다면 연대가 이루어
> 질 수는 없다. 인사이드와 아웃사이드란 '부락(무라)'이다. 이것이 원

죄이다. 그래서 나는 토착주의를 단절해야 한다고 생각한다. 무라가 저항의 근원이라든가 부락공동체라는 것이 근대에 있어서 저항의 근원이라고는 도저히 생각하지 않는다. 이것이 야말로 우치와 소토라는 이론이 발효하는 근원이다[17].

차별문제 전반에 부연할 수 있는 제언이라 할 수 있다.

## 2. 차별의 징표와 '긍지' — 피차별부락

### 각인된 부負의 징표

전장에서 서술한 동화대책심의회 답신을 받아들여 동화대책사업이 실시됨에 따라 부락해방운동이 고양되는 반면 곤란한 상황에도 직면하게 되었다.

먼저 사야마狹山차별재판을 들 수 있다. 이 사건의 발생은 1963년이지만 그 후 재판에서 부락차별문제가 부상하게 되어 이에 항의하는 광범위한 운동이 전개되어 갔다.

사이타마현埼玉県 사야마시狹山市에서 고등학교 1학년 여학생이 사체로 발견되는 사건이 일어난 뒤 피차별부락에 대한 집중적인 표적수사가 행해져 피차별부락에 사는 당시 24세였던 이시카와 가즈오石川一雄가 별건으로 체포되었다. 이시카와는 살인 및 사체유기에 대해 자백을 강요받았고 '자백하면 10년뒤에 나올 수 있게 해준다'는 조사관의 유혹에 의해 '자백'에 이르게 되었다. 다음 해 1964년 3월 11일 1심인 우라와浦和 지방재판소에서 사형판결이 내려졌지만 동년 9월 10일 도쿄 고등재판소에서 열린 항소심 제1공판에서 이시카와는 범행을 부인하였다. 도쿄 고등재판소는 사형판결을 파기하고 무기징역을 선고하였다. 최고재판소는 1977년에 상고를 기각하여 무기징역이 확정되었다. 그 후에도 재심청구, 특별항고가 열려 새로운 증거가 제출되었음에도 불구하고 사실 조사가 행해지지 않은 상태에서 기각되어 현재에 이르게 되었다. 이시카와는 1994년 가석방되어 55세가 되어 31년만에 고향인 사야마로 돌아왔다. 사건 발생 1개월정도 전에 일어난 어린이 유괴사건(무라코시 요시노부村越吉展군 사건)에서 경찰은 범인을 놓쳐 비난을 받고 있었던 시점에서 이 사건의 배후에는 신뢰회복을 위해서 어떻게 해서든 범인을 체포해야 한다는 경찰측의 초조함이 있었던 것을 부정할 수 없다. 여기에 피차별부락은 범죄의 온상이라는 차별적 편견이 더해져 이시카와가 희생되었다. 바로 부락차별에 의해 일어난 원죄(原罪)사건이었다[18].

부락해방동맹은 사이타마연합회에서 제기한 공정한 재판을 요구하는 결의를 채택하였지만 본격적인 행동을 시작한 것은 1969년 3월 24일에 개최된 제2회 전국대회 이후였다. 이 사건은 기존의 차별인식하에서 일어났으며 게다가 피차별부락 청년을 범인으로 지적함에 따라 마치 피차별부락이 범죄의 온상인 것 같은 이전부터 있었던 징표를 한층 더 사람들의 인식에 각인시키는 결과를 가져왔다.

부락해방동맹은 동화대책사업 특별법의 구체화와 동화대책심의회 답신의 완전실시를 요구하며 이를 '국민운동'이라고 칭하며 운동의 대중적 확산을 추구하면서 투쟁을 전개해갔다. 그 사이에 동화대책심의회 답신의 평가를 둘러싸고 일본공산당 지지파와 부락해방동맹내의 비공산당 그룹의 대립이 첨예화하였고 이러한 상황하에서 일어난 1969년 야다사건矢田事件, 1974년 요우카八鹿고교 사건은 두 그룹의 대립을 보다 결정적으로 하였다. 두 그룹은 모두 그곳에서 일어난 사건이 차별사건으로 규탄의 대상이 되는가에 대하여 다투었고 그 견해 대립 자체가 차별규탄 운동 방식을 둘러싼 양자의 노선차를 반영한 것이었다. 1976년에는 1969년 야다사건 직후에 결성된 부락해방동맹정상화 전국연락회의가 '국민융합론'을 주장하며 전국부락해방운동연합회로 조직을 개편함에 따라 부락해방운동은 분열되었다. 차별하는 측에서는 어떻게든 차별의 이유를 만들어냈고 이러한 운동내의 항쟁·분열은 "인권의 시대" 가운데에서 부락문제를 피해갈 수 있는 하나의 이유를 제공하는 결과를 가져왔다는 것을 부정할 수 없다.

### '포섭'으로의 전환

그렇지만 이 시기는 지금까지 운동 조직이 없었던 지역에도 동화대책사업의 실시를 쟁취하기 위해 부락해방동맹지부가 만들어지는 고양기였다. 이미 서술한 바와 같이 경제적으로 열악한 상태에 놓여져 있던 피차별부락의 사람들에게 있어 동화대책사업에 의한 주거환경개선은 절실한 요구였다. 또한 그 당시 부락해방동맹은 1970년에 사야마차별재판 반대를 주장하며 전국행진을 실시하였고 1974년에는 제2심 도쿄고등재판소 판결을 앞두고 도쿄 히비야공원에서 완전 무죄판결 요구 중앙총궐기집회를 개최하는 등 사야마 투쟁을 고양시켜 나갔다. 부락차별에 의한 원죄 희생자가 나온 것은 피차별부락 사람들에 대한 차별에 대하여 분노를 불러일으켰고 이러한 움직임에 호응하여 사야마 투쟁 조직활동의 지부가 조직화되었다.

이러한 운동의 고양에 한층 박차를 가한 것은 1975년 11월 『부락지명총람』의 발각이었다. 이것은 악질적인 업자가 전국 피차별부락의 지명·주소지·호수·직업 등을 게재하여 전국의 기업 등에 판매한 것으로 그 이후에도 『전국특수부락리스트』 등 다양한 제목으로 비슷한 내용의 서적이 계속적으로 출판되었다. 이것은 적어도 기업이 채용, 승진 등에 있어 피차별부락 출신인지 아닌지를 하나의 지표로 사용해 왔다는 것을 증명해 주었다. 기업의 논리는 부락차별과 관련하여서는 본래 피차별부락 출신자를 배제하는 것과 배제하지 않는 것의 이해득실을 감안한 결과에 기초한 것이었다. 피차별부락 출신자와 관련해서는 지금까지 살펴본 바와 같은 사야마사건이 다시 각인되어, 범죄의 온상이라는 인식 등의 다양한 징표와 부락해방동맹의 규탄 방법에 대한 기피 등에 의해 배제되어 왔다고 생각되지만 이제는 오히려 기업측도 피차별부락 출신자를 배제해온 것에 대한 디메리트를 인식하고 오히려 포섭으로 전환하였다. 이 사건 이후 취직차별문제는 많이 호전되었지만 지금까지 완전히 소멸되었다고는 볼 수 없다.

전장에서 서술한 바와 같이 1970년대 후반부터 급속히 진전된 동화대책사업에 의해 지금도 부락 외부와는 격차가 있지만 피차별부락의 주거환경은 크게 변화하였다. 또한 고도경제성장이 피차별부락에도 영향을 주어 사람들의 생활도 개선되었다. 이렇게 긴 세월동안 피차별부락에 만연해 있었던 경제적 빈곤에서 파생한 불결, 트라코마(눈병의 일종) 등 질병의 온상이란 징표는 대체로 사라졌다.

한편 동화대책사업이 진행되면서 야기된 '부정'의 문제도 지적되었다. 부락해방운동 뿐만 아니라 어떤 운동에서도 정부에 시책을 요구하여 이를 획득하게 되면 적지 않게 체제에 포섭되게 된다. 부락해방운동의 경우는 동화대책사업 실시 요구가 1950년대 이후 운동의 큰 기둥을 이루고 있었기 때문에 더욱 그러한 벽에 부딪힐 수밖에 없었다. 이러한 상황하에서 전후 운동사를 돌아보고 재점검함으로써 돌파구를 찾으려는 움직임이 일어났다. 그 가운데 한사람이 중국사 연구자인 후지타 게이치藤田敬一로 후지타는『동화는 무서운 생각— 지대협(지역개선대책협의회)을 비판한다』[19]라는 책을 통해 문제를 제기하였다. 이 책의 제목은 완전히 현대 차별의식을 상징적으로 나타내는 표현이었다. 그 책의 부제에도 언급한 바와 같이 1987년 12월 11일 총무청(1982년 설치 당시는 총리부)에 설치된 지역개선대책협의회(지대협. 위원은 각성의 사무차관, 학식경험자, 관계단체 등)이 '의견구신意見具申'을 낸 것이 직접적인 계기가 되었다.

'의견구신'에는 '동화지구의 실태가 상당히 개선' 되었지만 이와 함께 '새로운 문제'가 생긴 것을 지적하는 내용이 담겨있었다. 그것은 ① 민간운동단체를 추종하는 행정 주체성의 결여 ② 시책 실시가

'동화관계자'의 자립, 향상을 막고 있는 것 ③ 민간운동단체의 '지나친 언동'이 '동화문제는 무서운 문제이고 피하는 것이 좋다'라고 하는 의식을 낳고 나아가 그것을 이용하여 사이비 동화행위가 횡행하는 것 ④ 민간운동단체의 '지나친 언동'이 동화문제에 대해서 자유로운 의견교환을 저해하고 있다는 네 가지 점을 언급하였다.

## '금지'의 전경화前景化

이러한 가운데 1985년 12월 '자유 오사카'라는 애칭으로 알려진 현대오사카 인권박물관이 이전에 니시하마西浜라고 불렸던 오사카시 나니와구浪速區의 피차별부락에 오사카 인권역사 사료관으로 다시 세워졌다. 그 당시의 설립취지서에 '우리나라 경제는 비약적으로 성장하여 산업구조나 생활양식은 현저하게 근대화, 합리화되었지만 그와 함께 역사적, 문화적 유산이나 경관도 계속적으로 파괴되어 우리 오사카에 있어서도 오랫동안 유지되어왔던 '나니와'의 서민문화와 생활의 기풍이 남아있는 것은 드물어졌습니다'라고 기술하였다[20]. 즉 동화대책사업이 수행되어 주거환경정비가 일정 정도 달성된 가운데 아직도 현존하는 차별과 싸워야하고 피차별부락의 문화 존속, 즉 아이덴티티의 문제로 관심이 계속 이행해 간 것을 시사하였다.

부락해방운동에 대한 지대협부회地對協部會보고를 시작으로 하는 비판 분출로 '해방' 본연의 방식이 나누어지게 되었다. 하나는 종래부터 존재하는 융화주의 내지는 해소론解消論이고 다른 하나는 전술한 후지타 게이치藤田敬一와 같이 하나는 '차별하는 측'과 '차별받는 측'의 이분법을 극복하기 위해 '개개의 해방된 관계'에서 근거를 찾아내는 입장이다. 나아가 다른 하나는 '부락민'인 것을 재확인하여 아이덴티티를 되찾고자 하는 입장이다.

'부락민'의 아이덴티티는 우치다 류시內田龍史가 지적한 바와 같이 '때때로「부락민」을 필요로 하는 사회구조·권력·부락외의 사람들에 의해 당사자측으로부터는 부락해방운동에 의해 각각의 언설 실천의 대항 가운데에서 구축되어 온 것' 임이 틀림없다[21]. '부락민'에게 요구된 것은 경제적 성장의 담당자가 되는 것이고 부락민 측에서는 시민적 박탈의 상태를 타개하는 싸움의 담당자로서의 자각을 필요로 하였다. 양자의 의도가 화합하여 실시된 것 가운데 하나가 부락해방운동의 다음 세대를 담당할 부락의 어린이들에 대한 부락해방장학금제도이다. 이는 '부락민'으로서의 기대가 순화된 형태로 나타난 것이다. 이것은 동화대책(후에 지역개선대책)의 일환으로서 고등학교·대학교 진학 장려금 제도로 확립된 것으로 1956년 오사카시의 '나니와육영비'를 효시로 서서히 각지에서 실시되어 1966년에 문부성이 '동화대책고등학교 등 진학장려비보조사업'을 개시함에 따라 고교·고등전문학교로 진학하는 학생에게 지급되게 되었다. 1974년에는 대학에서 장학금보조도 시작되었다.

이와 같은 취학 지원이 확대되어 가는 가운데 기대되는 '장학생' 상도 변화하여 갔다. 즉 당초에 젊은이들은 시민적 권리의 박탈을 자각하고 권리회복을 요구하며 일어설 것이 기대되고 차별적 시선에 의해 규정된 부정적인 아이덴티티가 형성되어 있었지만 점차로

장학금제도 그 자체도 운동에 참가한 이전 부락민이 쟁취한 성과임이 제시됨에 따라 긍정적인 아이덴티티를 획득하게 되었다[22]. 그리고 1953년 전국동화교육연구협의회의 결성을 계기로 본격적으로 활동하기 시작한 부락해방교육운동과도 밀접하게 연결되면서 '부락민'으로서의 '긍지'에 의해 지탱되어 부락해방운동의 담당자를 육성하는 것을 목표로 하면서 전개되었다. 또한 그들을 뒤에서 지지하는 의미도 가지면서 계발의 장에서도 활발하게 '부락민의 긍지'가 언급되었다.

1986년에 공개된 오사카 피차별부락을 무대로 한 다큐멘터리 영화 『인간의 거리—오사카·피차별부락』(감독 고이케 마사토小池征人)은 바로 그중에 하나였지만 이와 같이 평가되는 작품조차도 '긍지' 일변도일 수는 없었고 '긍지'와는 거리가 생겨 그것이 다시 호소하는 힘이 되었다[23]. 즉 '긍지'만으로 부락문제의 이야기를 완결시키는 것은 불가능함에도 불구하고 종종 계발이나 동화교육의 장에서는 '긍지'에 특화된 이야기가 요구되는 것이다.

## 3. 여성·해방과 페미니즘

### '여자'의 복권 — 여성·해방

앞장에서 서술한 남녀를 둘러싼 상황과 1960년대 후반부터 아메리카에서의 여성운동 고양의 영향을 받아 1970년대 초반에는

273

여성 해방 운동이 시작되었다.

이를 담당했던 한 사람인 다나카 미츠田中美津는 운동 시작 당시를 회고하며 이렇게 말한다. "지금은 사어가 되었지만 '여자답지 않게' '여자인 주제에' 등의 말이 무엇을 해도 따라왔던 시대. 여성에 대한 억압이 숨쉬는 공기에까지 파고들었던 시대에 시작되었던 해방운동. 아주 엄청나게 비난을 받았습니다. 매스컴은 물론 '신좌익'으로부터도 비웃음을 받고...". 그럼에도 불구하고 해방은 "더블 스탠더드, 이중규범, 뒷면과 앞면, 혼네와 다테마에 등에 없었던 메시지라서 전달된 것이 아닐까요?" 그녀의 이야기 속에서 되풀이 되는 것은 '나 이외의 어떤 사람도 되고 싶지 않다'는 것이고[24] 히구치 게이코樋口惠子는 그것을 「"여성의 아픔"을 출발점으로」한 것이라고 하였다[25].

다나카에게는 1975년 '유엔의 보증을 얻어 행정이 후원한' 세계 여성의 해 이후 일종의 안전지대에 들어서 버린 운동에 대한 불신이 있었다. "남편과의 관계, 가족의 형태, 등은 구태의연하고, 밖으로 나가면 남녀 공동 참가 사회의 추진이라고 하는 그런 혼네와 다테마에에의 더블 스탠더드에 입각한 운동이었다면 세계 여성의 해이후, 운동의 힘이 해마다 없어지는 것은 당연하지 않을까"라고 다나카는 말한다[26].

센다 유키千田有紀는 '찢어진 「여자」의 전체성을 회복해 가는 방법론이 해방 사상의 진면목이다' 즉 '「저」라고 하는 존재를 생각할 때 이 사회에서 「여자」로서 대접받는다고 하는 점을 중심에 두고 여러 가지 단편화된 속성, 경제적, 인권적 다양한 속성을 「여자」로 연결시켜 그 분단을 헤쳐나가려고 했다'고 총괄하고 있다[27]. 해방을 내건 사람들은 스스로의 주장이 논리정연하다는 것을 밝히는 것과는 거리가 멀었으며 또한 '혼네'로 부딪혀 허위성을 가차없이 제거하기 때문에, 여성해방운동에는 야유와 조소가 따라다녔다. 가노 마사나오는 여성사 또한 여성해방에 대해 정당한 위치설정이 결여되어 왔음을 지적하고, 『현대일본여성사』에서 여성해방의 복권을 도모했다[28].

덧붙여서 그러한 여성해방운동이 한창일 때 대학생이었던 우에노 치즈코는, "전공투*로부터 내가 배운 것은, 혼자가 되는 것이었다. (중략) 그렇기 때문에 도쿄 방면에서 여자들이 여성해방운동이라는 것을 시작했다고 전해들었을 때 운동에도 조직에도 이미 충분히 의심을 가지고 있던 나는 먼 곳의 일처럼 그 뉴스를 들었다"라고 하였다. 그 후 '각각의 고민을 품은 매력적인 여자들'과의 만남을 거쳐 우에노는 더욱 "나는 혼자인 것을 조금도 두려워하지 않는다"라고 단언하며, 오늘에 이르기까지 날카로운 문제 제기를 해왔다고 할 수 있다[29].

## '주부의 문제'

주부논쟁에서 이미 여성 문제의 중요한 축으로 '주부'가 대상화

---

* 전공투 : 전학공투회의(全學共鬪會議)의 약자로 1968~1969년 일본에서 학생 운동이 한창일 때 각 대학의 학생이 결집하여 기성 학생자치회조직과는 별도로 조직한 운동단체. 후에 신좌익의 여러 조직도 참가하여 당시 학생운동의 중심적 존재가 되었다.

되고 있었는데, 이를 한층 더 추구한 것이 구니타치国立시 공민관 직원 이토 마사코伊藤雅子였다고 생각된다. 이토는, 1971년 12월부터 1972년 3월까지, 구니타치 공민관에서 '나에 있어서의 부인문제私にとっての 婦人問題'라는 제목의 시민대학 세미나를 개최했다. '기획자로서는 구성원들을 기혼 여성 중심으로 상정하여 그 필드를 '주부'에 두려고 의도하였다'. 그것은 참가자가 주부이기 때문이 아니라, '주부의 문제는 여성의 문제를 생각하는 하나의 기점이다' 따라서 '주부를 문제로 삼아야 한다고 생각하기 때문이다'라고 이토는 말하였다. 즉 '적어도 많은 여성은 주부라는 것과의 거리에서 자신을 가늠하고' 있으며, '좋든 나쁘든 주부라는 것에서 자유롭지 못하다'는 것이다. 이토는 기혼자, 미혼자를 포함하여 대다수의 여성이 사로잡혀있는 '주부'라는 입장에 초점을 맞춤으로써 여성이 당면한 보편적인 문제를 척결하려고 했던 것이다.

기존의 여성 문제를 다루는 방식에 대해서도 비판이 날카로워, '교육위원회나 마을회관 등에서 행해지는 기존 여성교육의 상식은 아내, 어머니, 주부라는 역할 속에 여성의 「삶」을 한정하고 그 역할에 어떻게 적응시킬 것인지, 그 안에서 여성 자신의 위화감과 초조함을 어떻게 달랠 것인지, 불만과 의문을 어떻게 달래느냐에 있었던 것 같다'고 비판하였다. 이토는 '먼저 문제를 여성 밖(예를 들어 봉건유제나 빈곤 등)에서 찾기보다 일상생활이나 여성 자신의 의식 속에 섞여 있는 여성을 속박하고 있는 것을 드러내게 하여 내재된 모순과 외적인 상황과의 관계를 밝혀가며 차별의 모습을 보는 것'의 중요성을 설명했다[30]. 1970년 전후의 마르크스주의가 사회

운동·사회문제의 파악에 큰 영향력을 가지고 있어 "적"을 외부에서만 요구하는 경향이 있던 것에 대하여 본인의 의도와는 별도로 그러한 방식에 경종을 울리는 의미도 가졌을 것이다. 그 이상으로 '좋은 어머니로서의 마음가짐을 설명하거나 가정 원만의 비결을 전수하거나 교양세계를 맴돌거나' 하는 기존 '부인 교육'의 속임수에 얽매이지 않기 위함이기도 했다. 이토는 '지금 여성이 배우는 것에서 가장 부족한 것은 여성이 여성이기 때문에 받는 억압과 차별의 사실을 여성 자신이 직시하는 것이 아닐까'라고 하였다[31]. 이러한 '주부'라는 여성의 '기점'에 칼을 대었다.

'여성과 어린이'라고 하는 여성을 속박하는 모성에 시점을 둔 이토는, 고도 경제성장이 낳은 '20대 후반에 결혼해 수년간 도시에서 샐러리맨의 아내로 하루의 거의 모든 것을 영유아와 함께 집안에서 보내는 어머니이자 핵가족 주부인 여성들'을 염두에 두고 그 실태를 다음과 같이 밝혔다.

그녀들의 대부분은 극히 평범한 직장 생활 속에서 오로지 결혼을 목표로만 살아 결혼이 곧 가사전담이라는 생활에 그다지 거부감을 느끼지 않으며 적어도 아이를 키우는 것과 일은 대립된다고 생각하기 때문에 간단하게 퇴직해 버립니다. 신바람이 나서 그만둔다고 하는 말이 타당한지도 모릅니다. '일을 그만두어야만 했다'라고 말하는 사람도 '자신의 인생을 결혼까지로 기한을 정해서 생각하고 있었다. 결혼할 때까지 가능한 한 하려고 생각 했지만 자신의 삶의 방식과 결혼을 연결시켜서는 생각할 수 없었다. 그리고 이러한 점에 의문을 갖지

않았다'고 술회하였습니다. 이렇게 하여 결혼한 그녀들은 인생의 목
표를 달성하였기 때문에 앞으로 무엇을 할지도 하고 싶다고도 생각할
수 없게 되었다.(p.65)

그리고 이러한 실태에 이르게 하는 것은 '모성 신앙' 즉 '아이를
위해서'라고 하는 생각이다. 그리하여 그 여성들이 '중단·재출발'
이라는 상황으로 타개의 길을 찾으려고 하는 것에 대해서도 이토
는 용기 있게 경종을 울린다. '이런 상황을 생각하면 나는 아이를
낳고, 키우고, 몸과 마음이 모두 아이에 얽매여 있는 가장 힘든 시
기일지라도, 아니 그 시기의 한복판에 있기 때문에 여성은 사회적
존재로서의 자신을 끈질기게 확보해 두어야 하고, 나 자신을 밖으
로, 밖으로 내동댕이칠 정도로 만들어 놓아야 한다. 일생을 망쳐야
한다는 생각이 들기도 합니다'. 남편들은 아이 키울 때만 참으면 된
다고 하지만 그건 아니다. '아이를 낳고 키우는 와중에 한 여성이
사실상 사회에서 밀려나 중단과 재출발 과정을 강요당하는 것에
대해 여성 쪽뿐 아니라 아이 쪽에서 생각해도 도저히 적극적인 의
미를 느낄 수 없다. 오히려 인간적 성장이라는 관점에서 여성에게
도 아이에게도 부자연스러울 수밖에 없다'라고 하며, 그것은 '이
시기를 지내는 방법이 그 후의 삶의 방향을 정하기 때문'이라고 하
였다[32]. 일하는 여성의 입장에서 '전업주부'에게 문제를 넘기는 것
은 자칫 여성사이의 분열로 비쳐질 수 있기 때문에 좀처럼 표면화
되지는 않았지만 이토는 그 벽을 넘어 대다수 여성이 안고 있는 문
제를 훌륭하게 언급했다고 할 수 있다.

278

## 여성해방에서 페미니즘으로

센다 유키는 여성해방을 폄하하는 의미를 지니면서 등장한 것이 페미니즘이라는 말이었다고 한다[33] 광의의 페미니즘(여성해방론)은 당연히 여성해방을 포함하지만 여성해방 운동 후에 세계 여성의 해, 여성차별철폐조약의 체결(1985) 등 세계의 움직임에 영향을 받으면서 페미니즘의 운동이나 사상, 학문이 침투해 갔다. 페미니즘, 그리고 학문 분야로서의 여성학을 확립시킨 사람들이 당시를 회상하면서 '마르크스주의 페미니즘이니 이콜로지컬 페미니즘이니 하는 가타카나(외국어 표현)가 범람해 사사건건 트집을 잡았다'(가노 미키요加納実紀代)라고 하였다. '수입의 논쟁'(이노우에 데루코井上輝子)으로부터 시작되었다고 회상하는 바와 같이 이러한 측면을 가지고 있다. 그러나 여성학의 한 견인차인 이노우에 데루코井上輝子가 '여성이 하면 여성학인가, 여성을 따라 하면 여성학인가' '역시 현상 변혁이라는 비판적인 시각에서 연구하지 않으면 여성학이라고 할 수 없다. 그것을 페미니즘의 시점이라고 한다면 저도 찬성입니다'라고 말하였지만[34] 페미니즘이라는 단어는 서서히 뿌리를 내렸고 이와 동시에 특히 1988년 시행된 남녀고용기회균등법을 계기로 여성 고용의 차별적인 기본방식이 다시 문제시 되었다. 한편, 결혼을 유일한 방식으로 여기지 않는 비혼, 싱글 라이프, 사실혼 등 다양한 생활 방식과 부부 별성別姓 등의 문제도 제기되었다.

## 일과 육아 — 아그네스논쟁

1987년부터 1988년에 걸쳐 화제를 불러일으킨 이른바 아그네스 논쟁은 여성의 사회 진출이 많아져 결혼하여 육아를 하면서 일을 계속하는 여성이 증가함에 따라 던져진 문제였다. 1987년 가수겸 탤런트 아그네스 창이 생후 3개월이 된 아이를 데리고 출근한 사실이 매스컴에 보도되면서 찬반양론의 논란이 일어났다[35].

오치아이 에미코落合惠美子는 이 사건은 '근대가족'이 가져온 '아이의 사물화, 아이의 가정으로의 포섭체제가 한계에 부딪친 것이 다양한 각도에서 나타난' 것이었다고 분석한다. 그러나 이 논쟁은 오치아이가 '현재 일본 사회가 직면한 몇 가지 큰 문제(언론, 일하는 여성, 재일 외국인)가 모두 왜곡된 형태로 여기에 모여 있다'고 말한 것처럼 실제로 아그네스의 언동은 왜곡 보도되어 논의되었다. 그 자세한 내용은 오치아이 분석에 양보하지만[36], 오치아이가 지적하듯 아그네스는 직장에 탁아소를 제안하기도 했고[37], 또 그 주장 속에 모성신화에 사로잡힐지도 모르는 위험함 등을 포함하면서도, "태어난 아이를 어떻게 할 것인가 하는 것은 역시 여성만이 생각할 문제가 아니라고 최근에는 통감했습니다. 여성운동은 여성만 해서는 아무 의미도 없는 것입니다. 여성운동은 오히려 남성운동이라고 생각합니다"[38]라고 말하는 등 자신의 방식이 보편성을 가지지 못하고 있는 것은 충분히 알고 있었을 뿐만 아니라 그녀에게 있어서 아이를 데리고 출근하는 것은 긴급피난적인 대응에 지나지 않았다[39]. 그렇게 아그네스는 직장여성이 공유할 수 있는 문

제로 제기하려 했음에도 불구하고 아그네스의 발목을 잡으려는 의
도가 숨어 있는 기사나 하야시 마리코林真理子, 나카노 미도리中野翠
등의 발언*이 일정한 힘을 가진 언론에 보도된 것은 이들이 대중의
심정을 대변하는 측면이 있었기 때문일 것이다. 즉 스스로 성별 역
할분업을 옳다고 받아들이면서도 결코 그 상태에 만족하지 않는
주부들의 분한 마음일 수밖에 없다. 이미 살펴본 '여학생 망국론'
이 보여주듯이 여성들의 대학 진학률도 높아져 고학력이면서도 결
혼·출산으로 직장을 잃었거나, 혹은 자신이 선택했다고 해도 "주
부"로 가정에 속박되어 있는 것에 만족하지 않는 여성들이 그런 비
판을 뒷받침하고 있었던 것은 아닐까. 혹은 육아를 하면서 일을 계
속하고는 있지만, 아그네스와 같이 아이의 동반 출근을 바랄 수도
없고, 양립의 어려움은 남편보다 스스로에게 더 무겁게 느껴진다
는 비대칭에 놓인 여성들의 불만이 있었을 것이다.

---

* 아그네스 창의 행동에 대해 컬럼리스트인 나카노 미도리는 "아그네스 창이 방
송국 대기실에 어린아이를 데리고 온 기사를 읽고 나는 '깃사텐(커피집)에 어
린이를 데리고 오는 어머니와 크게 다르지 않다'고 생각한다"라고 하여 "깃사
텐=어른들의 장소"라고 돌려 말하며 아그네스 창의 행동에 대해 비판.
  하야시 마리코는 『週刊文春』의 '오늘도 생각하면 웃는다'라는 컬럼에서 '그녀
(아그네스 창)가 말하는 것은 확실히 정론(正論)이지만 매우 안일하고 무책임
한 정론입니다. 입이 험한 친구의 입을 빌리자면 그야말로 "여자아이의 정론"
이라 합니다. 이러한 정론에 대해서 사람은 할말이 없습니다. 반론하려 한다면
평화가 싫다, 어린이를 귀중히 여기지 않는 사람으로 국제교류에 무관심한 인
간이라는 표식을 붙여버리기 때문입니다" 라고 인간부정에 가까운 의미를 포
함하여 비판을 전개한 발언.

## 4. 목숨을 응시하고

### 장애인/정상인

1970년 5월 29일, 장애인 운동에 큰 전기가 되는 사건이 일어났다. 요코하마시에 사는 여성이 뇌성마비에 걸린 자신의 아이를 앞치마 끈으로 목졸라 죽였다. 같은 해 10월 요코하마지방법원은 이 여성에게 징역 2년에 집행유예 3년을 선고했다. 1957년에 뇌성마비(CP) 장애인의 운동으로 도쿄에서 만들어진 '푸른 잔디 모임青い芝の会'은 이 사건을 계기로 "그 운동에서 우리와 같은 중증 장애인은 현재 사회에서 얼마나 소외되고, 그 존재조차 무시되고 있는지를 다시금 깨달았습니다[40]"라고 말한 요코즈카 코이치橫塚晃一 등의 참가를 통해 운동을 고양시켜 나갔다. 1973년에는 오사카 푸른 잔디의 모임 그리고 같은 해 9월 '전국 푸른 잔디의 모임 총 연합회'가 만들어지게 되었다. 1935년에 태어나 뇌성마비 장애인으로 살며 1978년에 42세의 생을 마감할 때까지 푸른 잔디 모임 운동을 이끈 요코즈카 코이치의 목소리에 귀를 기울여 보자.

고도경제성장 이래의 '일하는 것만이 정의라는 풍조'를 비판하면서 요코즈카는 말한다. "엘리트에게는 돈을 퍼붓고 국가에 쓸모없는 자는 대격리시설로(중략)라는 노동력 확보를 목적으로 한 권력자의 의지와 시설만 있으면 이 비극을 구할 수 있다는 가족들(대중)의 요구가 묘하게 빈틈없이 결부돼 거대한 집단 취락 건설로 이어졌다. 맡길 시설이 없었다는 이유로 비극에 동정할 경우, 살해한 자의 비극이고 장애아를 둔 가족에 대한 동정이었다. 이때 가장 중요시해야 하는 당사자(장애인)는 쏙 빠져 있었던 것이다". 그래서 '중증아(는) '죽여도 어쩔 수 없다'고 한다면 살해당한 자의 인권은 어떻게 되느냐'고 묻고, '우리 장애인은 안심하고 살 수 없게 된다'와 같은 '우리의 생존권을 주장하는 운동'을 제시했다. 덧붙여 그는 말한다. "나을까 낫지 않을까, 일할 수 있을까 없을까에 의해 결정하려고 하는 인간에 대한 가치관이 문제인 것이다. 일하지 않는 사람은 사람이 아니다라는 가치관에 의해 장애인은 본래 있어서는 안 되는 존재로 여겨지며 밤낮으로 억압받고 있다"[41]. 요코쓰카는 이 운동을 통해 이미 기존의 운동이 '정상인에게 다가가고자 하는 정신구조에서 벗어나지 못하고 있다'는 것을 깨닫고, "우리 뇌성마비 장애인에게는 다른 사람에게 없는 독특한 것이 있다는 것을 깨달아야 합니다. 그리고, 그 독특한 사고방식이나 사물에 대한 견해를 축적하여 우리들의 세계를 만들어 세상에 발표하여 평가를 요구하였다면, 이것이야말로 진짜 자기주장이 아닐까요?"라고 제기하였던 것이다[42].

이러한 운동의 와중에 1972년 전술한 우생 보호법 개정안이 국회에 제출되었다. 이 개정안은 낙태를 인정하는 '경제적 이유'를 삭제하고 '모체의 정신 또는 신체의 건강'이라는 의학적 이유를 첨가하는 동시에 '태아가 중증의 정신 또는 신체의 장애 원인이 되는 질병 또는 결함이 있을 우려가 현저히 있다고 인정되는' 경우에는 낙태를 인정하는 등 이른바 태아조항을 두었다. 이는 '1966년 효고兵庫현에서 시작된 모자위생정책의 일환으로 양수검사를 도입해 장애아의 출생을 줄이려는 「불행한 아이가 태어나지 않는 운동」의 확산과도 무관하지 않았을 것'이라고 보고 있다[43].

　이 개정안에 '푸른 잔디 모임'은 이의신청을 하였다. 오기노 미호荻野美穂는 "푸른 잔디 모임 운동이 특징적이었던 것은 국가의 손에 의한 우생정책뿐만 아니라 말하자면 그에 호응하여 지탱하는 것으로서 일반사회나 개인(거기에는 장애인 자신도 포함됨)의 내부에 존재하는 장애인 부정의 사상을 예리하게 문제화 한 것으로 이들은 이를 '내적인 우생사상'이라고 부른다"라고 총괄하였다[44]. 이 법안은 결국 폐기되었지만 처음 국회에 제출된 단계에서 요코즈카는 "이 법에서 말하는 불량한 자손이란 도대체 누구에게 불량한 것입니까? 생산제일주의 사회에서 생산력이 부족한 장애인은 사회의 골칫덩어리, 있어서는 안 되는 존재로 취급되어 왔는데 이 법은 말 그대로 우성(생산력 있는)은 보호하고 열성(불량)인 사람은 말살하겠다는 것입니다"라고 문제점을 제시하였다. 또한 이러한 제안을 하는 것도 권력자이고 '권력이란 항상 어떤 소수자를 악으로 규정하고 사회에서 배척함으로써 다른 다수에게 우월감과 차별의식을 심어주고 행복의 환상을 퍼뜨리면서 대중을 자신의 편의대로 움직여 자신의 입지를 강화하는 것입니다'라고 규정하며, 거기에는 복지정책 등도 포함하여 권력에 대한 환상은 조금도 없다[45].

　김만리金滿里 역시 다음과 같은 생각을 가지고 운동에 관여하였다. "'장애인은 불쌍하잖아?' '장애인은 태어나지 않는 것이 행복하지?'라고 다그치면, 누구도 망설이지 않고 '응'이라고 대답한다. 제가 어렸을 때 '걷고 싶지?' '걷고 싶지 않니?'라는 말에 차분히 자신의 본심을 생각할 틈도 주지 않고 조건반사적으로 '응'이라고 대

답하는 것과 비슷하고, '이건 상식이다' '사회통념이다'라는 말에
대해 사람을 무방비 상태가 되게 하는 것이다. 이를 깨닫고 분노한
것이 내가 살아가는 큰 힘이 되었다. 반대 집회에서 한 장애인이 했
던 "다시 태어난다 해도 나는 장애인이 좋다"는 말에 정신이 번쩍
드는 감동을 느꼈다. 이는 나에게 큰 전기가 될 일이었다."[46] 이리
하여 김만리는 '뇌성마비 장애인의 입장은 아니었지만 장애가 심
각했고 그들과 함께 현실을 보는 눈을 길러온 입장에서 뇌성마비
장애인 이상의 활동가가 되었다'[47]. 김만리는 '당시 장애인을 둘러
싼 상황은 내가 시설에 있던 시절이나 고교찾기 과정을 떠올려도
역시 지금과는 비교할 수 없이 혹독하였다. 시설을 확충하는 것이
장애인 복지의 전부인 듯, 시설수용 정책 일변의 상황하에서 장애
인이 거리에 나올 엄두도 못 냈던 시대에 수용되는 사람, 특히 정상
인과 거리가 먼 뇌성마비 장애인들이 장애인임을 전면적으로 긍정
선언하는 운동을 펼친 것은 우리 장애인에게 얼마나 도움이 되었
던가'라고 그 운동의 의의를 총괄하였다[48]. 운동을 이끌어 갔던 김
만리 자신이 말하는 것처럼 '푸른 잔디 모임에 속한 장애인 자신에
의한 격렬한 자기주장 운동은 정상인 중심 문명의 가치전환을 요
구하는 운동'이나 다름없었다[49].

　김만리는 1981년 국제장애인의 해에 대해서 "상반신은 정상적
인 중도장애인(선천적 장애가 아닌 사고 등으로 장애를 입은 사람)
이 힘내는 모습을 강조하는 스테레오 타입 뿐이었다"[50]라고 그 허
위성에 대한 분노와 실망을 계기로 극단 '타이헨態變'을 창단하였
다. 1983년의 창단 공연에서 상연된 '色は臭へど꽃은 향기로워도'는

'우생 사상을 공격대상으로 의식'하여 만들어진 것이었다. 김만리는 다음과 같이 이야기 하였다. "누가 막으려 해도 사회의 '이물異物'로 배제되는 존재는 세상에 계속 태어나는 것이다. 해저처럼 보였던 심해는 그대로 자궁으로 상정하였다. 거기서 색색이 전개된 인간 모양은 아직 태어나지 않은 태아들의 꿈. 거기에 둘러싸여 점차 침식되어 가는 것이 사회라고 하는 것일까?"[51]

## '미나마타병은 사회병'

'미나마타병은 끝나지 않았다'. 이것은 의사로서 미나마타병의 연구를 계속해 온 하라다 마사즈미原田正純의 저서[52]의 제목이다. 하라다는 그 책에서 '미나마타병은 결코 끝나지 않았다. 여기엔 사회적으로나 의학적으로나 지금부터 새롭게 손을 대야 할 문제들이 많다'고 주장하였다. 그리고 그로부터 10여년이 지나 두 번째 저술에서도 "슬프지만, 나는 이 책을 다시 '미나마타 병은 끝나지 않았다'로 끝내야 한다"고 썼다. 두 책 모두 마지막 장의 제목은 '미나마타 병은 끝나지 않았다'이다. 1985년의 저서에서 하라다는 전작 간행 당시를 회고하며 "이상하게도 이 해는 미나마타병의 역사에 있어서 하나의 전환점이라고 할 수 있는 중요한 해였다"라고 말한다. 유엔 인간 환경 회의 개최, 구마모토 대학 제2차 연구반에 의한 시라누이해不知火海 연안 주민의 일제 건강 조사 개시, 인정 환자의 배증, 제1차 미나마타병 재판의 결심(환자 승소) 등이 잇따른 한편 "확실히 보이던 이전의 피해에서 내재된, 파악하기 힘든 피해가 중심이 되어 시각적, 직관적, 감각적인 공해에서 잠재적, 이론적, 실증적인 공해로 옮겨가는 시기이기도 했다"라고 말하였다[53].

알려진 바와 같이 미나마타병이란 구마모토현 미나마타시에 있는 '칫소 미나마타 공장'이 미나마타만에 배출한 메틸수은화합물이 원인으로, 미나마타만을 중심으로 한 시라누이해 연안에서 어패류를 먹은 사람들에게 지각장애, 시야협착, 보행장애, 마비, 경련에서 사망에 이르기까지 다양한 증상으로 나타난 병이다. 그 이전부터 환경오염이 진행되어, 고양이나 개 등이 사망하는 피해는 있었지만, 1956년, 5세 여아의 발병을 계기로 미나마타 보건소에 정식 보고된 것이, 미나마타병 정식 발견의 날이 되었다[54]. 또한 미나마타병의 문제를 세상에 알리게 하는데 큰 힘이 된 작품 중 하나로 이시무레 미치코石牟礼道子 『고해정토苦海浄土―우리 미나마타병』(講談社, 1969)이 있다.

미나마타병에 대한 자세한 것은 하라다나 이시무레 등의 일련의 저작에 양보하지만, 미나마타병의 환자들은 피폭자와 같이 병에 의한 고통과 함께 사회적인 차별을 짊어지게 되었다. 그뿐만 아니라 처음부터 피해를 본 것은 가난한 어민들이며 특히 태아, 유아, 노인, 병자들에게 집중되었다. 그러나 칫소는 아무런 유효한 대책을 강구하지 않고 원인도 밝히지 않았으며 행정기관에서도 오랫동안 대책이 없었다. 뿐만 아니라 1959년 환자인정제도가 실시되면서 증상에 시달리면서도 환자로 인정받지 못하는 피해자가 많이 발생 되었다. 고통을 공유하면서도, '환자'와 그렇지 않은 사람의 경계가 만들어진 것이다. 또한 1962년에는 사망한 여아의 부검에 의해 태아성 미나마타병의 존재가 밝혀져 지금까지 방치되어 왔던 아이들의 피해도 인정되었다.

환자들은 구제를 요청하면서도 한편으로는 미나마타병임을 숨기려고 하였다. 1973년 아마쿠사天草군 아리아케초有明町에 환자가 있다는 보도가 나오자 그곳 사람들은 아리아케해有明海의 물고기가 팔리지 않게 될까봐 환자라는 것, 오염이 있다는 사실을 필사적으로 부정했다[55]. 미나마타병에서는 앞에서 말한 것처럼 태내에서 모친의 수은을 흡수하여 태어나는 태아성 환자가 많이 발생하고 있지만 하라다는 "미나마타병이란 얼마나 무서운 것인가, 다시 반복되어서는 안 된다는 것을 강조한 나머지 환자들이 특히 태아성 환자들이 한 자릿수의 계산을 할 수 없는 것, 글씨를 쓸 수 없는 것, 동작이 졸렬한 것, 아무것도 할 수 없다는 것을 너무 강조하였다. 그러한 시대적 배경이나 요청, 또 그것이 엄연한 사실이었든 간에 지금은 그것을 부끄러워하고 있다. 잃어버린 것도 매우 크지만 남겨진 것의 아름다움, 훌륭함에 좀 더 관심을 기울였어야 했다고 생각한다"고 반성하였다[56]. 이러한 딜레마는 앞장에서 언급한 부락문제를 비롯하여 항상 문제의 심각성을 호소할 때 따라다닌다.

하라다는 의사로서 환자에 대한 비대칭적인 관계성에 대해서도 끊임없이 밝히고 있다. 환자가 환자로 인정받기 위해서는 고통을 무릅쓰고 검진을 받아야 한다. 하라다는 "치료 행위로 이어지지 않는 진단은 의학 또는 의료라고 할 수 있을까?" 라고 묻는다[57]. 이때 환자로 인정받고 싶어서 환자가 거짓말을 하는 것은 아닌가 하는 의심이 난무할 때가 있고 그 점에 대해 하라다는 '그것이야말로 객관성이 없으며 "자신이라면 거짓말을 하겠다"고 고백하는 것에 지나지 않는다는 것을 알아둘 필요가 있다'고 하였다[58]. 제1차 소송에서 환자가 승소하여 인정 환자가 증가하는 가운데 1975년에는 현의회 공해대책 특별위원회의 위원 일부로부터 '인정 신청자 중에는 보상금을 노린 가짜 환자가 많다' '인정심사회가 이러한 가짜와 진짜 환자를 분별하는 데 고생하고 있다'라는 발언이 있었던 사실이 『구마모토 일일신문』에 보도되었다. 신청자들은 명예훼손 소송을 냈고 환경청과 현은 이를 부인하며 은폐하려 했다. 1980년, 구마모토 지방 법원은 그것을 보도한 『구마모토 일일신문』의 기사가 정확함을 인정했다. 이 사건은 '피해자를 괴롭혀온 차별과 편견의 존재를 재삼 부각시켰을 뿐만 아니라 행정기구가 가지고 있는 또 다른 얼굴이 밝혀진 것'이었다[59].

소용돌이치는 이러한 편견 속에서 1975년 미나마타 고등학교에서 사건이 일어났다. 교내 변론대회에서 '미나마타병이라는 이름에 대하여'라는 제목으로 열린 변론이 현 대표로 뽑혔지만 현 대회에서는 그 내용에 문제가 있다고 하여 기록에서 삭제되었다. 그럼에도 불구하고 졸업기념지에는 게재되어 문제가 되었다. 거기에는 초등학교 때 수학여행에서 미나마타병이라고 해서 바보 취급을 당했기 때문에 싸움이 벌어진 것으로 시작되어 미나마타 출신이라는 것만으로 결혼이 취소된 사람의 이야기 등을 서술 '미나마타병이라고 이름 붙인 사람은, 과연 미나마타에 살고 있는 사람의 기분을 생각해서 이름 붙인 것인가'라고 기록되어 있었다. 게다가 환자들은 회사를 질책하며 보상금을 요구하고 소란을 피워 돈을 받아 안락한 생활을 한다는 비난도 포함되어 있었다[60]. 당사자의 고뇌에 대해 관심을 갖지 않고 보상이나 대책사업의 혜택을 받는 현상에만 눈을 돌려 마치 이권을 탐하는 것처럼 비판을 하는 것은 부락문제에서도 현저하게 나타나는 문제였다. 그러한 점도 포함하여, 미나마타병은 '사회병'이며 '정치병'인 것이다[61].

## 5. 「단일민족론」이라는 환상

### 수상의 차별발언

1986년 9월 22일 총리 나카소네 야스히로中曾根康弘는 시즈오카현 간나미초函南町 호텔에서 열린 자유민주당 전국연수회에서 강연을 통해 많은 정보가 정확히 전달되는 일본의 우위성과 일본인의 정체성에 대해 언급한 문맥 속에서 다음과 같은 발언을 했다.

> 일본은 이만큼 고학력 사회가 되어 상당히 인텔리전트(지적인)한 소사이어티(사회)가 되어있다. 미국 같은 나라 보다 훨씬 그렇다. 평균 점수로 보면 미국에는 흑인이라든가 푸에르토리코인이라든가, 멕시칸이라든가 그런 사람들이 많이 있고 평균적으로 보면 매우 낮다. (중략) 놀랍게도 도쿠가와德川\*시대에는 식자율, 문맹률은 50%정도

---

\* 도쿠가와시대 : 1603년~1867년까지의 시대로 도쿠가와 이에야스가 에도에 막부를 세우고 일본을 통치한시대. 시대구분으로는 근세에 해당하며 일본의 마

로 세계에서도 기적적일 정도로 일본은 교육이 앞서 있었고, 글자를 알고 있는 국민이다. 그 무렵 유럽국가들은 기껏해야 20~30%, 미국에서는 지금도 흑인들은 아직도 글자를 모르는 사람이 꽤 있다[62].

나카소네는 일본의 높은 교육 수준을 자랑스럽게 역설한 나머지 미국의 아프리카계와 히스패닉에 대한 인종차별 의식을 드러냈다. 이 나카소네의 발언은 '지적 수준 발언'이라고 보도되었지만 나카소네는 이 강연에서 텔레비전에서 정치에 대해 말해도 여성은 넥타이의 색이나 복장 등에 주목해 이야기의 내용은 '기억나지 않는 것 같다'라고 여성을 비웃고 있었기 때문에 '인종차별, 여성차별 발언'이라고 해야 할 것이었다.

당연히 미국에서는 인종 차별 발언이라고 문제시되어 아프리카계 및 히스패닉계 의원들로부터 발언 철회를 요구하는 항의가 제기되었다. 이에 대해 24일 아침 나카소네는 기자들의 질문을 받고 문제가 된 발언에 대해 인종차별 의도는 없다고 해명하기 위해 "미국은 아폴로 계획이나 전략방위구상(SDI)에서 큰 성과를 거두고 있으나 복합민족이어서 교육 등에서 어려운 부분이 있다. 일본은 단일민족이기 때문에 손쉽게 해결이 가능하다"라고 해명했다[63].

이 문제는 개회 중인 제107회 국회에서도 추궁받았다. 9월 25일 중의원 본회의에서 나카소네는 자민당 전국연수회에서 한 발언은 '일본이 단일민족이어서 비교적 교육을 행하기 쉽고 세세한 데까

지막 무가정권 시대.

지 손길이 미치기 쉬운 면도 있다는 취지'라며 '인종적 차별이나 다른 나라를 비방할 생각은 추호도 없었다'고 재차 해명하였다[64]. 더욱이 10월 3일 중의원 예산위원회에서 후와 데쓰조不破哲三(일본 공산당·혁신공동)가 이번 발언은 "나카소네 총리의 일본민족 우수론이라는 것과 불가분의 관계가 있다"고 지적, 단순한 실언이 아니라 나카소네의 협애한 국가주의 사상에 근거한 발언이라고 추궁했다. 이에 대해 나카소네는 "일본민족은 동질성을 갖고 있다. 다른 국가도 동질성을 갖고 있는 국가도 있지만 일본은 그러한 면에서는 동질성이 강한 민족중에 하나이다. 이것은 역시 객관적 사실일 것이다"라고 답변, 여기서도 일본민족의 동질성=단일민족론이란 주장을 되풀이했다[65].

원래 일본을 단일민족 국가로 보는 인식은 식민지를 잃음으로써 '국내의 비일본계 사람이 단번에 소수가 된' 전후에 형성된 '신화'에 불과하지만[66], 이렇게 계속되는 '일본은 단일민족'이라는 발언은 아이누 민족의 항의를 초래하는 결과를 가져왔다. 10월 17일 홋카이도北海道 우타리ウタリ 협회는 삿포로시札幌市에서 열린 이사회에서 항의 방침을 결정하였다. 이와 함께 1980년 일본 정부가 국제인권규약에 대해 유엔에 '일본에 소수민족은 없다'고 보고한 것과 관련 유엔본부에 아이누 민족의 존재를 인정해 달라는 청원서를 제출하기로 하였다[67]. 나카소네의 아프리카계와 히스패닉계 사람들에 대한 차별 발언은 국내 아이누 민족의 존재를 부정하는 차별 발언으로 확대된 것이다.

10월 21일 중의원 본회의에서 고다마 겐지児玉健次(일본공산당·혁신공동)는 이 점에 대해 "일본에 있어 전쟁 이전의 대동아공영권

사상, 나치 독일이 행한 게르만 민족의 순혈성, 단일성의 강조를 상기한다면 총리의 단일민족 발언은 한 나라의 총리로서 아이누 분들을 비롯한 타민족으로 일본 국적을 취득하신 많은 분들의 존재를 무시, 묵살하는 용서받을 수 없는 것이다"라고 추궁하였다. 이에 대한 나카소네의 답변이 더욱 문제를 심각하게 하는 결과를 낳았다. 그것은 다음과 같은 발언이다.

저는 일본에서 일본국적을 가진 사람들 중에 소위 차별받는 소수민족은 없을 것이라고 생각합니다. 유엔 보고서에도 그렇게 보고하는 것이 옳다고 생각합니다. 우메하라 타케시梅原猛씨의 책을 읽어보면, 예를 들면 아이누와 일본인, 대륙에서 건너온 분들은 상당히 융합되어 있다고 한다. 저도 눈썹이 진하고 수염도 진해 아이누의 피가 상당히 섞여 있지 않을까 생각합니다[68].

나카소네가 전개하고 있는 것은 전형적인 아이누 '동화'론이다. 나카소네는 11월 4일에도 중의원 예산위원회에서 이토 시게루伊藤茂 (일본사회당)의 질문에 답하며 "일본열도에는 북쪽 대륙에서 혹은 남쪽에서 많은 사람들이 들어와 융합하여 지금의 일본민족이라는 것이 생겨났다(중략) 그러나 헌법에 규정된 법적, 제도적으로 평등의 권리는 보장되어 있으며 유엔 인권규약 27조에 따라 권리가 부정되거나 제한되는 소수민족이라는 것은 우리나라에 없다"고 언명하였다[69]. 나카소네의 '단일민족론'은 일본민족 순혈론은 아니다[70]. 일본열도의 원주민이 유입되어 온 타민족을 융합시켜 일체화하였다는 논리이다. 그러므로 아이누는 다수파 일본인에게 '동화' 되어 이미 민족으로서 소멸되었고, 일본에는 차별받는 소수민족이 존재하지 않는다는 논리가 전개된다. 그러나 여기서 나카소네가 눈썹과 수염이 짙기 때문에 자신에게도 아이누의 피가 흐르고 있을 수 있다고 말한 것이 큰 문제가 되었다. 홋카이도 우타리 협회 이사 오가와 타카요시小川隆吉는 "털이 많다고 하는 신체적 특징은 학교에서의 왕따나 차별의 원인이 되는 경우가 많아 아이누라면 절대로 말하지 않는다. 가장 언급되고 싶지 않은 문제다"라고 나카소네의 인식 부족을 지적했다[71].

10월 22일, 이 문제는 중의원 법무위원회에서도 추궁되었다. 안도 이와오安藤巖(일본공산당·혁신공동)가 아이누 민족에 대한 차별 실태를 묻자 답변에 나선 법무부 인권옹호국장 노자키 유키오野崎幸雄는 아이누가 털이 많다고 차별받는 사실을 인정했기 때문에, 안도는 더욱 법무장관의 인식을 추궁하였고, 법무장관 엔도 가나메遠藤要는 "총리에게 차별적인 언동을 삼가해 달라"고 요청할 것을 약속했다[72]. 정부 내부에서도 나카소네 발언의 차별성을 인정하지 않을 수 없게 되었다.

## 반복되는 '단일민족론'

이 일련의 나카소네의 차별 발언 파문은 결과적으로 아이누 민족 차별에 대한 사회적 관심이 높아지는 결과를 가져왔다. 1987년 유엔에 제출한 두 번째 보고에서 일본 정부는 아이누를 소수민족으로 인정하고 2008년 6월 6일 제169회 국회 중·참 양원에서 '아이누 민족을 원주민족으로 할 것을 요구하는 결의'가 만장일치로 가결되어 중의원에서 관방장관 마치무라 노부타카町村信孝는 이 결의에 따라 아이누 민족을 홋카이도 원주민으로 인정하고 나아가 아이누 민족에 대한 차별의 존재도 인정하기에 이르렀다[73].

그러나 인정받은 것은 원주민으로서의 존재에 그쳤고 원주민으로서의 권리에 대해서는 언급하지 않았다. 그리고 다른 한편으로는 이후에도 미야자와 기이치宮沢喜一, 야마자키 다쿠山崎拓, 히라누마 다케오平沼赳夫, 아소 다로麻生太郎, 오미 유키쓰구尾身幸次, 이부키 분메이伊吹文明 등 수상, 각료들에 의한 단일민족 발언은 끊이지 않았고, 애당초 일본민족의 개념도 모호한 채 일본의 특이성이나 우수성의 근거로 단일민족 국가라는 언사가 다시 버젓이 통용되고 있다[74].

또한 나카소네 총리의 발언을 계기로 '홋카이도 구 토인보호법北海道旧土人保護法*'의 존재에도 관심이 모아졌다. 아직 이러한 명칭이나 내용의 차별적인 법률이 잔존하고 있다는 사실은 사회에 충격을 주었고 평등에 위배되는 이러한 법의 폐지와 그것을 대신할 아이누 신법의 필요가 제기되었지만 실제로 홋카이도 구토인보호법이 폐지되고 아이누 신법이 시행된 것은 1997년 7월 1일이었다. 아이누 신법이란 '아이누 문화의 진흥 및 아이누 전통 등에 관한 지식의 보급 및 계발에 관한 법률'로 아이누 문화진흥법이라고 통칭되는 것이었다. 이 법은 제1조에 '이 법률은 아이누 사람들의 긍지

---

* 홋카이도구토인이란 홋카이도의 원주민 아이누를 일컫는 말로 '구토인'이란 1878년 홋카이도 개척사의 훈령에의 통일된 아이누에 대한 호칭.

의 원천인 아이누의 전통 및 아이누 문화(중략)가 놓인 상황에 비
추어 아이누 문화의 진흥 및 아이누의 전통 등에 관한 국민에 대한
지식의 보급 및 계발(중략)을 도모하기 위한 시책을 추진함으로써
아이누 사람들의 민족으로서의 긍지가 존중되는 사회의 실현을 꾀
하고 아울러 우리나라의 다양한 문화 발전에 기여하는 것을 목적
으로 한다'고 명기되어 아이누를 '민족'으로 인정하고는 있지만 홋
카이도에서 선주민족으로서의 권리를 인정하는 것은 아니었다. 이
는 아이누 민족으로서의 권리를 인정하는 것이 아니라 문화에 한
정하여 그 진흥을 꾀하는 것이었다.

　이 아이누 문화진흥법이 공포된 이듬해인 1998년 9월 24일 삿포
로 지방재판소에 하나의 소송이 제기되었다. 아이누 인격권 소송
이라고 불리는 것이다. 이는 1980년에 아이누에 관한 문화인류학
연구자가 『아이누사자료집アイヌ史資料集』으로 세키바 후지히코関場不
二彦의 『아이누의사담あいぬ医事談』(1896년)과 『요이치군 요이치초 구
토인위생상태조사복명서余市郡余市町旧土人衛生状態調査復命書』(北海道庁
警察部, 1916년) 두 권을 복각 출판한 것에 기인한다. 전자는 비매
품, 후자는 내부 자료로 인쇄된 것으로 모두 일반인에게 시판되지
않았던 자료이다. 전자에는 361명의 아이누족의 이름과 의료정보,
출신지와 직업, 연령, 후자에는 요이치에 거주하는 아이누족 153명
의 이름과 '유전매독' 등의 병명·병력과 직업 등이 각각 기재되어
있었다. 그리고 둘 다 아이누 민족에게는 매독이 많기 때문에 멸망
에 이르게 된다는 차별적 기술이 있었다. 이러한 서적이 이름이나
프라이버시에 관한 기재를 숨기지 않고 또 자료에 대한 해설·해제

도 붙이지 않고 복각된 것이다. 소송은 네 명의 아이누 민족이 원고가 되어 『자료집』 편자와 출판사에 손해배상과 책의 회수, 사죄광고를 요구한 것으로 원고의 한 사람인 기타가와 시마코北川しま子는 조부모의 이름과 병력·병명이 『아이누 의사담』에 게재되어 명예·프라이버시가 침해받았다고 고소하였고 다른 세 사람은 500명이 넘는 아이누 민족의 성명·병력이 공개된 것은 스스로가 아이누민족으로서 존엄을 가지고 살아갈 인권을 침해당한 것이라고 주장했다. 변호인단은 '원고들이 아이누 민족으로서 살 권리를 이 도서가 침해하는 것은 아닌가? 생각하여 인격권 침해, 명예 침해로 소장을 구성했다'고 밝혔다[75]. 원고들은 개인 및 민족 전체에 대한 인권침해에 대해 고소했던 것이다.

이에 대해 피고인 연구자는 1999년 12월 9일 삿포로지방법원에 '진술서'를 제출하였다. 진술서에는 원고가 아이누 민족의 입장에서서 소송을 제기한 것에 대해 "원래 '아이누'를 민족적 집단으로 자리매김하는 것에는 문제가 있다"고 반론, "'아이누' 또는 '아이누 민족'으로 인격권이나 명예가 있다는 등의 주장은 단순히 치우친 주관에 따른 것"으로 "오늘날의 아이누계 일본 국민을 단락적으로 '아이누'라고 지칭하는 것은 문제다"라고 주장하였다[76]. 피고 측의 반론은 아이누는 일본인으로 '동화'하여 더이상 민족으로서 존재하지 않으므로 아이누 민족으로서의 인권침해를 주장할 수 없다는 것으로 분명히 일본은 단일민족이라는 논리에 입각한 것이다.

이렇게 법정에서 아이누의 민족으로서의 존재를 인정할 것인지, 일본이 단일민족국가라는 주장을 인정할 것인지가 중요한 쟁점이 되었다. 그러나 법원은 이 문제에 대한 판단을 회피하였다. 그리고 2002년 6월 27일 원고 개인에게는 직접적인 피해가 인정되지 않는다며 소송을 기각, 원고는 삿포로 고등법원에 항소하였으나 판결은 번복되지 않았다.

이처럼 사실과 다른 단일민족론은 현재 스스로를 아이누 민족으로 자각하고 있는 사람들의 존재마저 부정하는 것이 되었다. 법정도 또한 이 사실에 깊이 파고드는 것을 피했던 것이다. 이러한 일본 법원의 상황을 고려하면 다음 절에서 언급하는 한센병 국가 배상 청구 소송에서의 판결은 획기적인 것이었다.

1 鹿野政直『沖縄の戦後思想を考える』岩波書店、2011.
2 阿波根昌鴻『米軍と農民——沖縄県伊江島』岩波新書、1973.
3 沖縄県祖国復帰協議会・原水爆禁止沖縄県協議会編『沖縄県祖国復帰運動史——民族分断18年にわたる悲劇の記録』沖縄時事出版社、1964.
4 瀬長亀次郎『沖縄からの報告』岩波新書、1959.
5 『世界』1967년 8월.
6 「本土との差別を排せ一沖縄はこう考える」『潮』、1967.
7 大田正英『醜い日本人一日本の沖縄意識』サイマル出版会、1969.
8 林博史『暴力と差別としての米軍基地——沖縄と植民地基地形成史の共通性』かもがわ出版、2014.
9 新川明『反国家の兇区』現代評論社、1971.
10 新城兵一「辺境論一沖縄の内なる差別」『中央公論』1972年6月.
11 市村彦二「沖縄の知られざる差別」『青い海』二巻三号、1972年三月.
12 中村拡三『にんげん』をめぐる沖縄問題の経過と課題『解放教育』4号 1971.
13 上江洲久・関広延 返還協定と差別『青い海』一巻五号、1971年9月.
14 岡本恵徳「差別 の 問題を通して考える沖縄一副読本 にんげん をめぐる問題」『教育評論』261号、1971年6月.
15 鹿野政直、2011、앞의 책.
16 比屋根照夫『戦後沖縄の精神と思想』明石書店、2009.
17 丸山 点の軌跡一『沖縄』観劇所感『木下順二作品集Ⅶ』月報、1963.
18 野間宏『狭山裁判(上・下)』岩波新書、鎌田慧(2004)『狭山事件——石川一雄、41年目の真実』草思社、1976.
19 藤田敬一『同和はこわい考一地対協を批判する』あうん双書、1987.
20 大阪人権博物館編『大阪人権博物館20年の歩みと総合展示の概要大阪人権博物館紀要特別号』2005.
21 内田龍史 期待される 部落民 像 黒川みどり編著『近代日本の 他者と向き合う』解放出版社、2010、p.284.
22 内田龍史、2010、위의 책.
23 黒川みどり『描かれた被差別部落——映画の中の自画像と他者像』岩波書店、2011.
24 田中美津「<基調講演>自縛のフェミニズムを抜け出して——立派になるより幸せになりたい」『女性学』12号、2004.
25 鹿野政直『現代日本女性史——フェミニズムを軸として』有斐閣、2004.
26 田中美津、2004、앞의 책.
27 千田有紀「き裂かれた 女 の全体性を求めて」『女性学』12号、2004.
28 鹿野政直、2004、앞의 책.
29 上野千鶴子「ひとりになること」[女たちの現在を問う会 1996].
30 国立市公民館大学セミナー 1973.
31 国立市公民館大学セミナー 1973.
32 伊藤雅子『新版子どもからの自立』岩波現代文庫、2001、pp.67-77.
33 千田有紀「引き裂かれた 女 の全体性を求めて」『女性学』12号、2004.

34 『座談会 東大闘争からリブ・フェミニズム』[女たちの現在を問う会 1996].

35 チャン、アグネス、原ひろ子『"子連れ出勤"を考える』岩波ブックレット、1988.

36 チャン、アグネス、原ひろ子(1988)、위의 책.

37 落合恵美子『近代家族とフェミニズム』勁草書房、1989.

38 チャン、アグネス、原ひろ子(1988)、앞의 책.

39 落合恵美子、1989、앞의 책.

40 横塚晃一『母よ！殺すな第2版』(立岩真也解説) 生活書院、2007、pp.65-66.

41 横塚晃一、위의 책、pp. 40-42.

42 横塚晃一、위의 책、pp. 65-66.

43 荻野美穂『家族計画への道──近代日本の生殖をめぐる政治』岩波書店、2008、p.268.

44 荻野美穂、위의 책、p.270.

45 『あゆみ』16号、横塚晃一、앞의 책、pp. 129-131.

46 金満里『生きることのはじまり』筑摩書房、1996、p.101.

47 金満里、위의 책、p.99.

48 金満里、위의 책、p.98-99.

49 金満里、위의 책、p.99.

50 金満里、위의 책、p.168.

51 金満里、위의 책、p.185-186.

52 原田正純『水俣病は終っていない』岩波新書、1985

53 原田正純、1985、위의책、p.218.

54 原田正純『水俣病』岩波新書、1972、p.2.

55 原田正純、1985、앞의 책、p.74-75.

56 原田正純、1985、위의 책、p.127-128.

57 原田正純、1985、위의 책、p.139.

58 原田正純、1985、위의 책、p.138.

59 高峰武編『<熊本学園大学・水俣学ブックレット>水俣病小史増補第3版』熊本日日新聞社、2013.

60 原田正純、1985、앞의 책、p.196-197.

61 原田正純、1985、위의 책、p.178.

62 『朝日新聞』、1986년 9월 27일.

63 『朝日新聞』、1986년 9월 24일 석간.

64 『第百七回国会衆議院会議録』5号.

65 『第百七回国会衆議院予算委員会議録』1号.

66 小熊英二『単一民族神話の起源──<日本人>の自画像の系譜』新曜社、1995、pp.362-364.

67 『朝日新聞』1986년10월18일.

68 『第百七回国会衆議院会議録』7号.

69 『第百七回国会衆議院予算委員会議録』3号.

70 小熊英二、1995、앞의 책、p.399.

71 『朝日新聞』1986년10월21일.

72 『第百七回国会衆議院法務委員会議録』1号.

73 『第百六十九回国会衆議院会議録』第37号.

74 岡本雅享「日本人内部の民族意識と概念の混乱」『福岡県立大学人間社会学部紀要』19권 2호、2011.

75 秀嶋ゆかり「アイヌ史資料集事件(アイヌ人格権訴訟)」『国際人権』14号、2003.

76 『飛礫』編集委員会編『アイヌネノアンチャランケ―人間らしい話し合いを』つぶて書房、2001.

### 제7장

# 냉전후

국민국가에 대한 수정

전후 세계의 틀은 냉전 종식에 따라 크게 변화하여 계급을 축으로 하는 사회의 파악방식을 대신하여 새롭게 사람들을 분류하는 방식이 모색되어 왔다. 그러한 가운데 지금까지 자명하게 여겨진 '국민국가'에 대한 재조명이 시작돼 '국민국가'에서 배제되었던 다양한 마이너리티가 주목을 받게 되었다. 그것은 한센병 회복자, 성소수자, 소수민족 등과 관련한 운동의 시작과 고양으로도 이어졌으며 또한 그들간의 상호 연관이 제기되어 연대가 요구되었다. 젠더라는 개념의 도입도 남녀의 문제를 관계성에서 파악하는 시점의 전환을 가져왔다.

　　한편 마이너리티의 일정 권리가 회복되는 가운데 아이덴티티, '자부심'을 내세움으로써 차별을 극복하려는 움직임도 현저해졌다. 그러나 '인권'이나 '자부심'이라는 듣기 좋은 말에 현혹되어 엄연히 존재하는 차별의 구조는 오히려 잘 보이지 않게 되었다.

# 1. 재판받는 격리

## 고조되는 국제적 비판

1984년, 하바나에서 제5회 국제 나학회가 개최되었는데 여기에
서는 요양소와 함께 외래 진료소의 필요성이 제기되어 '환자를 특
별한 작은 섬에 격리하는 것은 무조건 비난받아야 한다'라고 보고
되었다. 그리고 1952년 리우데자네이로에서 개최된 WHO의 제1회
나병전문위원회에서도 '나병은 전염성이 매우 높은 질병이며 따라
서 환자는 멀리 떨어진 곳에 격리해야 한다는 낡은 생각은 오늘날
에는 타당하지 않다'라고 보고되었다. 또한 1953년에 마드리드에
서 열린 제6회 국제나병회의에서는 역학위원회가 '신약 요법에 의
해 진보한 사실에 비추어, 각국에서의 나병대책의 현행법, 규칙을
개정해야 함을 권고'하기에 이르렀다. 그 후에도 1954년에 인도의
라크노에서 열린 MTL 국제나병회의에서는 의학위원회로부터 '나
병은 전염병이다. 따라서 환자는 멀리 격리되어야 한다고 말하는
낡은 관념은 폐지해야 한다'라고 명시하였고 1956년 로마 몰타 기
사단 주최의 나병 환자 구제 및 사회 복귀 국제 회의에 이르러서는
한센병 환자에게는 특별한 규칙을 정하지 않고 '결핵 등 다른 전염
병 환자들과 똑같이 취급될 것. 따라서 모든 차별법은 폐지되어야
한다'고 결의하였다[1]. 그러나 일본에서는 이러한 국제적인 조류도
무시하고 1953년에 개정된 '나병 예방법' 하에서 절대 격리 정책이
유지되었다.

분명히 프로민 등 화학요법의 성과로 치유되는 환자가 속출했기 때문에 후생성도 현실적 대응으로 '경증 퇴소'를 인정하게 되었지만 한편으로 1995년 11월 도쿄에서 열린 제7회 국제나병회의에서 후생성 의무국장 오자와 류小沢竜는 '경증 퇴소자'의 사회복귀를 원활하게 해야한다고 하면서도 재택환자를 '감염원'으로 단정하고 '조기수용'의 필요도 역설하였다[2]. 「경증 퇴소」를 인정하면서도 강제 격리도 계속되고 있었던 것이다. 경증 환자의 퇴소를 인정하고 빈 정원에 새로운 환자를 격리 수용한 것이다. 이처럼 일본의 한센병 정책은 국제적 조류에서 크게 벗어나 있었다.

## 추궁받는 국가

나병예방법이 폐지된 것은 1996년 4월 1일의 일이다. 그리고 이 날로써 우생보호법에서 한센병 환자와 그 배우자에 대한 단종·낙태 규정도 삭제되었다(우생보호법 또한 같은 해 7월 모체보호법으로 바뀌었으며, 우생학적 단종·낙태 규정은 모두 삭제되었다). 그러나 나병예방법을 폐지하면서도 국가는 90년간 장기간에 걸쳐 한센병 환자들의 인권을 박탈해온 것에 대한 사과도 배상도 하지 않았다. 3월 25일 제136회 국회 중의원 후생위원회에서 나병예방법 폐지를 심의했을 때, 후생성 보건의료국장 마쓰무라 아키히토松村明仁는 법 폐지가 늦어진 이유 중 하나로 '한센병에는 오래전부터 뿌리 깊은 차별·편견이 있어 사회 전체가 나병예방법의 폐지를 받아들이거나 요구할 만한 환경에 이르지 못한 것'을 꼽을 정도였다. 후생성에는 그러한 사회의 차별을 만든 것이 법률 '나병예방에 관한 건(나예방법)' 즉 나병 예방법에 기초한 국가의 절대 격리 정책이라는 인식이 결여되어 있었다. 아니, 그러한 인식을 가지고 있었음에도 불구하고 굳이 그것을 언급하지 않았다고 말해야 할 것이다.

이에 1998년 7월, 한센병 회복자 13명이 원고가 되어, 구마모토 지방재판소의 나병 예방법에 대한 위헌 및 국가배상청구소송이 제기되어 국가에 강제 격리에 대한 사죄와 배상을 요구하였다. 그 후 오카야마 지방 법원, 도쿄 지방 법원에도 같은 소송이 제기되어 원고는 최종적으로 800명 가까이 되었다. 그리고 2001년 5월 11일, 구마모토 지방법원은 원고 승소 판결을 내렸고 국가는 항소를 단념, 판결이 확정되었다.

판결에는 한센병에 대한 화학요법이 확립된 1960년 이후 격리는 불필요한 것이었고, 이 해 이후 나병 예방법의 위헌성이 명백해졌다고 판단한 점, 전후 미국 시정권 하에 있던 오키나와 한센병 환자의 피해를 경시한 점 등 사실을 오인한 중대한 잘못이 있지만, 적어도 격리정책이 인권침해였다고 판단한 것과 예방법에 위헌성이 있었다고 인정한 점은 획기적이었다. 구마모토 지방 법원의 판결은 국책으로서 실행되어 온 차별의 잘못을 한정적이지만 지적하였다. 원고 승소를 매스컴은 긍정적으로 크게 보도하였고 국민도 압도적으로 지지하였다. 한센병 회복자에 대한 차별 해소는 새로운 인권문제의 과제로서 널리 사회에 인식되었다. 그리고 오카야마지방법원, 도쿄지방법원의 소송도 구마모토지방법원 판결 내용을 바탕으로 합의에 이르렀다.

그 후 같은 해 6월에 한센병 보상법이 성립하여 격리된 경험이 있는 모든 한센병 회복자에게 원고와 동일한 보상을 실시하기로 결정, 2006년에 동법은 일제 강점기에 격리된 경험이 있는 한국과 타이완의 한센병 회복자에게도 적용되게 되었으며 2007년 4월에는 구 '남양군도'로도 적용이 확대되었다. 나아가 2009년 4월부터는 '한센병 환자였던이가 지역사회로부터 고립되지 않고 양호하고 평온한 생활을 영위할 수 있도록 하기 위한 기반 정비는 매우 중요한 과제이며 적절한 대책을 강구하는 것이 시급하며 또한 한센병 환자였던이들에 대한 편견과 차별이 없는 사회 실현을 위해 진지하게 임해 나가야 한다'는 전문이 명시된 한센병 문제 기본법도 시행되었다.

## 되살아나는 차별

이처럼 구마모토지방법원 판결 이후 한센병 회복자들의 인권회복이 진행되어 한센병 회복자에 대한 차별은 해소될 것 같았다. 그러나 현실은 그렇지 않았다. 오히려 구마모토 지방 법원 판결을 계기로 새로운 차별이 일어났다. 왜냐하면 구마모토지방법원 판결에 대한 국민의 지지는 '격리정책의 말단에 가담하여 직접 「환자」가족을 지역으로부터 배제해 왔던 국민이 스스로가 가해자로서의 책임을 지지 않았기 때문에 가능했다'는 것이기 때문이다[3].

2003년 11월 13일 구마모토현 구로카와 온천의 호텔이 같은 현에 있는 한센병 요양소 기쿠치케이후원菊地恵楓園 입소자의 숙박을 거부했다. 호텔 지배인은 숙박 거부가 회사의 뜻임을 분명히 했다. 하지만 이 사실이 보도되면서 호텔에 대한 비판이 거세지자 호텔 측은 태도를 바꿔 20일 지배인이 케이후원 입소자 자치회를 찾아 사과했다. 당초 자치회측은 이 사과를 수용하려 했으나 지배인은 숙박 거부는 회사가 아닌 자신의 개인 판단이라고 밝혔고 자치회 측은 사실 해명이 다르다며 강경한 태도로 사과 수용을 거부했다. 그러나 이 사실이 보도되자 사태는 일변했다. 자치회에 대한 차별 적인 편지와 전화가 쇄도하게 된 것이다. 그 수는 다음해 3월 20일 까지 전화 약 160통, 편지 약 110통에 달했다. 편지 몇 통을 소개하 겠다.

세상 단 한 번도 여행은 물론 집에서 한 번도 나갈 수 없어도 열심 히 일하는 사람들이 많습니다. 실제로 제 집안에도 있습니다. 무엇이 고생한 사람입니까? 자신들의 이야기만 하여 기가 막힙니다. 살아있 는 것만으로도 고마운 줄 아세요. 몇 번이고 수술해도 고쳐지지 않는 아픈 추억을 가진 사람은 많습니다. 잘난체 하지 마세요.

한센병 입욕 숙박 거부 문제를 마이니치 신문에서 읽었지만 처음 에는 동정하여 케이후원 분들의 기분을 헤아렸지만 이번에는 요양 소의 대표가 도쿄 본사까지 가서 항의한 것은 너무 지나치다고 생각 해 지금은 화가 날 정도가 되었다. (중략) 지금 이 시기 실업이나 병 등으로 한 푼도 수입이 없는 가정이 있는데 케이후원 사람은 나라로 부터 고액의 보상금도 받고 매일 가라오케, 바둑, 분재를 가꾸며 놀

309

며 우리들의 세금을 사용하고 있는데 원측에서도 좀 더 생각해 주었
으면 한다[4].

이러한 차별적인 편지나 전화의 다수에 공통되는 것은 "그동안
한센병 회복자에게는 동정하였으나 호텔측의 사과를 받아주지 않
겠다는 것은 지나친 것이고 그렇게 행동하는 이상 앞으로는 동정
할 수 없다" 혹은 "국민의 세금으로 생활하고 있으니 온천에 숙박
하지 못했다고 해서 항의하지 말라. 온천에도 가지 못하는 국민들도
많이 있다" 라는 주장으로 바로 한센병 환자들은 인권을 주장하지
말고 국가에 감사하며 검소하게 살라는 주장이었다. 이것은 앞에서
서술한 아사히 시게루朝日茂에 대한 비방과도 공통되는 것이다.

이러한 차별적인 편지와 전화가 자치회에 쇄도한 사실은 한센병
회복자에 대한 차별의식의 강도를 새삼 통감하게 하였으나 그러한
주장은 결코 특이한 것이 아니었다. 구마모토지방법원 판결 이후,
이전까지 '동정하는 원장'이나 '동정하는 지원자'를 가장하고 있
던 사람들 사이에서도 같은 차별적인 언사가 나왔기 때문이다. 그
리고 이는 과거 1936년 나가시마아이세이원長島愛生園에서 입원환
자들이 원측의 단속 강화에 반발해 자치회 결성을 요구하며 원내
노동을 거부했을 때(나가시마 사건) 한센병 환자에 대한 동정을 외
치던 종교인, 사회사업가들이 환자에 대해 '감사함을 잊은 뻔뻔함'
이라고 맹비난, 공격한 사실과도 일맥상통하는 것이었다. 양쪽 모
두 일관된 것은 '인생 그 자체를 빼앗긴 피해를 입은 사람들이 어디
까지나 동정받아야 할 존재로서 조용히 존재하는 한 틀림없이 동

310

정하고 이해도 하지만 '정상인들처럼 불평'을 하기 시작하면 분수를 모른다고 혐오하는' 자세였다[5]. 한센병 회복자들이 국가에 감사하고 검소하게 사는 한 동정하지만, 인권의식을 갖고 국가와 싸우며 차별과 싸운다면 손바닥 뒤집듯 가차 없이 차별한다는 구도에서 한센병 회복자들에 대한 차별의 현실을 볼 수 있다.

한센병환자 및 회복자의 인권을 인정하지 않는 '동정론'은 불식되지 않았다. 그리고 이러한 '동정론'은 구마모토 지방법원 판결을 부정하는 '반격'론의 근거가 되고 있다. 국가와 요양원의 의사들은 환자들을 위해 헌신적으로 일해왔는데, 그에 대해 감사하기는커녕 인권침해라고 호소했고, 배상금을 타낸 원고들은 도리에 어긋난다고 비방하였다. 구마모토 지방법원 판결 후, 마치 판결에 도전하듯 새로운 차별, 그러나 그 논리는 구태의연한 차별이 두드러졌다. 그것은 학계에도 영향을 주어 절대 격리정책은 불철저했다든가, 한센병 요양소는 환자 구제의 '아지르(보호시설)'였다고 주장하는 새로운 논의가 '한센병 문제 연구의 새로운 지평'으로 각광을 받았다.

즉, 한센병 요양소 내에서 뛰어난 예술 활동이 이루어졌거나 순수한 종교에 대한 신앙이 유지되었거나 혹은 환자 자치회 운동이 전개된 것을 근거로 절대 격리와는 다른 한센병의 또 다른 역사가 있었다는 것인데 이러한 주장을 하는 사람들은 그러한 여러 가지 활동이야말로 요양소 내에서의 생활을 강요당한 사람들이 그 생활에서 삶의 보람을 찾은 결과로 절대격리정책과 표리일체였던 점을 간과하고 있다.

이러한 주장은 한센병 국가배상청구소송 때의 국가측의 주장과

311

유사한 것으로, 학문적으로 전술한 이타이이타이병에서의 '반격'
과 같은 현상이 한센병을 둘러싸고도 일어났다. 인권을 회복하기
위한 싸움에 종착점은 없다. 끊임없이 계속 싸우지 않으면 쟁취한
성과는 허사가 된다. 한센병을 둘러싼 논의 현상은 이러한 것들을
우리들에게 알려주었다.

## 2. 젠더로부터의 질문

### 젠더의 등장

지금은 성차별 문제를 표현할 때 젠더라는 용어를 사용하는 것
은 상당히 당연해졌다. 그러나 그 말이 일본에 들어온 것은 1980년
대이고 책의 표제 등에 널리 등장하게 된 것은 1990년대경이 아닐
까? 젠더는 신체적 성별을 가리키는 섹슈얼리티와 구별해 사용되
어 지금까지 페미니즘에는 없었던 양성의 관계성이나 문화적, 사
회적 배경을 밝히는 것으로 받아들여졌다. 그러나 이에 대해서는
'섹슈얼리티는 페미니스트들이 문제시한 영역이다. 섹슈얼리티를
둘러싼 정치가 얼마나 젠더와 연결되어 있는지, 남녀를 둘러싼
'성'의 문제를 계속 제기해 온 것이 페미니즘이 아니었던가? 젠더
와 섹슈얼리티라는 개념을 나누는 것은 좋지만 그 관계를 제대로
문제화하지 않는 한, 문제를 심화시켰다고는 할수 없다[6]' 라는 의
문도 제기되고 있다. 또 젠더에 담긴 본래의 뜻과 달리 페미니즘이

주장한 문제를 묻는 주체가 흐려져, 언뜻 보기에 가치중립인 것처럼 받아들여져 왔다[7]. 그리고 뿌리내린 지 얼마 되지 않은 젠더라는 단어는 '젠더프리*'라는 일본식 영어로 대체되어 양자가 혼동되고 또 그것이 '과격한 성교육'으로 의도적으로 혼동되기도 해 보수파의 공격을 받아왔다[8].

하지만 주부논쟁을 비롯한 기존 여성논쟁이 여성만을 논하고 그 논쟁에 남성문제가 없는 반면, 젠더 개념의 등장으로 남성 그 자체가 대상화되게 되었다는 점을 주목할 수 있다. 간행된 서적만도, 토마스 · 큐네편(호시노 하루히코 옮김)『남자의 역사―시민사회와<남자다움>의 신화』(柏書房, 1979), 니시카와 유코 · 오기노 미호편『<공동 연구> 남성론』(人文書院, 1995), 이토 키미오 외,『여성학 · 남성학―젠더론 입문』(有斐閣アルマ, 2002), 아베 츠네히사 · 아마노 마사코 · 다이니치카타 스미오편『남성사 전3권』(일본 경제 평론사, 2006) 등이 있다.

### 가정과 공통 수업

그러나 돌이켜보면, 중 · 고교에서 가정 과목이 남녀공통수업으로 정해진 것은 20세기 끝의 바로 최근의 일이었다. 지적세계에서는 젠

---

* 젠더프리 : 종래의 고정적인 성별에 의한 역할분담에 구속받지 않고 남녀가 평등하게 자신의 능력을 살려 자유로이 행동, 생활하는 것을 의미하는 일본식 영어. 그러나 국제적으로 사용되는 용어는 젠더 바이어스 프리(Gender Bias Free)로 성차(性差)에 대한 편견을 없애는 의미로 사용된다. 따라서 성차 자체를 없애는 의미로 변용되어 사용되는 젠더프리에 대해서는 찬반 의견이 존재한다.

더 개념이 수용되어 가고 있는 한편 교육현장에서는 헌법위반이라고
도 생각되는 사태가 겨우 시정되려 하고 있었던 것이다. 그리고, 그에
이르기까지는 한다 타츠코半田たつ子등의 필사적인 운동이 있었다.

후쿠이현에서 고교 가정과 교사가 되어 1952년에 결혼, 1955
년에 아이를 낳은 한다半田는 자신의 생을 돌아보며 "1950년대 후
반은 일과 가정의 양립, 특히 육아가 나의 큰 문제였습니다. 남편
은 봉건색 짙은 농촌에서는 주목받을 정도로 가사·육아를 많이
담당했습니다. 시어머니가 아이를 돌봐주셔서 일을 계속할 수 있
었지만, 자상한 전업주부인 어머니 밑에서 자란 나는 아이에게 미
안한 마음을 계속 가지고 있었습니다"라고 말한다. 그녀가 직면
한 이 갈등은 그 후로도 오랫동안 혹은 지금까지도 여성들을 계속
속박하고 있다고 할 수 있겠다. 전쟁 전 교사들의 방식에 대한 반
성에서 '학생에게 절대 거짓말을 하지 않겠다'고 마음먹었던 한
다는 "교과서가 모유 영양을 찬양하고 엄마와 아이의 유대감을
강조하고 집단보육의 문제점으로 호스피탈리즘을 쓰고 있어도 그
것을 그대로 가르칠 수는 없었다"고 말한다. 둘째 아이의 사산을
겪으면서 한다는 '자르면 피가 솟아 나올 것 같은 '나의 가정과'를
만들려고 할 때 이 교과에는 다른 교과에 없는 독자성이 있다고 확
신'했다고 하며 스스로도 '그것을 묻는 것이 뒤에 가정과 남녀공통
운동으로 발전했다고 생각한다'고 말했다. 때마침 1958년 10월의
초중학교 학습지도요령 개정을 계기로 가정과는 '가정의 민주화'
가 무색해지게 기능 중심이 되어, 중학교에서는 기술·가정과라는
과목명으로 남학생 대상·여학생 대상으로 나누어지게 되었다[9].

한다의 노력은 1979년 유엔이 여성차별철폐조약을 채택한 이후 일본정부가 동 조약 비준을 위해 가정과를 남녀공통 수업으로 결정하면서 결실을 맺었다. 1967년 갈등 끝에 고교 교사를 그만두고 도쿄에서『가정과 교육』편집에 종사하게 된 한다는 '남녀공학의 가정과'라는 주제를 내걸고, '가정과에 알러지를 가진「진보적 여성 지식인」의 이해를 얻기' 위해서도 노력하였다. 그러나 한다의 운동은 회사의 방침과 맞지 않아 직장을 그만두게 되었고 1981년 자택에 '위서방we書房'을 설립하여 1982년 잡지『새 가정과—We』를 창간하여 가정과 남녀공통 운동을 계속해 왔다. 이러한 운동에 대해서 한다는 다음과 같이 말한다. "남녀공통학습운동은 여성문제와 가정과문제를 결합시킴과 동시에 생활파괴가 진행되는 가운데 삶을 소중히 여기는 사상을 배양하는 교육적인 면모를 부각시켰다. 여기에는 세계 여성의 해(1975), 여성과 개발을 위한 10년, 여성 차별 철폐 조약(1979) 이 큰 역할을 했다. 전 세계 여성이 모여 여성차별 철폐조약 비준을 둘러싸고 가정과는 남녀공통인가, 여자 필수인가, 국회에서도 여러 차례 논의됐다. (중략) 메이지 이래 현모양처 교육의 이미지를 이어받아 국책에 그대로 이용되었으며 여성차별과도 결합되어 교과목으로서 시민권을 갖지 못했던 교과목이 각광을 받게 됐다[10]".

1993년에 중학교에서, 1994년에는 고등학교에서 가정과가 남녀공통이 되었다. 한다는 1993년, '중학교에서 남자가 가정과를 필수로 배우는 봄에'라고 그 해에 간행한 자신의 저서 서문의 말미에 기술하고, '가정과를 남녀가 배우는 신시대. 그것은 일찍이부터 선구

315

적인 수업 실천이 있었고 자주적인 연구 단체에서의 뛰어난 대처가 있어, 세계 여성의 해에 앞서 일어난 끈기 있는 시민운동 더구나 여성과 개발을 위한 10년의 결과와 여성차별철폐조약의 비준이 밀어부친 결과로 가능하였다'라고 기쁨을 감추지 않았다. 그러나, '교육문제로서의 이해는 아직'이며, 어느 뉴스 진행자가 남자의 가정과 이수에 대해 '가정에서 해야할 것은 무엇이든 학교에서라고 하는 풍조의 하나입니다. 본래 가정에서 해야 할 일입니다. 이름도 가정과라고 하기 때문에 여자가 하는 일을 남자도 할 뿐만 아니라 남자가 하는 일을 여자도 해도 좋은 것 아닌가. 못을 박는다든가 대패질을 하라고까지는 말하지 않겠습니다만'이라고 발언했다는 일례를 들어 문제점을 제시한다[11].

그렇다 하더라도 남녀평등을 주장하면서 남녀가 모두 같은 가정과를 배운다고 하는 "당연한"일의 실현에 이만큼의 노력과 시간이 필요했다고 하는 것은 그만큼 성별 역할 분업이라고 하는 암반이 일본 사회에 깊고 넓게 뿌리 내리고 있음을 의미한다.

### '모성신화'

또한 성별 역할 분업을 지탱하는 것으로서 모성 신화가 존재해 왔다는 것은 지금까지도 보아 온 바와 같다. 오히나타 마사미大日向雅美가 모성신화의 타파에 나선 것은 '안과 밖 모두에서 가해지는 모성관의 굴레에 시달려온 여성의 고뇌를 생각할 때마다 기존 모성관의 질곡에서 여성을 해방할 필요성을 호소하고 싶은 마음이 간절

하였기' 때문이었다[12]. 모자母子관계에 대한 연구가 산적해 있었음에도 불구하고 자식들 쪽에만 시점이 놓여져 있고 어머니가 연구 대상이 되지 않았던 것은 '어머니라면 즉 배 아파 아이를 낳은 여성이라면 자식에게 애정을 가지는 것은 명백하고, 그 애정이 틀림없다고 여겨졌기 때문'이며 '명백한 것은 굳이 연구를 할 필요가' 없기 때문이라고 오히나타는 말한다. '어머니에게 절대적인 신뢰를 보내는 것은 당시의 사회풍조'였다[13].

1988년에 남녀고용기회균등법이 시행되었고 나아가 1989년에 정부도 남녀 공동참여사회기본법 제정에 착수하였다. 그러나 오히나타는 '자녀를 낳은 여성이 아이를 키우는 것이 당연하다는 생각이 사회 구석구석까지 배어 있는 현 상황에서 기업에 있어서 여성들은 비효율적인 이류 노동력에 불과하다'며 그렇게 되지 않기 위해 일과 가정을 양립하기 바라면서도 실제로는 전업주부를 선택하는 여성이 급증하고 있는 현실을 지적하였다. 반대로 육아 때문에 일을 그만둘 수밖에 없다면 당분간은 결혼도 육아도 하지 않겠다는 여성이 존재한다. 양쪽 모두 언뜻 정반대 같지만 실은 '육아는 엄마가 해야 한다는 모성관'에 얽매여 있다는 점에서 공통적이라고 말할 수 있고 남녀 공동참여라는 말이 나오면서도 여성들이 그런 모성신화에 사로잡혀 고민하는 현실을 지적하였다[14]. 오히나타는 모성에 사로잡히기 때문에 남녀가 비대칭적이라는 사실을 자식 없는 기혼여성에게 던져지는 세간의 눈길이나 아버지의 육아 참여가 "입맛에 맞는" 곳만 취하는 참여로 여겨지는 등에 대해서도 철저하게 눈여겨보면서 철저히 밝혀 냈다[15].

317

## '남녀 공동 참여'란 속임수

오히나타가 그러한 문제를 제기한 후 20년 이상의 세월이 지났다. 그러나 지금도 그 지적은 시대에 뒤떨어진 것이 아니다. 한편 이토 마사코伊藤雅子도 1975년에 저술한 『어린이로부터의 자립—어른인 여자가 배운다는 것』(미래사)의 문고판에서 2001년에 다음과 같이 기술하였다.

최근 <여자와 아이>를 둘러싼 상황은 이전보다 더 문제의 본질을 파악하기 어려워지고 있음을 느낍니다. 예를 들어 가끔 아이를 맡기고 재충전하도록 육아 스트레스의 발산이 장려되고 있습니다. 그렇게 이 시기를 보내게 하는 것이 어머니들에 대한 배려이며 이해심이이라는 풍조가 있습니다. 매스컴도 그것이 세련되고 트렌디한 생활양식처럼 떠받들고 있습니다. 그런 얼버무림으로 <여자와 아이>의 문제의 대체 무엇이 해결된다는 걸까요. 그뿐 아니라 초점이 흐려져 문제의 중심이 다른 곳으로 옮겨가 자신을 잃어버려 가는 것을 염려합니다. 지금 필요한 건 여자들 모두 속부터 똑똑해지기 위한 학습이 아닐까라는 생각을 안 할 수가 없어요[16].

요즘 대학 등에서 남녀 공동참여의 선전문구 아래 이루어지고 있는 여성연구자 지원사업 역시 '초점이 흐려져 문제의 중심이 다른 곳으로 옮겨가'버리는 것 같은 일이 많아 지금도 젠더의 비대칭성을 변화시키지 못한 것으로 보인다. 그리고 아카데미즘의 아성인 대학이라는 공간에서조차 여성의 「게토화*17」에서 벗어나지 못하고 있는 것이다.

## 3. '자부심'과 '태생'

### '부락민'이란 무엇인가.

앞장에서 살펴본 '자부심'의 이야기는 말할 필요도 없이 '부락민'의 경계를 한층 선명하게 하는 것으로 '시민'으로의 동화·융합과 상반되는 것은 물론 앞서 언급한 후지타 게이치藤田敬一가 제기한 입장성의 소거에도 역행하는 측면을 갖는다. '자부심'만으로 단순하게 '태생'을 지울 수는 없는 것이며 바꾸어 말하면, '자부심'은 '시민'으로서 인정받는 원동력은 될 수 있어도 '시민'을 만드는 것으로는 쉽게 이어지지 않는 것이다.

그러나 해방교육과 해방장학금의 결과물로 기대됐던 '부락민' 상과 달리 이로 인해 육성된 고학력의 피차별부락의 젊은이들이 부락에서 유출돼 이른바 일급 '시민'이 되는 한편 부락해방운동의 담당자가 자라지 못하는 문제도 생겨났다. '시민'이 되기 위해 '부락민'이라는 징표를 불가시화 하려면 속지주의에 입각한 대책에

---

 * 게토(ghetto): 유럽에서 유대인을 강제적으로 살게한 거주지구. 제2차 세계대전시 동유럽을 침공한 독일이 유대인 말살을 위해 설치한 강제수용소도 이러한 명칭으로 불리웠다.

따라 가시화된 피차별 부락이라는 '거주지'의 경계를 지우고 더 나아가 '핏줄' '태생'을 지우기 위해 피차별 부락을 벗어나거나 부락 외의 사람과 결혼이 필요하다.

이와 같이 경제발전의 노동력을 담당하는 '시민'이 되는/만든다는 과제는 동화대책사업과 교육의 지원으로 어느 정도 달성하였지만 아직도 존재하는 차별로부터의 해방의 길은 실로 다양했고, 또 각각 문제나 모순이 내포되어 있었다.

앞 장에서 본 후지타 게이치가 이야기한 부락민/비부락민 각각의 입장을 절대화하는 것에 대한 의문, 그리고 이를 극복하려는 노력은 결국 '「부락민」이란 무엇인가'라는 논의로 발전해 간다. 그 배경에는 한층 더 많은 부락외와의 결혼 증대와 인적이동 등으로 인해 부락과 부락외의 '경계'가 흔들리고 있다는 실태가 있다. 잡지『현대사상現代思想』(1999년 2월호)이 '부락민이란 누구인가'라는 특집을 낸 것도 이런 질문이 단순히 후지타 개인의 움직임에 그치지 않았음을 실감케했다. 그것은 '부락민'이라는 경계를 찾기 어렵게 된 동시에 그것에도 기인하여 해방운동의 담당자가 육성되지 못하고 부락민이라는 공동성, 피차별부락이라는 공동체가 해체되는 것이 아닌가 하는 부락민 정체성의 위기 속에서 생겨난 문제였다고 할 수 있을 것이다.

## '시민사회'의 배제와 포섭

기존의 시민사회는 '부락민'에게 무엇을 요구하고 어디에서 배제를 계속할 것인가? 1970년대 후반 이후의 '인권의식'의 확산, 그리고

2002년 3월 특별조치법 폐지 이후 한편으로 마치 부락문제는 이미
해결되었거나 그다지 개별적으로 문제가 되지 않는다는 인식도 퍼져
갔다. 그런 배경에서의 '동화'를 제외한 '인권'이라는 명칭의 범람은
과연 어디까지 현존하는 문제에 메스를 가하는 것이 가능할까?

2005년에 실시된 오사카 부민府民 인권의식 조사에 의하면, '동
화지구(피차별부락)라는 말'에 대한 이미지를 물은 결과, '무섭다'
가 '매우' '약간'을 합해 53.5%로 가장 높고, '상스러움' '불결' '가
난하다'가 뒤를 이었다[18]. '무섭다'라는 이미지는 수평사水平社
(1922년에 결성된 부락해방운동 기구) 이래의 '전통'으로서 부락
해방운동이 유지해 온 차별 규탄이라는 방식에 기인하고 있는 것
으로, 또 하나는 지대협도 경종을 울렸던 '사이비(エセ) 동화*' 때
문이기도 하다. '에세(エセ)'는 어디까지나 "似非(사이비)'"임에 틀
림없지만, 피차별부락에 대해 나쁜 이미지를 강고하게 갖고 있는
사람들에겐 둘 사이의 차이점이 무시되고 '에세' 행위에 대한 공포
나 기피까지 부락민들이 떠맡게 되는 것이다. 이러한 의식 조사나
피차별 당사자에 대해서 행해지는 조사·인터뷰는 대부분이 '부락
민'이라고 하는 경계 내부에 있는 사람들이지만 한편으로 부락외
에 거주하는, 일상에서는 '부락민'인 것이 드러나지 않는 사람들도
시야에 넣어야 한다. 그것은 '「부락민」이란 무엇인가'라는 물음에
다시 맞닥뜨리는 것이기도 하지만 보이지 않는 '핏줄' '태생'에 기

---

* 에세(사이비동화 행위) : 동화문제를 구실로 회사·개인·관공서 등에 부당한
이익이나 의무를 요구하는 행위.

초한 차별은 부락외에 거주하는 사람들도 '부락민'으로 색출하는 것이다. 『주간 아사히』(2012년 10월 260호)에 실린 오사카 시장 하시모토 도오루橋下徹의 특집기사*는 불충분한 형태로 수습되었지만 바로 그 문제에서 유래한 것이었다.

전국대학동화교육연구협의회의 2011년 춘계심포지움에서도 특별조치법 폐지 후의 '지금'을 되돌아보는 테마를 정했다. 보고자의 한 사람인 스미다 이치로住田一郎는 부락문제에 대한 대학생 의식이 희박해지는 것을 지적하였다. 그리고 희박화 그 자체는 '기본적으로 이러한 상황이 될 때까지 운동이나 계몽활동(행정・학교도 포함)이 진행되어 왔기 때문이라고 생각'한다고 하면서도 '그들 자신이 부락 문제 그 자체와 직접 대면하여 노력해 왔는지, 올바른 지식으로서 부락 문제를 알고 있는지, 라고 묻는다면, 유감스럽지만 매우 그렇지 않다. 거의 정확하게 알려져 있지 않다'라고 말하였다. 대학생을 대상으로 하는 수업에서 자신이 피차별부락 출신인 것을 커밍아웃 하는 것으로 시작하면 '학생들은 모두 어리둥절하여' 이후 제출하는 레포트에서는 '부락민이라는 사람을 만난 것은 처음입니다' '부락이 어디 있는지 모른다'는 반응이 돌아온다고 말하며 스미다는 그 위험성을 제기하였다[19].

---

* 『주간 아사히』 2012년 10월 260호에 「ハシシタ・奴の本性」라는 기사가 실렸다. 주간 아사히는 하시모토라는 성은 일반적으로 한자 표기가 橋本이지만 橋下라고 쓰고 하시모토라는 읽는 오사카 도오루는 출신이 '부락민'이라는 기사를 게재하였다. 이에 대해 하시모토 시장은 '유전자로 인격이 결정된다는 내용'이라고 비판하며 주간 아사히를 비판. 독자들로부터도 비판이 쇄도하였도 당시 하시모토 시장에 대해 비판적이었던 '부락해방동맹'도 '명확한 차별기사' '확신범적인 차별행위'라고 비판하였다.

부락문제가 가장 심각하게 나타나는 결혼에 관해서 도쿄도 오타구의 2002년 '인권에 관한 의식조사 보고서'에서는, '자녀의 결혼 상대가 「동화지구」 출신임을 알았을 경우'에 '결혼에 찬성한다'가 41.5%, '찬성은 하지 않지만 결혼하는 두 명이 결정한 것이므로 어쩔 수 없다고 생각한다'가 28.5%, '결혼에 반대한다'는 4.2%라는 결과가 나왔다. 미에현이 2004년에 실시한 조사에서는 '자식의 결혼 희망 상대가 동화지구 출신자였을 경우의 태도'에 대해 '전혀 문제 삼지 않는다'가 20.0%, '망설이면서도 결국은 문제 삼지 않을 것이다'가 42.8%, '망설이면서도 결국은 다시 생각하도록 말할 것이다'가 21.5%, '다시 생각하도록 말한다'가 9.2%였다.(반차별, 인권연구소미에人權研究所三重 외 2007) 인구 이동이 심한 도심 오타구와 현내에 20개 이상의 피차별 부락이 존재하는 미에현과는 주민의 의식에 있어서도 큰 차이가 있는 것은 당연하지만, 아직도 결혼차별은 세대 교체와 함께 감소 경향에 있다고는 해도 집요하게 존재하고 있는 것을 확인할 수 있다. 이는 신분을 대신할 수 있는 생득적 경계를 유지하고 싶은 사람들에게 있어서 개개인이 자각하고 말하고 있는지 아닌지를 떠나서 피차별부락과 부락외의 통혼은 그 것을 흔드는 것일 수밖에 없기 때문이다.

'시민'으로서 경제발전을 지탱할 유용한 노동력을 만들어낸다는 요건은 동화대책사업 실시 이후, 그리고 1975년 '부락지명총람' 사건을 계기로 대체적으로 충족되었지만 특별조치법을 폐지하고 '시민'이라는 범주에 포함된 이후 생긴 문제가 오히려 '문제'로서 뒤섞여 보이지 않는 채 존재하고 있다.

1　柳橋寅男・鶴崎澄則編『国際らい会議録』財団法人長濤会、1957年.

2　小沢竜「日本のらい療養所における社会事業」『第七回国際らい会議』.

3　徳田靖之「救らい思想と無らい県運動」無らい県運動研究会編『ハンセン病絶対隔離政策と日本社会──無らい県運動の研究』六花出版、2014、p.124.

4　ハンセン病問題統一交渉団編『黒川温泉問題に関する資料』、2004.

5　徳田靖之、2014、앞의 책、p.126.

6　千田有紀「引き裂かれた 女 の全体性を求めて」『女性学』12号、2004.

7　鹿野政直『現代日本女性史──フェミニズムを軸として』有斐閣、2004、千田有紀、2004、위의 책.

8　上野千鶴子「不安なオトコたちの奇妙な<連帯>──ジェンダーフリー・バッシングの背景をめぐって」上野千鶴子ほか『バックラッシュ!──なぜジェンダーフリーは叩かれたのか?』双風社、2006.

9　半田たつ子『手記 家庭科教育とわたし』女たちの現在を問う会、1988、鹿野政直、앞의 책、2004.

10　半田たつ子『問い続けて』文芸社、2007.

11　半田たつ子編著『新しい家庭科を創るために』ウイ書房、1993、pp.9-10.

12　大日向雅美『子育てと出会うとき』NHKブックス、1999、p.248.

13　大日向、1999、위의 책、p.92.

14　大日向、1999、위의 책、pp.111-112.

15　大日向雅美「母性／父性 から 育児性 へ」原ひろ子・舘かおる編『母性から次世代育成力へ──産み育てる社会のために』新曜社、1991.

16　伊藤雅子『新版子どもからの自立』岩波現代文庫、2001.

17　上野千鶴子 歴史学とフェミニズム──「女性史」を超えて『岩波講座日本通史別巻1』岩波書店、1995.

18　北口末広・大阪企業人権協議会編著『<必携>エセ同和行為にどう対応するか』解放出版社、2006.

19　住田一郎「法終了後、大阪の都市部落はどのように変容したのか」『部落解放と大学教育』25号、2012.

# 끝내며 —〈지금〉을 응시하며

차별의 역사를 논하는 본서에서 <지금>의 실정과 대면할 때 헤이트 스피치='차별 선동'을 전혀 언급하지 않을 수 없을 것이다. 주지하는 바와 같이 헤이트 스피치의 중심이 되고 있는 것은 2007년에 결성된 '재일특권을 용서하지 않는 시민의 모임(재특회)'이며 그들과 정면으로 싸워 온 아리타 요시오有田芳生에 의하면 그들에게는 '공격 상대도 단순한 도구에 지나지' 않고, '자신들의 감정 발산의 상대로서 약자를 대상으로 선택, 그 방법으로서 그들 나름대로의 주의 주장「정의」나「대의」를 휘두르고 싶을 뿐' '욕구불만의 배출구를 찾고 있을 뿐'으로 '가장 타깃으로 삼기 쉬운 재일조선인, 재일한국인 겨냥, 상처를 입히'는 것이다[1]. 그러나 거기서 나오는 언사言辭는 레이시즘(인종 차별주의) 그 자체이며 공격 대상의 인권이 유린되고 있음은 말할 나위도 없다. 아리타와 마찬가지로 이 문제에 맞서온 야스다 고이치安田浩一는 민족에 대한 증오를 부추기는 것이 자신에게 유리하다는 것을 알고 헛소문을 퍼뜨리는 재특회 간부와는 달리 많은 회원들은 연약함이나 불안, 불만을 가지고 '차별하는 편에 서서 적을 설정하고 살아갈 방도를 찾고 있는' 사람들이라고 말한다[2]. 그러한 사람들의 상당수는 재일한국인, 조선인의 역사도 놓여진 현실도 이해하지 못한다.

되돌아보면 1980년대 윤건차는『이질과의 공존』『고절孤絶한 역사의식』 등의 제목으로 재일조선인 2세의 입장에서 '단일민족' 이 데올로기에 사로잡혀 있는 일본사회에 대해 특히 아카데미즘에 초점을 맞추면서 계속 질문을 던졌다[3]. 그 배경에는 '재일한국인, 조선인'에 대한 극심한 차별이 있었고, 그래서 도쿄대를 졸업한 25세의 강신자가 1987년에『극히 평범한 재일 한국인』을 '이 일본에서 재일한국인이기 때문에 안고 있어야 하는 여러 가지 문제를 고민하면서 하루하루를 평범하고 평온하게 보내고 있는 재일 3세로서의 나'를 바라보며 써낸 것은 충격이었다[4].

그로부터 얼마 지나지 않아 츠노오카 노부히코角岡伸彦의『피차별 부락의 청춘』(講談社, 1999)과 해방 출판사편『INTERVIEW '부락 출신'12명의 지금, 그리고 지금부터』(해방 출판사, 2003)가 연달아 출판되었다. 이 책에서 부락 차별의 존재를 의식하여 갈등하고, 해방 운동에 참가하기도 하면서도 종래의 운동이나 '부락민'이라고 하는 굴레에 얽매이지 않고 개개인의 자유로운 삶의 방식을 선택한 '새로운 부락민'의 존재를 이야기하였다[5]. 지금에 와서 생각하면, 강신자의 이야기는 차별 양상이 변화하는 가운데, 그러한 부락 문제의 발신과 서로 중첩되는 점을 가지고 있었다고 말할 수 있을 것이다.

재일한국·조선인에 대해서는 그 후 2000년경부터 한국 드라마 등의 인기와 맞물려 '한류 붐'이 도래하여 일견 이전과 같은 멸시가 해소되고 있는 듯한 양상을 보였다. 그러나 현재의 재특회 등에 대한 일본 사회의 대응을 보면 한류 붐은 본질적인 이해와는 거리가 멀 뿐 아니라 오히려 역사와 현 상황에 대해 눈여겨봐야 할 과제를 흘려 버린 것 같이 생각된다.

일본군 '위안부' 문제 또한 사람들이 그것을 이해하고 진지하게 받아들이기에는 좀 먼 상황이다. '고노 담화'(고노 요헤이河野洋平 내각 관방장관에 의한 위안소의 설치·관리와 '위안부'모집 등에 대해서 일본군의 관여를 인정한 1993년 담화)가 아베 정권 아래서 비판받고, 아울러 '요시다 증언'(1972년부터 1995년정도에 걸쳐 요시다 세이지吉田清治라는 인물이 저서 등을 통하여 '위안부' 강제 연행의 임무를 맡았다고 증언했다)이 허위였던 것이 알려지자 '위안부' 때리기는 그칠 줄 모르고 특별히 "정치의식"을 가지지 않은 사람들까지 마치 일본군 '위안부' 그 자체가 존재하지 않았던 것 같은 인식조차 나타났다. 이러한 인식을 형성하는 '젊은이의 현재'를 분석한 나카니시 신타로中西新太郎에 따르면, 그 이유 중 하나는 '고노 담화'가 외국으로부터 강요당했다는 인식이 지도자층 가운데 나타나는 것이고, 다른 하나는 역사적 '부채'가 이미 청산되었음에도 불구하고 중국이나 한국으로부터 부당한 공격이 자행되고 있다고 받아들여지고 있는 것이다. 나카니시는 기존의 역사교육과 평화교육이 '젊은 세대에겐 「다테마에를 배우고 있는」것 같이 생각되어' 그것을 자유롭게 '전복시킬 수 있다'고 생각하게 하는 쾌감이 '새로운 역사교과서를 만드는 모임'의 지지로 이어진다고 말한다. 그리고 그것은 '일종의 역사 상대주의, 역사 인식을 구축주의적으로 파악해 가는 사고 방식과 일치한다'고 주장하고 있다[6].

오키나와에서는 2013년 5월 '류큐민족독립종합연구학회'가 설립되었으며, 그 공동대표 중 한 명인 마쓰시마 야스카쓰松島泰勝에 의해 이듬해 『류큐독립론-류큐민족의 매니페스트』가 간행되었다. 마쓰시마는 '어디까지나 나 자신의 독립론'(맺음말)이라고 전제하며 "현재 일본은 류큐인이 책임 있는 개인으로서 주체적으로 국가 의지의 형성에 참가할 수 있는 나라가 아닙니다"라고 말하고 "일본의 한 자치단체로서 안주하면서 기지 피해와 구조적 차별을 고발하는 것이 아니라, 문제의 근원을 해결할 구체적인 방법으로서의 '독립'을 진지하게 생각하지 않으면 류큐는 앞으로도 굴욕의 역사를 밟게 될 것"이며 "독립을 전제로 정치 경제를 주체적으로 생각해 나가야 미일 양 정부와의 교섭력도 증가하고 차별과 무시도 없어질 것"이라고 전망하였다[7]. 그 배후에는 1995년의 미군에 의한 소녀 강간 사건, 후텐마普天間 기지의 헤노코辺野古로의 이전 문제, 고교 일본사 교과서에서 오키나와의 '집단자결' 기술에서의 '군의 강제' 문구 삭제, 오스프레이(osprey:미 해병대 이착륙 수송기 V-22) 배치 등을 둘러싼 본토 측의 몰이해·무관심이라는 문제가 있으며, 일본으로부터의 이탈에 의한 '류큐 독립'은 바로 그러한 몰이해·무관심이라고 하는 '타자' 감각의 제거 문제를 제기하는 것이라 말할 수 있다.

아라카와 아키라新川明는 스스로를 '독립'론자가 아니라 '반복귀' 주의자로 규정하면서 다음과 같이 말한다. "내가 지적하는 '복귀' 사상이란 오키나와에 대한 미국의 시정권을 일본국에 '반환'시킨다는 정치적인 주장을 의미하는 단순한 개념이 아니라 오키나와인이 스스로 자진하여 국가에 몸을 던져 나간다는 일본국민화 지향의 정신사적인 병리를 가리키는 말이며, (중략) 기세로서의 '복귀' 사상에 대치되는 대립개념으로서 제기되는 '반복귀'라는 말도 오키나와가 근대 국민국가·일본국으로 병합(1879년)된 이후의 근현대사에서 현재화하는 일본 동화지향=일본 국민화 지향이라는 정신사의 '부負' 부분을 부정하고 초극하는 의미를 가진 '기호'이기도 했다"라고 말하였다.

그러나 "'독립'론도 '반복귀'론이 갖는 '일본국가를 상대화하는 시점'을 수용하고, '반복귀'론은 현실의 정치적 선택에 있어서 '독립'론에 공명"해야 한다고 기술하였다. 게다가 지금의 오키나와에서 더욱 '독립'이 요구되는 것은 "안보·기지 문제가 단적으로 보여주듯이 압도적 다수의 일본인에 의한 암묵적 지지 하에 인간에 대한 억압 장치로만 기능하고 있는 현재의 일본국가의 국가 시스템을 향한 무한한 이의 제기가 사람들의 마음에 공유되고 있기 때문이다"라고 말하였다[8].

류큐 처분으로 시작되어 아시아·태평양 전쟁 하에서는 바둑에서처럼 '버려진 돌'이 되고, 전후에는 미군 전략의 '요석'이 된 이른바 본토 측의 편의주의에 농락되어 온 오키나와의 역사를 전함으로써 어디까지 현재의 오키나와 문제에 맞서려는 사람들을 만들어 낼 수 있는가? 지금 본토의 역사 교육은 그 진가가 시험대에 놓여 있는 것은 아닐까?

시인을 업으로 삼아 여성사와 원폭을 둘러싼 점령하의 검열 등을 논해온 호리바 기요코堀場清子는『호리바 기요코 전시집堀場清子全詩集』

과 함께 『인편鱗片—히로시마와 후쿠시마와』라는 제목의 대저를 출간하였다. 그것은 '14세에 히로시마를 만나고, 인생 끝에 후쿠시마를 만나 한없이 원통하다'는 이유였다[9]. 호리바는 "철이 듦과 동시에, 나는 내가 '여자'라는 것으로 결정되어 있다고 깨달았다. 아버지도, 할아버지도, 삼촌들도 비록 귀여워해 주고는 있었지만, 남자인 한 모두 차별자였다. 여자들도 대체로 그에 동조하고 있었다. 사회를 접함에 따라 차별로 구축된 아픔이 뼛속 깊이 사무쳤다"고 기술하였다[10]. 그러한 세상의 모순을 정확히 보는 예리한 눈을 가진 호리바는 다음과 같이 기술하였다. "나는 14세에 히로시마의 원폭 피폭을 보았다. 80세에 후쿠시마 피폭을 보았다. 원폭과 원전은 한 줄기로 이어진 것으로 느꼈다. 3.11 이후 매일, 원전사고를 부른 정계, 관계, 전력회사, 재계, 학계, 업계, 사법, 언론계 등등의 무수한 부패가 수없이 새어나오는 오물처럼 터져 나왔다. 나는 내가 살아온 사회, 현재 살아가고 있는 사회가 더럽혀지고 있다는 사실에 승복할 수 없다"[11]. 멜트다운Melt down* 이후 두 달 가까이 그 사실이 '은폐'되어, 국민을 지키기 위해 활용하겠다는 '발상이 없었다', '무책임의 체계'와 표리일체가 된 '희생의 시스템'…이라는 말이, 3.11 이후의 추이와 보도를 극명하게 분석하는 가운데 몇 번이나 사용되었다.

미키 기요시三木清**를 패전한 지 42일 만에 죽음으로 내몰았던

---

* 멜트 다운(Melt Down) 원자로의 냉각장치가 정지되어 내부의 열이 이상 상승하여 연료인 우라늄을 용해함으로써 노심부가 녹아버리는 일. 1986년 체르노빌 원전 폭발, 2011년 후쿠시마 제1원전 등에서 일어났다.

'일본인이란 얼마나 기개가 없는 집단인지', 패전 직후 전 언론이 '일본 국민의 멸망을 막기 위해' 해야 했던 것은 "천황 캠페인"이 아니라 "원폭 캠페인"이었다. "그것을 결행했더라면 세계사가 달라졌을 텐데"라고 호리바는 말하였다[12]. 히로시마, 나가사키, 그리고 제5후쿠류마루福龍丸로 대표되는 참치어선의 피폭을 경험한 유일한 나라로서 반핵운동에 앞장서야 할 일본은 그 전제로서 '피해의 본질을 직시하고 원폭 부정, 핵 부정에 대한 국민적 합의를 구축해야'하고 패전에서 점령 개시까지와 점령군이 물러간 후의 두 번 좋은 기회가 있었음에도 불구하고 '지배되는 것에 친숙해진 우리 일본인들은 손가락 사이를 흐르는 물처럼 쉽게 그 귀중한 기회를 흘러가게'했다. 지금도 계속 확산되는 방사능 피해가 얼마나 인체에 손상을 주는지 실로 극명한 서술이 이어진다. 후쿠시마의 현실을 눈앞에 둔 지금은 '핵과 생명은 공존할 수 없다'는 <진리>를 국민적 합의로서 구축해야 하는 세 번째, 그리고 아마도 마지막 기회일 것이다. 지금에 와서 그것을 이룰 수 없다면, 우리 사회의 미래에는 멸망의 수렁이 기다릴 뿐일 것이다[13]. '우리 일본인은 「연대」를 칭송할 자격이 없다' '철학적·형이상학적 영역에서의 사고능력·창조성, 윤리적 성찰력에 있어서는 오히려 뒤떨어진 집단이

---

\*\* 미키 키요시(三木清) 일본 근대 철학자로 1922년 독일에 유학 하이데거 등에게 철학을 배우고 귀국 1926년에 처녀작『파스카에 있어서 인간의 연구』를 발표하고『유물사관과 현대의 의식』을 저술하는 등 마르크스 주의와 철학의 내면적 이론적 결합을 추구하였지만 1930년 치안유지법위반으로 검거되도 하였다. 중일전쟁 이후에는 '동아시아공동체론'의 입장에서 초국가주의적인 정책을 비판하였다. 1944년에 다시 치안유지법 위반으로 검거 투옥되어 패전 직후 옥사하였다.

아닐까?' 500쪽이 넘는 호리바의 대저는 일본인의 정신구조의 상태를 밝힘에 틀림이 없다. 그리고 우리는 이 물음을 받아들이는 것 외에 덧붙일 말이 없다.

그런 일본 사회 정신구조의 치부를 집약적으로 드러내는 것 중 하나인 부락 문제는 7장에서 언급한 하시모토 도오루 오사카 시장의 '주간 아사히' 기사와 관련된 사건처럼 가끔씩 수면 위로 모습을 드러낸다. 이 책을 마무리 하려고 할 때, 막 도착한 어느 역사학 학회지에 나온 단어에 눈을 의심했다. 이미 사어가 되었다고 생각했던 '특수부락'이라는 차별어가 논문에서 사용되고 있었던 것이다. 논문은 특별히 피차별 부락에 깊이 파고든 기술을 하고 있는 것은 아니다. 단지 피차별 부락의 명칭으로서 그 단어가 얼마나 부적절한가 하는 인식이 결여되어 있었다고 밖에 할 말이 없다. 그러나 '특수부락'은 틀림없이 근대 부락 문제의 실상을 집약적으로 나타내는 차별어로서 현실에서 그러한 차별을 내포한 그 단어의 사용을 둘러싸고 지금까지도 항의가 반복되어왔다.

그런데 그러한 학술 연구나 운동이 쌓아 왔을 뛰어난 지혜英知는 전혀 계승되지 않고 반복된다. 그러한 의식은 끊임없이 존재하고 있어 <사건>화 되는 것은 빙산의 일각에 지나지 않을 것이다. '무관심'이라는 타자 감각의 결여가 부락문제만이 아닌 다양한 차별을 일으키고 있는 것은 아닐까?. 그 말이 쓰였던 것 이상으로 마음에 걸리는 것은 그 이후에 '무심코' 쓰였을 뿐인데 일부러 문제시한다는 '말' 도 안되는 반응이다. 이러한 것이 부락문제에 대한 접근을 점점 더 막고 있다.

마루야마 마사오丸山眞男는 '일본은 오랫동안 동일민족, 동일인종, 동일언어, 동일영토였다고 되어 있어서' 어디까지나 타자와의 비교상 '일본이 동질적'이라는 실태를 직시한 뒤, 이러한 이유로 '타자 감각이 희박해지기 쉬운' 문제를 지적한다. 즉, '타자 감각이 없이는 인권 감각도 자라기 어렵다'는 것. 그리고 단순히 '동의'하는 것과 다른 사람을 '이해'하는 것은 다르며 '의견에 반대하지만「이해한다」— 이러한 이해능력이 타자감각의 문제'라는 것이다. 그러면서 '일본의 메이지 시대 이래 외국 인식의 모든 오류는 거기에 뿌리를 두고 있다. 중국에 대한 인식이 근본적으로 잘못된 것도 타자감각이 없기 때문'이라고 말한다[14]. 이시다 다케시石田雄도 말하듯이 '타자'를 내재적으로 이해하는 것은 민주주의와 불가분의 관계이며 영구혁명인 것이다[15].

역사학에서도 섹슈얼, 마이너리티의 '퀴어사'가 거론(2014년도 歷史学研究会大会 近代史部会)되는 등 근래에 지금까지 언급되지 않았던 마이너리티가 주목을 받고 있다. 이것은 현대사회에 뿌리를 내리고 있는 보이지 않는 레이시즘을 파헤치는 힘이 되어 갈 것이다. 우리들은 다양한 "당사자"의 목소리에 귀를 기울여가는 노력이 요구되고 있다고 말할 수 있다.

1  有田芳生『ヘイトスピーチとたたかう!──日本版排外主義批判』岩波書店、2013、p.33.
2  有田、2013、위의 책、p.138.
3  尹健次『異質との共存──戦後日本の教育・思想・民族論』岩波書店尹、1987、尹健次『孤絶の歴史意識──日本国家と日本人』岩波書店、1990.
4  姜信子(1987)『ごく普通の在日韓国人』朝日新聞社(朝日文庫、1990年)、1987.
5  黒川みどり『描かれた被差別部落──映画の中の自画像と他者像』岩波書店、2011.
6  中西「なぜ多くの若者は慰安婦 問題を縁遠く感じるのか──若者の現在を読み解く」『戦争と女性への暴力』リサーチ・アクションセンター、2013.
7  松島泰勝『琉球独立論──琉球民族のマニフェスト』バジリコ、2014、p.96.
8  新川明『沖縄・統合と反逆』筑摩書房、2000.
9  堀場清子『鱗片──ヒロシマとフクシマと』ドメス出版、2013b.
10  堀場清子『堀場清子全詩集』ドメス出版堀場、2013a、pp.610-611.
11  堀場清子、2013b、앞의 책、pp.13-14.
12  堀場清子、2013b、위의 책、pp.239-240.
13  堀場清子、2013b、위의 책、pp.315-316.
14  丸山眞男「日本思想史における 古層 の問題」『丸山眞男集11』岩波書店 初出、1979年 1996、pp.173-177.
15  石田雄『丸山真男との対話』みすず書房、2005.

# 참고문헌

青木純一(2004)『結核の社会史――国民病対策の組織化と結核患者の実像を追って』御茶の水書房。

青木純一(2011)「患者運動の存立基盤を探る――戦中から戦後にいたる日本患者同盟の動きを中心に」『専修大学社会科学年報』45号。

秋山勝(2011)「自治権獲得運動の展開」『沖縄県史各論編5巻近代』。

「アグネス論争」を愉しむ会編(1988)『「アグネス論争」を読む』JICC出版局。

東志津(2011)『「中国残留婦人」を知っていますか』岩波ジュニア新書。

阿波根昌鴻(1973)『米軍と農民――沖縄県伊江島』岩波新書。

阿部安成(2003)「都市の縁へ――20世紀初頭の横浜というフィールド」小林丈広編著『都市下層の社会史』解放出版社。

天野寛子(2001)『戦後日本の女性農業者の地位――男女平等の生活文化の創造へ』ドメス出版。

新垣安子(2011)「フィリピンの戦争と沖縄移民」『沖縄県史各論編5』。

新川明(1971)『反国家の兇区』現代評論社。

新川明(2000)『沖縄・統合と反逆』筑摩書房。

有田芳生(2013)『ヘイトスピーチとたたかう!――日本版排外主義批判』岩波書店。

安保則夫(2007)『近代日本の社会的差別形成史の研究』明石書店。

飯島真理子(2011)「フィリピン日本人移民の戦争体験と引揚げ――沖縄出身者を中心に」蘭信三編『帝国崩壊とひとの再移動――引揚げ、送還、そして残留』勉誠出版。

家永三郎・松永昌三・江村栄一編(1985)『明治前期の憲法構想増訂版』福村出版。

石井美智子(1982)「優生保護法による堕胎合法化の問題点」『社会科学研究』

　　　34巻4号。

井出孫六(2008)『中国残留邦人——置き去られた60余年』岩波新書。

伊藤雅子(2001)『新版子どもからの自立』岩波現代文庫。

猪股祐介(2013)「コラム満洲移民女性と戦時性暴力」福間良明ほか編『戦争社
　　　会学の構想——制度・体験・メディア』勉誠出版。

違星北斗(1995)『コタン違星北斗遺稿』草風館。

今泉由美子(2011)「沖縄移民社会」『沖縄県史各論編5』。

今西一(2007)『遊女の社会史——島原・吉原の歴史から植民地「公娼」制まで』
　　　有志舎。

宇井純(1968)『公害の政治学——水俣病を追って』三省堂新書。

植木哲也(2008)『学問の暴力——アイヌ墓地はなぜあばかれたか』春風社。

上杉聰(1990)『明治維新と賤民廃止令』解放出版社。

上野千鶴子(1995)「歴史学とフェミニズム——「女性史」を超えて」『岩波講座日
　　　本通史別巻1』岩波書店。

上野千鶴子(2006)「不安なオトコたちの奇妙な<連帯>——ジェンダーフリー・
　　　バッシングの背景をめぐって」上野千鶴子ほか『バックラッシュ!——なぜ
　　　ジェンダーフリーは叩かれたのか?』双風社。

内田すえの・此川純子・堀江節子(1992)『黒部・底方の声——黒三ダムと朝鮮
　　　人』桂書房。

内田龍史(2010)「期待される「部落民」像」黒川みどり編著『近代日本の「他者」
　　　と向き合う』解放出版社。

榎森進(2007)『アイヌ民族の歴史』草風館。

大石又7(1991)『死の灰を背負って——私の人生を変えた第5福竜丸』新潮社。

大阪人権博物館編(2005)『大阪人権博物館20年の歩みと総合展示の概要大阪
　　　人権博物館紀要特別号』。

大城将保(2011)「国家総動員体制」『沖縄県史各論編5』。

大日向雅美(1991)「「母性／父性」から「育児性」へ」原ひろ子・舘かおる編『母
　　　性から次世代育成力へ——産み育てる社会のために』新曜社。

大日向雅美(1999)『子育てと出会うとき』NHKブックス。

岡本雅享(2011)「日本人内部の民族意識と概念の混乱」『福岡県立大学人間社

会学部紀要』19巻2号。

小川津根子・石井小夜子(2005)『国に棄てられるということ——「中国残留婦人」はなぜ国を訴えたか』岩波ブックレット。

沖縄県祖国復帰協議会・原水爆禁止沖縄県協議会編(1964)『沖縄県祖国復帰運動史——民族分断18年にわたる悲劇の記録』沖縄時事出版社。

沖縄市、浦添市、宜野湾市、具志川市、石川市及び中頭郡老人福祉センター運営協議会編・刊(1986)『中部地区社会福祉の軌跡1 総論』。

荻野美穂(2008)『「家族計画」への道——近代日本の生殖をめぐる政治』岩波書店。

奥田暁子(2007)「GHQの性政策——性病管理か禁欲政策か」恵泉女学園大学平和文化研究所編『占領と性——政策・実態・表象』インパクト出版会。

小熊英二(1995)『単一民族神話の起源——<日本人>の自画像の系譜』新曜社。

落合恵美子(1989)『近代家族とフェミニズム』勁草書房。

小野沢あかね(2005)「米軍統治下Aサインバーの変遷に関する一考察——女性従業員の待遇を中心として」『日本東洋文化論集』11号。

小野沢あかね(2010)『近代日本社会と公娼制度』吉川弘文館。

小野沢あかね(2013)「米軍統治下沖縄における性産業と女性たち——1960~70年代コザ市」『年報日本現代史18 戦後地域女性史再考』現代史料出版。

大日方純夫(1992)『日本近代国家の成立と警察』校倉書房。

女たちの現在を問う会編(1988)『銃後史ノート戦後篇4 もはや戦後ではない?』インパクト出版会。

女たちの現在を問う会編(1992)『銃後史ノート戦後篇6 高度成長の時代 女たちは』インパクト出版会。

女たちの現在を問う会編(1996)『銃後史ノート戦後篇8 全共闘からリブへ』インパクト出版会。

海保洋子(1992)『近代北方史——アイヌ民族と女性と』三一書房。

鹿野政直(1983a)『戦前・「家」の思想』創文社。

鹿野政直(1983b)『近代日本の民間学』岩波新書。

鹿野政直(1993)『沖縄の淵――伊波普猷とその時代』岩波書店。

鹿野政直(2004)『現代日本女性史――フェミニズムを軸として』有斐閣。

鹿野政直(2011)『沖縄の戦後思想を考える』岩波書店。

鎌田慧(2004)『狭山事件――石川一雄、41年目の真実』草思社。

北口末広・大阪企業人権協議会編著(2006)『<必携>エセ同和行為にどう対応するか』解放出版社。

金満里(1996)『生きることのはじまり』筑摩書房。

姜信子(1987)『ごく普通の在日韓国人』朝日新聞社(朝日文庫、1990年)。

金城勇(2005)「学術人類館事件と沖縄――差別と同化の歴史」演劇「人類館」上演を実現させたい会編著『人類館封印された扉』アットワークス。

金城均(2011)「沖縄移民の経緯」『沖縄県史各論編5』。

国立市公民館市民大学セミナー(1973)『主婦とおんな――国立市公民館市民大学セミナーの記録』未来社。

倉持順一(2004)「相愛会の活動と在日朝鮮人管理――関東大震災後の「内鮮融和」・社会事業と関連して」『法政大学大学院紀要』53号。

黒川みどり(1999)『異化と同化の間――被差別部落認識の軌跡』青木書店。

黒川みどり(2006)「地域・疎開・配給――<都市と農村>再考」『岩波講座アジア・太平洋戦争6』岩波書店。

黒川みどり(2009)「千葉県の戦後被差別部落の生活と運動」『千葉県史研究』17号。

黒川みどり(2011a)『近代部落史――明治から現代まで』平凡社新書。

黒川みどり(2011b)『描かれた被差別部落――映画の中の自画像と他者像』岩波書店。

原爆被害者の手記編纂委員会編(1953)『原爆に生きて――原爆被害者の手記』三一書房(のちに山代巴『原爆に生きて』径書房、1991年)。

厚生省児童家庭局編(1978)『児童福祉30年の歩み』日本児童問題調査会。

香内信子編集・解説(1984)『資料母性保護論争』ドメス出版。

小沢節子(2011)『第五福竜丸から「3・11」後へ――被爆者大石又七の旅路』岩波ブックレット。

小沢節子(2014)「大石又七の思想——「核」の時代を生きる」赤澤史朗・北河賢三・黒川みどり編『戦後知識人と民衆観』影書房。

児島美都子・真田是・秦安雄編(1979)『選書現代の生活と社会保障障害者と社会保障』法律文化社。

小林丈広(2001)『近代日本と公衆衛生——都市社会史の試み』雄山閣出版。

小山静子(1991)『良妻賢母という規範』勁草書房。

近藤健一郎(2011)「近代教育の導入」『沖縄県史各論編5』。

酒井直樹(2012)「レイシズム・スタディーズへの視座」鵜飼哲ほか『レイシズム・スタディーズ序説』以文社。

坂本孝治郎(1989)『象徴天皇制へのパフォーマンス——昭和期の天皇行幸の変遷』山川出版社。

澤田佳世(2014)『戦後沖縄の生殖をめぐるポリティクス——米軍統治下の出生力転換と女たちの交渉』大月書店。

清水寛編著(2006)『日本帝国陸軍と精神障害兵士』不二出版。

謝花直美(2008)『証言沖縄「集団自決」——慶良間諸島で何が起きたか』岩波新書。

東海林静男(1996)「戦時下における外国人の動向」『横浜市史Ⅱ 1巻(下)』。

菅沼隆(2002)「被占領期の生活保護運動——日本患者同盟の組織と運動思想を中心に」『社会事業史研究』30号。

杉本弘幸(2009)「戦前期都市社会政策と内鮮融和団体の形成と崩壊——京都市における内鮮融和団体を事例として」『歴史評論』712号。

杉山章子(1988)「敗戦とR・A・A」『女性学年報』9号。

鈴木しづ子(1975)「天皇行幸と象徴天皇制の確立」『歴史評論』298号。

鈴木裕子(1991)『日本女性労働運動史論Ⅱ 女性と労働組合労働組合婦人部の歴史(上)』れんが書房。

鈴木良(2010)「日本社会の変動と同和行政の動向——同和対策審議会から同和対策事業特別措置法へ」部落問題研究所編・刊『部落問題解決過程の研究1 歴史篇』。

住田一郎(2012)「法終了後、大阪の都市部落はどのように変容したのか」『部落解放と大学教育』25号。

瀬長亀次郎(1959)『沖縄からの報告』岩波新書。

全国ハンセン氏病患者協議会編(1977)『全患協運動史──ハンセン氏病患者の
　　たたかいの記録』一光社。

「戦争と女性への暴力」リサーチ・アクションセンター編(2013)『「慰安婦」バッシ
　　ングを越えて──河野談話と日本の責任』大月書店。

千田夏光(1973)『従軍慰安婦──"声なき女"八万人の告発』双葉社。

千田有紀(2004)「引き裂かれた「女」の全体性を求めて」『女性学』12号。

高江洲昌哉(2011)「地方制度の整備──「内地」のなかの「異法域」」『沖縄県史
　　各論編5』。

高峰武編(2013)『<熊本学園大学・水俣学ブックレット>水俣病小史増補第3版』
　　熊本日日新聞社。

田中真砂子・白石玲子・三成美保編(2005)『シリーズ比較家族第Ⅲ期3 国民
　　国家と家族・個人』早稲田大学出版部。

田中美津(2004)「<基調講演>自縛のフェミニズムを抜け出して──立派になるよ
　　り幸せになりたい」『女性学』12号。

チャン、アグネス、原ひろ子(1988)『"子連れ出勤"を考える』岩波ブックレット。

趙景達(2013)『植民地朝鮮と日本』岩波新書。

知里幸恵(1984)『知里幸恵遺稿銀のしずく』草風館。

塚崎昌之(2007)「1920年代大阪における「内鮮融和」時代の開始と内容の再検
　　討──朝鮮人「救済」と内鮮協和会・方面委員」『在日朝鮮人史研究』37号。

ドウス昌代(1979)『敗者の贈物──国策慰安婦をめぐる占領下秘史』講談社。

徳田靖之(2014)「救らい思想と無らい県運動」無らい県運動研究会編『ハンセ
　　ン病絶対隔離政策と日本社会──無らい県運動の研究』六花出版。

外村大(2004)『在日朝鮮人社会の歴史学的研究──形成・構造・変容』緑蔭
　　書房。

外村大(2011)「日本帝国と朝鮮人の移動──議論と政策」蘭信三編『帝国崩壊
　　とひとの再移動──引揚げ、送還、そして残留』勉誠出版。

外村大(2012)『朝鮮人強制連行』岩波新書。

戸邉秀明(2011)「沖縄県民から見た方言論争」『沖縄県史各論編5』。

冨山1郎(1994)「国民の誕生と「日本人種」」『思想』845号(のち冨山『暴力の予

　　感──伊波普猷における危機の問題』岩波書店、2002年に所収)。

直野章子(2011)『被ばくと補償──広島、長崎、そして福島』平凡社新書。

長崎県部落史研究所編(1995)『ふるさとは一瞬に消えた──長崎・浦上町の被爆
　　といま』解放出版社。

仲宗根政善(1982)『ひめゆりの塔をめぐる人々の手記』角川文庫(『沖縄の悲劇
　　──姫百合の塔をめぐる人々の手記』と題して1951年に華頂書房より刊
　　行)。

仲宗根政善(2002)『ひめゆりと生きて──仲宗根政善日記』琉球新報社。

中村拡三(1971)「『にんげん』をめぐる沖縄問題の経過と課題」『解放教育』4号。

那覇市総務部女性室編(2001)『なは・女のあしあと──那覇女性史(戦後編)』琉
　　球新報社。

成田龍一(2014)「総力戦とジェンダー」大口勇次郎ほか編『ジェンダー史』山川
　　出版社。

日本患者同盟40年史編集委員会編(1991)『日本患者同盟40年の軌跡』法律文
　　化社。

野間宏(1976)『狭山裁判(上・下)』岩波新書。

橋本明(2011)『精神病者と私宅監置──近代日本精神医療史の基礎的研究』六
　　花出版。

長谷川潮(2007)『子どもの本に描かれたアジア・太平洋──近・現代につくられ
　　たイメージ』梨の木舎。

林博史(2009)『沖縄戦──強制された「集団自決」』吉川弘文館。

林博史(2014)『暴力と差別としての米軍基地──沖縄と植民地基地形成史の共
　　通性』かもがわ出版。

原田正純(1972)『水俣病』岩波新書。

原田正純(1985)『水俣病は終っていない』岩波新書。

反差別・人権研究所みえ編/奥田均・宮城洋一郎・森実著(2007)『意識調査
　　が問いかけるもの──今、ここにある現実をどう見るか』。

半田たつ子編著(1993)『新しい家庭科を創るために』ウイ書房。

半田たつ子(2007)『問い続けて』文芸社。

比嘉春潮・霜多正次・新里恵二(1963)『沖縄』岩波新書。

秀嶋ゆかり(2003)「アイヌ史資料集事件(アイヌ人格権訴訟)」『国際人権』14号。

比屋根照夫(2009)『戦後沖縄の精神と思想』明石書店。

ひろたまさき(1990)「解説日本近代社会の差別構造」『日本近代思想大系22 差別の諸相』岩波書店。

藤野豊(1994)「被差別部落」『岩波講座日本通史18』岩波書店。

藤野豊・徳永高志・黒川みどり(1988)『米騒動と被差別部落』雄山閣。

藤目ゆき(1997)『性の歴史学——公娼制度・堕胎罪体制から売春防止法・優生保護法体制へ』不二出版。

部落解放研究所近現代史部会(1989)「占領政策の根本原則と部落問題——元民生局次長ケーディス氏に聞く」『部落解放研究』69号。

部落解放同盟熊本県連合会鹿本支部、旧満州来民開拓団遺族会編・刊(1988)『赤き黄土——地平からの告発来民開拓団』。

古厩忠夫(1997)『裏日本——近代日本を問いなおす』岩波新書。

堀場清子(1988)『青鞜の時代——平塚らいてうと新しい女たち』岩波新書。

堀場清子(1995a)『禁じられた原爆体験』岩波書店。

堀場清子(1995b)『原爆表現と検閲——日本人はどう対応したか』朝日選書。

堀場清子(2013a)『堀場清子全詩集』ドメス出版。

堀場清子(2013b)『鱗片——ヒロシマとフクシマと』ドメス出版。

松島泰勝(2014)『琉球独立論——琉球民族のマニフェスト』バジリコ。

松田京子(2003)『帝国の視線——博覧会と異文化表象』吉川弘文館。

松波淳一(2006)『新版イタイイタイ病の記憶——カドミウム中毒の過去・現在・未来』桂書房。

丸岡秀子(1980)『日本農村婦人問題主婦、母性篇』ドメス出版。

丸山眞男(1996)「日本思想史における「古層」の問題」『丸山眞男集11』岩波書店、初出1979年。

三ツ井崇(2004)「近代アカデミズム史学のなかの「日鮮同祖論」——韓国併合前後を中心に」『朝鮮史研究会論文集』42集。

宮城晴美(2011)「満州と開拓団」『沖縄県史各論編5』。

宮平真弥(2000)「1木喜徳郎の自治観と沖縄調査」『沖縄文化研究』26号。

村上信彦(1983)『大正期の職業婦人』ドメス出版。

屋嘉比収編(2008)『沖縄・問いを立てる4 友軍とガマ』社会評論社。

野洲町部落史編さん委員会編(2000)『野洲の部落史通史編・史料編』。

山口覚(2004)「人身売買から集団就職へ——『1954年青森発、戦後最初の就職列車』をめぐって」『関西学院史学』31号。

山代巴編(1965)『この世界の片隅で』岩波新書。

尹健次(1987)『異質との共存——戦後日本の教育・思想・民族論』岩波書店。

尹健次(1990)『孤絶の歴史意識——日本国家と日本人』岩波書店。

横塚晃1(2007)『母よ！ 殺すな第2版』(立岩真也解説) 生活書院。

吉見俊哉(1992)『博覧会の政治学——まなざしの近代』中公新書。

吉見義明・林博史編著(1995)『共同研究日本軍慰安婦』大月書店。

渡邉伸一ほか(2004)『イタイイタイ病およびカドミウム中毒の被害と社会的影響に関わる環境社会学的研究』科学研究費補助金基盤研究(B)(1)研究成果報告書。

渡辺俊雄(1988)「知られざる憲法制定史——ゴードンさんの証言から」『部落解放』278号。

渡辺俊雄(1990)「占領期の部落問題」『部落解放史ふくおか』58号。

# 후기

    공동저자인 후지노씨의 기억에 의하면 6년전인 2008년 10월 8일 시즈오카의 선술집에서 미주美酒 쇼세츠(正雪 : 일본술 이름)를 마시면서 일본의 근현대 차별사를 써보자는 것에 두 사람이 의기투합하게 되었다. 마시고 있던 술의 이름에 이끌려 유이 쇼세츠*를 닮아 약간 체제(대세)에 대한 반역의 생각이 있었을지도 모른다. 그것을 이와나미 서점의 요시다 코이치씨가 받아 주셔서, 뜻하지 않게 이와나미 현대 신서의 한권으로서 본서가 이루어졌다.

    두말할 나위 없는 일이지만, 이 책의 주안점은 모든 차별을 망라해서 다루는 것이 아니라, 차별이라고 하는 관점에서 그 시대, 그 사회를 다시 파악해 보고자 하는 데 있다. 그렇지만, 우리가 지금까지 실증적 연구를 해 온 것은 근현대의 차별 문제 가운데 극히 일부에 지나지 않는다. 이러한 모험을 하면서까지 본서를 출판하게 된 것은 지금 차별이라는 문제를 가지고 일본의 근현대사를 조명하고 다시 파악해 보는 것에 의미가 있다고 생각했기 때문이다. 그 결과의 여부는 독자의 평가를 기다릴 뿐이다.

---

  *  1651년 게이안사건(慶案事件)의 주모자. 게이안 사건은 당시 막부가 체제확립을 위해 막부에 위협에 될 수 있는 다이묘나 하타모토 즉 영주들의 영지를 몰수하는 처벌을 다수 행하였다. 이에 따라 주군을 잃고 로닌浪人으로 전락하는 무사들이 많이 생기게 되었다. 이러한 상황하에서 하타모토 구제를 주장하며 일어난 반역사건.

본서는 굳이 집필 분담을 표시하지 않았다. 분업해서 서로가 쓴 초고에 기탄없는 의견을 덧붙여 실질적인 공저로 하자는 것이 이 책을 시작할 때부터의 합의사항이었다. 실제로 요시다씨까지 포함해 셋이서 몇 번이나 이와나미 서점 지하의 한 방에 모이기도 하고, 때로는 이메일을 통해 작업을 거듭한 결과 이 책이 완성되었다.

개인적인 이야기를 해도 된다면, 나의 첫 저서 「후기」에도 언급했지만 공저자인 후지노 씨는 나를 연구자로서 키워 주신 사실상의 스승이다. 연구가 무엇인지도 몰랐던 학부 2학년생에게 당시 이미 대학원 박사과정생이었던 후지노씨는 연구자로서의 초보적인 훈련을 시켜주셨고, 학부생 동료 몇 명을 모아놓고 몇 년에 걸쳐 격주로 '인권사 연구회'라는 스터디 모임을 열어주셨다. 그곳에서 내가 배운 것은 이루 헤아릴 수 없다. 그로부터 어느덧 30년 이상의 세월이 흘러, 그 후지노씨와 이렇게 공저를 만들 수 있게 되어 기쁘게 생각한다.

학생운동을 경험한 후지노씨와 그 분위기조차 체험하지 못한 세대인 나와의 사이에는 역사학을 마주하는 자세며 문제의식 면에서 큰 격차가 있음을 느끼지 않을 수 없었고, 그것은 나에게 적잖이 콤플렉스였던 것 같다. 이른바 세대가 다르다는 바로 그 점은 지금도 우리 각자가 대상을 마주하는 방식이나 학문의 스타일, 그 자체의 차이에 반영되어 있을지 모르겠다. 그러나 본서에서는 그 점이 오히려 플러스로 작용한 「공저」를 목표로 했다.

마지막으로 우리 공통의 스승은 고(故) 유이 마사오미由井正臣 선생님, 가노 마사나오鹿野政直 선생님, 그리고 부락사 연구에 도움을 주신 아키사다 요시카즈秋定嘉和 선생님, 가와무라 젠지로川村善次郎 선생님이다. 그 밖에도 성함을 다 들 수는 없지만 많은 분들께 도움을 받았다. 이 자리를 빌어 감사의 말씀을 드리고 싶다.

2014년 10월 8일

저자를 대표해서 구로카와 미도리

# 〈일본사회의 서벌턴연구〉 번역총서를 발간하여

　먼저 본 역서가 나오기까지의 경위를 간단히 설명할 필요가 있을 것 같다. 한국외국어대학교 일본연구소는 2019년부터 한국연구재단의 지원을 받아 [일본 사회의 서벌턴 연구-동아시아의 소통과 상생-]이라는 아젠다로 연구를 진행해오고 있다. 과거로부터 여러 지역에서 국가를 비롯한 주류 집단에 의해 사회적 약자로 지내온 서벌턴 계층이 이제 시대의 변화와 함께 다양한 방식으로 저항의 몸짓을 보여주게 되었는데, 본 연구는 이러한 시대적 흐름에 착안하여 '말할 수 없는' 사회적 약자로 규정된 서벌턴이 이제 '말할 수 있는' 주체로 전환되어 가는 주체성 형성 과정과 그 의의를 밝히고자 하고 있다. 이를 통해 전근대와 근현대에 걸쳐 일본사회의 주변부 혹은 하층민의 관점에서 일본사회의 과거와 현재를 분석하고, 나아가 동아시아의 미래를 소통과 상생으로 전망해보고자 노력하고 있다.

　이러한 연구의 구체적 실천계획 가운데 하나는, 연구성과를 아카이브로 구축하여 한일 양국의 학계와 대중에게 보급하는 것이었다. 특히 일본에서 이루어진 연구를 국내에 알리는 방법으로서 가장 효과적인 것이 관련 저서의 번역이라고 할 수 있겠는데, 연구진의 활발한 논의를 거쳐 선정된 저서가 바로『차별의 일본근현대사-포섭과 배제의 사이에서-』이다. 본 저서는 제목에서도 알 수 있듯이 일본의 근현대사회에서 부각된 차별의 문제를 다양한 분야에 걸쳐 심도 있게 다루고 있어서 일본 사회의 서벌턴을 파악하기에 최적의 내용을 담고 있다고 생각했다.

저서의 전반적 내용은 목차에 잘 나타나 있는데, 1868년의 명치유신과 더불어 출발한 국민국가에서 시작하여 현대에 이르기까지 시간적 경과를 종축으로 하고 각 시기마다 나타난 차별의 양상을 횡축으로 하고 있어, 전체적인 구성은 마치 잘 짜여진 문살무늬의 창호를 연상케 한다. 제1장에서는 '국민국가의 성립과 차별의 재편'이란 제목 하에, 1868년 메이지유신과 함께 성립한 입헌군주제의 새로운 정부가 국민정부를 만들어가면서 구시대의 신분 차별을 폐지하고자 하였으나 한계를 드러냈고, 과거의 차별을 계승하고 재편하면서 생물학적 차별을 포함한 인종주의를 바탕으로 새로운 차별을 만들어냈음을 지적하였다. 제2장은 '일본제국 내부의 차별과 평등'에 대해 서술하였는데, 19세기 말에서 20세기 초에 걸쳐 청일전쟁 러일전쟁 제1차세계대전에서 승리한 일본이 서양 열강과 어깨를 나란히 하는 제국으로 발전하였고 조선을 비롯한 식민지와 아시아인에 대한 차별의식을 강화한 점과, 제국을 뒷받침하기 위한 국민통합의 미명 하에 피차별부락과 식민지 사람들에게 동화를 강요하면서 차별이 오히려 두드러지게 된 점, 1922년에 시작된 전국 수평사 운동을 중심으로 아이누와 오키나와의 해방이 싹트게 된 점 등을 적시하였다. 제3장 '아시아 태평양 전쟁과 동원된 차별－국민과 비국민－'에서는, 1931년의 만주사변 이후 15년에 걸친 아시아 태평양지역 침략전쟁을 이어가면서, 부락민의 만주 이민 장려, 일본군 위안부 동원, 오키나와 현민의 희생 강요 등, 거국일치의 구호 아래 황민으로 전쟁에 협력하도록 유도하였고, 심지어는 지적장애인과 한센병 환자들을 전쟁터로 내몰은 실상을 파헤치고 있어, 전쟁으로 인한 서벌턴의 참상을 보여주고 있다. 제4장 '다시 그어지는 경계−제국의 해체−'에서는, 패전과 함께 식민지를 상실하면서 제국의 해체가 불가피해진 일본이 재일코리안과 옛 식민지와 점령지 오키나와 주민에게 희생을 강요하며 국민국가의 재생을 도모해간 점을 지적하고 있다. 또한 전후 부흥이 진행되는 과정에서 여성과 부락민에 대한 차별적 봉건적 의식의 잔재가 드러나고, 태평양 전쟁 전보다 기승을 부린 유전학・우생학적인 차별 의식에 의해 한센병 환자와 장애인들이 희생되어 왔음을 밝히고 있다. 제5장 '시민으로서의 포섭과 배제'에서는, 전후 일본의 부흥과 고도성장 과정에서 피차별부락이나 아이누를 노동력으로 포섭하고자 하는 시도가 있었고, 여성의 사회진출과 더불어 젠더 문제가 표면화 되었으며, 피폭자와 공해 환자의 문제도 사회적 고발에 의해 드러나기 시작했는데, 이러한 현상의 이면에 자리한 시민으로서의 포섭과 배제를 예리하게 들추고 있다. 제6장 '인권의 시대'에서는 저성장시대로 돌입하는 1970년대 이후를 무대로, 인권에 대한 관심이 높아진 반면 장애인이나 오키나와 주민의 인권은 상대적으로 고려되지 않는 측면이 있었음을 지적하였고, 부락민이나 재일한국・조선인과 같은 마이너리티가 인권의 사각지대에 여전히 존재했으며, 여성의 활발한 사회진출과 더불어 일과 육아를 함께 담당하게 됨으로써 노정하게 된 젠더의 비대칭성 문제를 언급하였다. 제7장 '냉전후－국민국가에 대한 수정－'은 제목에 잘 나타나 있듯이, 냉전이 끝난 후 국민국가에서 배제되었던 다양한 마이너리티가 주목을 받으면서 국민국가로 여겨졌던 일본에 대한 점검이 이루어졌다. 즉 한센병 환자들에 대한 차별과 국제적 비난, 성별 역할 분업이라는 뿌리깊은 암반이 자리하고 있는 사회에서 실질적인 남녀평등이 과연 이루어지고 있는지에 대한 자각, 시민사회의 배제와 포섭 하에 여전히 존재하는 부락민의 인권 문제 등이 여전히 존재하고 있음을 지적하고 있다. 마지막으로 본 저서를 마무리하면서 마이너리티의 실상을 현재적 관점에서 정리하고 나름대로 그 원인을 찾아보고자 한 점은, 이제까지의 문제점만을 나열하는 차원에서 벗어나서 해결의 실마리를 제시하고자 한 저자의 노력을 엿볼 수 있어, 의미 있는 결말이었다고 평가하고 싶다.

다시 서두로 돌아와서, 본 역서 발간의 계기가 된 일본사회의 서벌턴 연구의 의미를 부연해 보자면, 서벌턴은 포스트 식민주의, 그리고 어느 한 국가에 한정된 문제로 볼 수 없게 되었다. 일본을 보더라도 제2차 세계대전(아시아·태평양전쟁)이 종식된 후 고도 경제성장을 이룬 자본주의 사회에서 경제성장과 진보의 논리로 합법적이고 온당한 제도처럼 연출된 권력의 미명 하에 사회적 마이너리티에 위치한 약자와 소수자들은 비민주적이고 부당한 억압에 신음해 오고 있었는데, 다만 그 실체가 매몰되고 가려져 있었을 뿐이었던 것이다. 그리고 이러한 문제는 세계화가 심화되고 있는 오늘날에 있어서는 일국의 경계를 넘어 인류가 공동으로 대응해야 할 문제이기도 하다. 특히 역사적 사건을 공유하며 정치·경제적으로 복잡한 관계망 속에 놓여있는 동아시아의 서벌턴 문제는 초국가적 차원에서 유기적으로 얽혀있는 억압의 연결고리를 파악하고 비판적인 성찰의 토대를 마련해 공동으로 대처해야 할 초역적 과제이다.

이러한 의미에서 본 역서는 일본사회의 중심부로부터 소외된 마이너리티, 소수집단의 행위와 역사를 엘리트담론 외부에서 역사적 주체로 복원하고, 서벌턴의 예속성에 대한 분석과 공적 주체자로서의 복원을 실현해가는 밑거름이 되어줄 것으로 기대한다.

2022. 1.

연구책임자 문명재

저 자 약 력

구로카와 미도리(黒川みどり)

시즈오카대학(静岡大学) 교육학부 교수
일본근현대사 전공
『공동성의 복권－오야마 이쿠오 연구(共同性の復権──大山郁夫研究)』, 『근대부락사－메이지부터 현대까지(近代部落史──明治から現代まで)』, 『묘사된 피차별부락－영화 속의 자화상과 타자상(描かれた被差別部落──映画の中の自画像と他者像)』, 『나이토 고난과 아시아 인식－일본근대사상사의 시각에서(内藤湖南とアジア認識──日本近代思想史からみる)』, 『전후 지식인과 민중관(知識人と民衆観)』등

후지노 유타카(藤野豊)

게이와학원대학(敬和学園大学) 인문학부 교수
일본근현대사 전공
『일본의 파시즘과 의료－한센병의 실증적 연구(日本ファシズムと医療──ハンセン病をめぐる実証的研究)』, 『'생명'의 근대사－'민족정화'의 이름으로 박해당한 한센병 환자(「いのち」の近代史──「民族浄化」の名のもとに迫害されたハンセン病患者)』, 『한센병과 전후 민주주의－왜 격리는 강화되었었는가(ハンセン病と戦後民主主義──なぜ隔離は強化されたのか)』, 『성의 국가관리－매매춘의 근현대사(性の国家管理──買売春の近現代史)』, 『전후 일본의 인신매매(戦後日本の人身売買)』등

### 김영주

한국외국어대학 일본어과를 졸업하고 일본 릿쿄대학 대학원에서 문학박사를 취득했다. 현재 한국외국어대학교 등에서 강사로 재직중이다. 옮긴 책으로『숲에서 자본주의를 껴안다』,『지금 다시, 칼 폴라니』,『인구감소사회는 위험하다는 착각』등이 있다.

### 문명재

한국외국어대학교 일본어과를 졸업하고 일본 고베대학 대학원에서 문학박사를 취득했다. 현재 한국외국어대학교 일본언어문화학부 교수로 재직중이다. 대표적인 저서로『일본설화문학연구』,『今昔物語集의 전승방법』,『설화문학으로 본 일본문화』등이 있다.

### 양익모

한국외국어대학교 일본어과를 졸업하고 일본 도쿄외국어대학교에서 박사학위를 취득했다. 현재 한국외국어대학교 강사로 재직중이다. 주요 논문으로는「에도시대의 다이묘 개역(改易)과 수공(收公)에 대하여－마쓰모토번(松本藩) 사례를 중심으로－」,「근세 다이묘가의 재흥으로 본 막번관계－스오국 도쿠야마번을 중심으로－」,「하치오지센닌도신(八王子千人同心)을 통해 본 에도시대 신분제의 모순」등이 있다.

### 이경화

한국외국어대학 일본어과를 졸업하고 同대학원에서 문학박사를 취득했다. 현재 한국외국어대학교 등에서 강사로 재직중이다. 공저로는『의식주로 읽는 일본문화』,『동식물로 읽는 일본문화』, 공역서로는『우지 습유 모노가타리』,『사이카쿠의 여러 지방 이야기』등이 있다.

차별의 일본근현대사 — 포섭과 배제의 사이에서

| | |
|---|---|
| **초 판 인 쇄** | 2022년 03월 21일 |
| **초 판 발 행** | 2022년 03월 28일 |

| | |
|---|---|
| **저 자** | 구로카와 미도리 · 후지노 유타카 |
| **옮 긴 이** | 김영주 · 문명재 · 양익모 · 이경화 |
| **발 행 인** | 윤석현 |
| **발 행 처** | 제이앤씨 |
| **책 임 편 집** | 최인노 |
| **등 록 번 호** | 제7-220호 |

| | |
|---|---|
| **우 편 주 소** | 서울시 도봉구 우이천로 353 성주빌딩 |
| **대 표 전 화** | 02) 992 / 3253 |
| **전 송** | 02) 991 / 1285 |
| **홈 페 이 지** | http://jncbms.co.kr |
| **전 자 우 편** | jncbook@hanmail.net |

ⓒ 김영주 외 2022 Printed in KOREA.

ISBN 979-11-5917-197-0  93910                정가 20,000원